Monetary Policy Operations and
the Financial System

货币政策操作与金融体系

[德]乌尔里希·宾德赛尔（ULRICH BINDSEIL）◎著
本书翻译组 ◎译

中国金融出版社

责任编辑：黄海清
责任校对：刘　明
责任印制：陈晓川

Copyright© Ulrich Bindseil 2014
Monetary Policy Operations and the Financial System was originally published in English in 2014. This translation is published by arrangement with Oxford University Press. China Financial Publishing House is solely responsible for this translation from the original work and Oxford University Press shall have no liability for any errors, omissions or inaccuracies or ambiguities in such translation or for any losses caused by reliance thereon.
北京版权合同登记图字 01－2021－2097
《货币政策操作与金融体系》中文简体字版专有出版权由中国金融出版社所有。

图书在版编目（CIP）数据

货币政策操作与金融体系／（德）乌尔里希·宾德赛尔著；本书翻译组译．－－北京：中国金融出版社，2025.2．－－ISBN 978－7－5220－2559－9

Ⅰ．F821.0；F830.2

中国国家版本馆 CIP 数据核字第 2024970RX8 号

货币政策操作与金融体系
HUOBI ZHENGCE CAOZUO YU JINRONG TIXI

出版
发行　中国金融出版社

社址　北京市丰台区益泽路 2 号
市场开发部　（010）66024766，63805472，63439533（传真）
网上书店　www.cfph.cn
　　　　　（010）66024766，63372837（传真）
读者服务部　（010）66070833，62568380
邮编　100071
经销　新华书店
印刷　河北松源印刷有限公司
尺寸　169 毫米×239 毫米
印张　21.25
字数　310 千
版次　2025 年 2 月第 1 版
印次　2025 年 2 月第 1 次印刷
定价　89.00 元
ISBN 978－7－5220－2559－9
如出现印装错误本社负责调换　联系电话（010）63263947

中英文术语对照与英文缩写

ABS	Asset Backed Securities	资产支持证券
CDO	Collateralized Debt Obligation	债务抵押债券
CVPH	Collateral Value Post – Haircut	折扣后的抵押品价值
DTI	Distance to Illiquidity	流动性不足距离
ECB	European Central Bank	欧洲中央银行（欧央行）
ELA	Emergency Liquidity Assistance	紧急流动性援助
EONIA	Euro Overnight Interest Average	欧元隔夜拆借平均利率
FLS	"Funding for Lending" Scheme	融资换贷款计划
FOMC	Federal Open Market Committee	美国联邦公开市场委员会
HKMA	Hong Kong Monetary Authority	香港金融管理局
IMF	International Monetary Fund	国际货币基金组织
LCR	Liquidity Coverage Ratio	流动性覆盖率
LOLR	Lender of Last Resort	最后贷款人
LSAP	Large Scale Asset Purchase Programme	大规模购买资产计划
MFI	Monetary Financial Institutions	货币金融机构
OMOs	Open Market Operations	公开市场操作
OTC	Over – the – Counter	场外市场
RMBS	Retail Mortgage – Backed Securities	住房抵押贷款支持证券
SLP	Securities Lending Programme	证券借贷计划
SOMA	System Open Market Account	公开市场操作账户
SONIA	Sterling Overnight Index Average	英镑隔夜拆借平均利率
TAF	Term Auction Facility	定期拍卖便利
VaR	Value – at – Risk	风险价值

目　　录

导言 ………………………………………………………………………… 1

第一部分　正常时期的货币政策操作

第一章　货币政策操作的基本术语及其与货币宏观经济学的关系 ……… 7
　　一、主要概念与术语 ……………………………………………………… 7
　　二、正常时期货币宏观经济学和货币政策实施之间的"两分法" …… 9
第二章　金融账户的代表性货币政策操作 …………………………………… 12
　　一、金融账户模型介绍 ………………………………………………… 12
　　二、存款在各银行和银行间市场之间的流动 ………………………… 15
　　三、抵押品约束 ………………………………………………………… 19
　　四、在中央银行的存款和法定存款准备金 …………………………… 20
　　五、其他自主因素和货币政策操作类型 ……………………………… 21
　　六、银行系统相对于中央银行的流动性缺口 ………………………… 25
　　七、银行创造的信用货币 ……………………………………………… 28
　　八、"真实"的欧元区金融账户 ……………………………………… 31
第三章　货币政策操作目标 …………………………………………………… 33
　　一、货币政策操作目标的概念 ………………………………………… 33
　　二、将短期利率作为货币政策操作目标 ……………………………… 35
　　三、20 世纪数量型货币政策操作目标的发展简史 ………………… 40

第四章 调控短期利率的三种基本方法 ……………………………… 49
一、基于单向常备便利工具的货币政策操作 ……………………… 49
二、中央银行确定公开市场操作规模的对称利率走廊模式 …… 52
三、常备便利走廊内开展全额配给公开市场操作 ……………… 57

第五章 流动性冲击、平滑和隔夜利率的鞅性质 ……………………… 60
一、一天中的三个冲击和三个交易时段 ………………………… 60
二、平均三天的准备金维持期 …………………………………… 65

第六章 常备便利工具和利率走廊 …………………………………… 67
一、常备便利工具的类型和历史 ………………………………… 67
二、对称利率走廊模式下常备便利工具设定的最优走廊宽度 …… 70
三、一种"目标利率—有使用限制条件"（Taralac）的
便利工具的构想 ……………………………………………… 78

第七章 正常时期的公开市场操作 …………………………………… 81
一、起源和历史 …………………………………………………… 81
二、公开市场操作作为货币政策执行方式的决定因素 ………… 83
三、信贷公开市场操作的招标程序 ……………………………… 86
四、吸收流动性的公开市场操作 ………………………………… 90

第八章 存款准备金制度 ……………………………………………… 93
一、简介 …………………………………………………………… 93
二、存款准备金制度的基本要素 ………………………………… 94
三、存款准备金制度的主要功能（含历史上曾经发挥的功能）…… 97

第九章 抵押品 ………………………………………………………… 106
一、抵押品框架对实施货币政策的重要性 ……………………… 106
二、建立抵押品框架的逻辑 ……………………………………… 110
三、风险管理策略 ………………………………………………… 114
四、抵押品框架和抵押品作为货币政策工具的市场影响 ……… 117
五、抵押品组合的隔离、抵押品使用的逆向选择和定价 ……… 125

第十章 正常时期的最优货币政策操作框架 …… 129
一、实施货币政策的方法多种多样 …… 129
二、货币政策操作框架设计和使用的潜在目标 …… 129
三、中央银行关于其目标和原则的声明 …… 132
四、货币政策操作框架的四个例子 …… 134
五、结论 …… 139

第二部分 危机时期的货币政策操作

第十一章 流动性危机机制 …… 145
一、引言 …… 145
二、信贷风险上升、逆向选择及融资市场崩溃 …… 147
三、银行挤兑和投资者赎回 …… 153
四、增加保证金 …… 162
五、做市商模型中的资产流动性 …… 165
六、贱卖资产 …… 168
七、危机传导机制的相互作用 …… 169
八、中央银行的角色：货币政策与最后贷款人 …… 171

第十二章 抵押品可得性与货币政策 …… 179
一、抵押品不足和银行实际融资成本 …… 180
二、抵押品不足、污名效应和隔夜利率控制 …… 189
三、资产冻结问题 …… 195
四、银行挤兑与中央银行抵押品 …… 198
五、中央银行证券借贷计划 …… 201

第十三章 公开市场操作和常备便利工具 …… 205
一、常备便利利率走廊的运用及宽度 …… 205
二、调整中的公开市场操作 …… 216
三、直接购买计划 …… 221

四、过度宽松政策的危害 ……………………………………… 230

　　五、附录：危机期间中央银行资产负债表 …………………… 231

第十四章　作为最后贷款人（LOLR）的中央银行 ……………… 238

　　一、19 世纪的遗产 …………………………………………… 238

　　二、为什么中央银行应当成为最后贷款人？ ………………… 240

　　三、中央银行惯性及其他 ……………………………………… 243

　　四、最后贷款人的特殊形式：紧急流动性援助 ……………… 246

第十五章　最后贷款人与中央银行风险承担 …………………… 252

　　一、外生风险 …………………………………………………… 252

　　二、内生风险 …………………………………………………… 257

第十六章　最后贷款人、道德风险以及流动性监管 …………… 268

　　一、银行流动性管理不足的道德风险与负外部性 …………… 268

　　二、流动性监管 ………………………………………………… 272

　　三、防止过度依赖中央银行融资的激励框架 ………………… 280

第十七章　国际最后贷款人 ……………………………………… 284

　　一、固定汇率制度下情形 ……………………………………… 284

　　二、2009—2013 年中央银行提供给国内交易对手方的外币 … 290

　　附录 A：经常项目交易为外汇储备的初始来源 ……………… 295

　　附录 B：欧元区 TARGET2 余额 ……………………………… 296

第十八章　金融危机期间的最优货币政策操作 ………………… 299

参考文献 …………………………………………………………… 304

译后记 ……………………………………………………………… 321

图 目 录

图 1.1　在分离原则下，常态货币政策操作示意 ………………………………… 10

图 2.1　金融系统简易示意 ……………………………………………………… 13

图 2.2　家庭存款和银行间拆借变动（基于两家银行） ………………………… 16

图 2.3　100 家银行（D = 900 and B = 100）对中央银行信贷的
相对依赖性 ……………………………………………………………… 18

图 2.4　1999—2013 年欧元体系中流通的现金 ………………………………… 24

图 2.5　1999—2013 年欧元系统的政府存款 …………………………………… 25

图 3.1　通货膨胀率、实际利率和名义利率套利 ………………………………… 37

图 4.1　日常中央银行操作和银行间市场交易的典型时间图 …………………… 53

图 4.2　通过公开市场现券操作在利率走廊内调控短期利率 i ………………… 55

图 5.1　在一天内有三个交易时段的时间轴（公开市场操作
有三个时间点供选择） ………………………………………………… 60

图 5.2　三个交易时段利率（中午阶段 i_2，下午阶段 i_3）的频率图 ………… 64

图 6.1　每天中央银行操作和银行之间交易的典型时间表 ……………………… 73

图 6.2　冲击 d_1 和 k 之后，银行之间交易量的变化 ………………………… 76

图 6.3　不同交易成本和利率走廊宽度下的银行之间的预期交易量
和隔夜利率预期波动性 ………………………………………………… 77

图 9.1　折扣率方程是不同参数的简单幂函数方程。折扣率方程
$h(x) = x^{\delta}$，x 在 $[0,1]$ 区间，对各种参数 δ 的值 …………… 108

图 9.2　经济的有效融资成本取决于中央银行信贷利率 i^* 和
描述折扣率设定的参数 δ ………………………………………… 120

图 9.3　在三种不同政策组合下各种资产的融资成本情况
（三种政策组合下的平均融资成本均为 3%） ………………………… 120

图 10.1　澳大利亚储备银行对隔夜利率的调控（1999—2011 年） ……… 135

图10.2　英格兰银行对隔夜利率的调控（2001—2011年） …………… 135

图10.3　欧央行对隔夜利率的调控（2001—2011年） ………………… 137

图10.4　美联储对隔夜利率的调控（2001—2011年） ………………… 138

图11.1　银行挤兑模型的时间轴 …………………………………………… 156

图11.2　2006—2013年德国和西班牙国债买卖价差变化情况 ………… 168

图11.3　美国ABS资产互换利差：信用卡、汽车贷款和固定资产贷款 … 169

图11.4　流动性危机的反馈回路和传导机制 …………………………… 170

图11.5　2006—2012年德国和西班牙银行贷款增速 …………………… 176

图11.6　危机时期货币政策操作图解 …………………………………… 178

图12.1　以实际资本回报率为变量的中性中央银行信贷操作
利率i^*的函数 ………………………………………………… 181

图12.2　压力环境下标准融资渠道枯竭的概率（包括正常的
中央银行借贷） ………………………………………………… 185

图12.3　2007年8月的前半月隔夜利率变化情况 ……………………… 190

图13.1　不同情形（表13.2）下金融体系的供需均衡情况 …………… 215

图13A.1　2007年1月至2013年8月欧元体系资产和负债的演变 …… 235

图13A.2　2007年7月至2013年8月美联储资产和负债的演变 ……… 236

图13A.3　2006年5月至2013年8月英格兰银行资产和负债的演变 … 237

图15.1　流动性支持与中央银行风险承担：有效边界，
中央银行偏好，稳定期及危机期的最优选择 ………………… 256

图15.2　损失概率作为折扣率的函数（标准向下倾斜情形） ………… 258

图15.3　中央银行风险作为折扣率的函数（曲线向上倾斜） ………… 259

图15.4　不同程度存款转移冲击噪声下，经济绩效和预期
中央银行损失是中央银行抵押品折扣率的函数 ……………… 265

图15.5　不同违约成本下，经济绩效和预期中央银行损失是
中央银行抵押品折扣率的函数 ………………………………… 266

图16.1　超比例依赖中央银行的附加费——有两个附加费参数的例子 … 283

图17.1　欧央行的美元操作（按照期限划分） ………………………… 293

表 目 录

表 2.1　一家银行的简易金融账户体系 ……………………………………… 14
表 2.2　两种流动性冲击下的简易金融账户系统 …………………………… 15
表 2.3　家庭存款和银行间拆借变动情况下的金融账户
　　　　（基于两家银行）……………………………………………………… 17
表 2.4　准备金要求下的金融账户体系 ……………………………………… 21
表 2.5　存在法定存款准备金要求的情况下，一家银行两天内的
　　　　金融账户情况，以及在两日平均期限内，只在第二日对
　　　　流动性冲击作出调整的情况 ………………………………………… 21
表 2.6　以项目类别排序的中央银行资产负债表 …………………………… 22
表 2.7　标准化的欧元体系资产负债表 ……………………………………… 24
表 2.8　用于定义流动性缺口的中央银行资产负债表 ……………………… 26
表 2.9　银行系统的流动性缺口 ……………………………………………… 27
表 2.10　基于两家银行的金融账户和银行信用货币创造 ………………… 29
表 2.11　欧元区经济和金融的一体化账户（截至 2011 年第二季度末）…… 31
表 4.1　基于单向常备便利实施货币政策时的金融账户体系 ……………… 50
表 4.2　1900 年末德意志帝国银行资产负债表 …………………………… 50
表 4.3　2013 年 1 月 2 日美联储资产负债表 ……………………………… 52
表 4.4　对称利率走廊模式下中央银行确定公开市场现券操作规模的
　　　　金融账户 ………………………………………………………………… 53
表 4.5　对称利率走廊模式下中央银行确定公开市场信贷操作规模的
　　　　金融账户 ………………………………………………………………… 54
表 4.6　2007 年 6 月 27 日英格兰银行的资产负债表 …………………… 56
表 4.7　2007 年 6 月 29 日欧元体系的资产负债表 ……………………… 57
表 4.8　常备便利利率走廊内的全额供给公开市场操作下的金融账户说明 …… 58

表号	标题	页码
表5.1	不同自主因素冲击变动率的利率标准差	62
表6.1	日终时的金融账户（$d = 2d_1 + 2d_2$）：银行间交易成本为零使银行间借贷 $y = k$	74
表6.2	不同 Taralac 缓冲规模（ψ）和不同银行间冲击波动性（σ_k）的平均银行间交易量	80
表7.1	2007年6月27日美联储资产负债表	84
表7.2	自动分配和有选择分配的招标程序的对比	90
表7.3	中央银行面临的有超额准备金的银行系统	91
表8.1	金融账户体系中的存款准备金	93
表9.1	用于说明中央银行抵押品框架作用的金融账户	107
表9.2	欧央行对剩余期限为0~1年的以及3~5年的资产根据发行人类型确定流动性种类，据此对资产进行分类并赋予折扣率	116
表9.3	一个简单的金融账户体系	121
表9.4	通过两个银行的资产负债表来描述抵押品合格性对资产价格的影响	122
表9.5	欧元体系合格的市场化债务工具（截至2010年）	128
表10.1	金融危机前银行间市场利率和目标利率的息差	139
表11.1	加杠杆企业的资产负债表	147
表11.2	阿克罗夫模型概率矩阵	150
表11.3	策略博弈矩阵：稳定的银行间市场	151
表11.4	策略博弈矩阵：多重均衡问题下的银行间市场崩溃	152
表11.5	策略博弈矩阵：囚徒困境下的银行间市场崩溃	152
表11.6	欧元区货币市场担保和无担保借贷情况	153
表11.7	一个因挤兑风险而面临流动性短缺的银行	155
表11.8	银行流动性只够一个存款人退出并且权益为正的博弈	156
表11.9	银行流动性不够任何一个存款人退出且权益为正的博弈	157
表11.10	银行流动性仅够一个存款人退出且权益为负的博弈	158
表11.11	抵押品折扣率比较	163

表 11.12　2004—2012 年欧元区利率变化及影响货币条件的主要因素 ⋯⋯ 175
表 12.1　金融账户体系中家庭存款和银行间借贷的转移（两家
　　　　　独立的银行）⋯⋯⋯⋯⋯⋯⋯⋯⋯⋯⋯⋯⋯⋯⋯⋯⋯⋯⋯ 183
表 12.2　抵押品不足和流动性过剩对 1 年期融资利率的影响 ⋯⋯⋯⋯ 188
表 12.3　另一个金融账户体系中家庭存款和银行间借贷的转移
　　　　　（两家独立的商业银行）⋯⋯⋯⋯⋯⋯⋯⋯⋯⋯⋯⋯⋯⋯ 193
表 12.4　抵押品不足、污名效应对隔夜利率的影响以及中央银行可能的
　　　　　政策反应 ⋯⋯⋯⋯⋯⋯⋯⋯⋯⋯⋯⋯⋯⋯⋯⋯⋯⋯⋯⋯⋯ 194
表 12.5　制式的商业银行资产负债表 ⋯⋯⋯⋯⋯⋯⋯⋯⋯⋯⋯⋯⋯⋯ 196
表 12.6　在中央银行实施折扣率要求并在违约发生时"消耗"冻结
　　　　　资产的情况下，未保险存款人的实际违约损失（LGD#）⋯⋯ 197
表 12.7　商业银行资产负债表 ⋯⋯⋯⋯⋯⋯⋯⋯⋯⋯⋯⋯⋯⋯⋯⋯⋯ 199
表 12.8　面临挤兑时的商业银行资产负债表 ⋯⋯⋯⋯⋯⋯⋯⋯⋯⋯⋯ 199
表 12.9　不同折扣率（h）和流动资产份额假定下，维持两个
　　　　　存款人短期资金需求所需要的所有者权益 E^* ⋯⋯⋯⋯⋯⋯ 200
表 13.1　模拟银行间市场融资成本和中央银行金融中介化对企业
　　　　　融资条件影响的金融账户模型 ⋯⋯⋯⋯⋯⋯⋯⋯⋯⋯⋯⋯ 208
表 13.2　Bindseil 和 Jablecki（2011a）的案例分析：拥有 5 个
　　　　　可变金融中介参数的模型 ⋯⋯⋯⋯⋯⋯⋯⋯⋯⋯⋯⋯⋯⋯ 214
表 13.3　四大中央银行资产购买计划 ⋯⋯⋯⋯⋯⋯⋯⋯⋯⋯⋯⋯⋯ 229
表 13A.1　2009 年 1 月 2 日欧元体系格式化的资产负债表 ⋯⋯⋯⋯ 232
表 13A.2　2009 年 1 月 2 日英格兰银行资产负债表 ⋯⋯⋯⋯⋯⋯⋯ 233
表 13A.3　2009 年 1 月 2 日美联储资产负债表 ⋯⋯⋯⋯⋯⋯⋯⋯⋯ 233
表 13A.4　2013 年 1 月 2 日英格兰银行资产负债表 ⋯⋯⋯⋯⋯⋯⋯ 234
表 14.1　中央银行常规信贷供给与紧急流动性援助的比较 ⋯⋯⋯⋯⋯ 246
表 14.2　表 12.1 中银行 2 已耗尽标准合格抵押品并获得了紧急
　　　　　流动性援助 ⋯⋯⋯⋯⋯⋯⋯⋯⋯⋯⋯⋯⋯⋯⋯⋯⋯⋯⋯⋯ 251
表 15.1　另外一家受到银行挤兑威胁的银行 ⋯⋯⋯⋯⋯⋯⋯⋯⋯⋯ 258

表 15.2	风险内生模型中金融账户的变化（Bindseil 和 Jablecki，2013）	261
表 15.3	为计算折扣率对福利以及中央银行预期损失影响而假设的参数值	264
表 16.1	一家银行发生挤兑对另外一家银行的威胁	274
表 16.2	两家银行的资产负债表	276
表 16.3	借入中央银行资金改善流动性比率的银行的资产负债表	277
表 16.4	两家银行的资产负债表	278
表 16.5	用于说明超比例借款附加费框架的金融账户	281
表 17.1	两国固定汇率制	285
表 17.2	存在中央银行间借贷的两国固定汇率制	287
表 17.3	受投资者冲击威胁的外债债务国	288
表 17.4	欧央行基于与美联储的外汇掉期向欧元区银行提供美元流动性	294
表 17A.1	外汇储备源自经常账户顺差情形下的两国固定汇率制	295
表 17B.1	反映 TARGET2 余额的金融账户系统	297

导　言

货币政策实施一般是指中央银行通过公开市场操作对银行间短期利率进行调控。银行间短期利率的目标水平是货币政策实施的目标，通过货币政策操作得以实现，因此被视为货币政策实施的关键"外生"输入变量。该目标是基于刻画短期利率与货币政策最终目标之间的传导机制的宏观经济模型得出的。通常所说的推导和实现短期利率目标之间的两分法（"分离原则"）——根据货币宏观经济学理论推导短期利率目标水平，通过市场操作实现短期利率目标——在金融危机时期不再成立：因为货币政策传导机制受损，并且银行和其他负债主体为防止违约（以及相关的额外经济损失）而努力筹集资金，中央银行执行市场操作的方式开始与货币政策立场直接相关。

中央银行的货币政策操作在传统上被视为一种实践，而刻画货币政策传导机制的宏观经济模型则被视为建立在大量理论（货币经济学）上的学科。然而，理论和规范框架均有助于货币政策操作指导政策选择。正文第一部分介绍了正常时期的货币政策操作理论，第二部分介绍了危机时期的货币政策操作，并讨论了货币政策实施对银行资金流动性、金融稳定和中央银行风险管理的作用。

第一章介绍了货币政策实施的基本术语以及在正常时期其与货币宏观经济学的关系。第二章提出了在封闭的金融账户体系中，数量型（与利率型相对应）货币政策操作的表示方法。这种方法阐明了中央银行金融交易对其他经济主体资产负债表的影响，以及其他经济主体交易对中央银行资产负债表的影响。第三章讨论了货币政策操作目标的选择及利率的作用。第四章介绍了利率调控的基本模型和三种不同的调控方法。第五章将上述基本模型拓展到多次流动性冲击和市场交易的情形，并说明了隔夜利率的鞅性质（martingale property）。第六、第七、第八章分别深入分析了常备便利、公开市场操作和法定存款准备金等货币政策工具。第九章探讨了中央银行抵押品问题，目前对这方面的研究仍待深入。第十章是对第一部分的总结，列举了一些货币政策实施框架的实例，以及对正常时期最优货币政策操作的一般性思考。

第二部分回顾了流动性危机时期货币政策实施的具体作用、工具以及面临的挑战。第十一章分析了流动性危机的机制、传染渠道和反馈循环。第十二章和第十三章探讨了货币政策工具在危机中维持有效的政策传导的作用：第十二章重点研究了抵押品制度，第十三章分析了常备便利、中央银行信贷操作和直接购买计划。第十四章介绍了中央银行作为最后贷款人（Lender of Last Resort，LOLR）的作用。第十五章主要讨论了中央银行作为最后贷款人所面临的流动性支持与风险承担之间的权衡问题，而第十六章则涵盖了道德风险和激励等方面，以及流动性监管的作用。第十七章将分析国际最后贷款人的作用，通过一个简单的金融账户反映流动性变化。第十八章总结了危机时期的中央银行操作。

综观本书，流动性的变化以及金融体系应对（或者失败地应对）这种变化的方式，将反映在包含以下四个典型部门的金融账户体系中：（1）家庭/实际货币投资者；（2）企业/政府；（3）银行；（4）中央银行。通常情况下，这些模型中银行部门由两家银行代表，并且第十七章将外国账户引入模型。封闭的金融账户体系能够记录影响流动性变化的每一笔交易的双方，并能全面地监测通过金融体系传导的冲击，以及其与整个经济的相互关系。

本书在多数情况下会尽可能地简化模型，并且没有使用真实数据进行校准。相反，一般通过比较静态分析结果来说明关键影响，并将其与正常或危机时期观察到的特征进行比较。

需要强调的是，本书尚未涵盖的内容及其原因如下。

第一，本书并不试图对涉及货币政策操作的货币经济学文献进行全面回顾。危机前的货币经济学并没有太多关注实际的货币政策实施，事实上，在20世纪的几十年里，它甚至一直在误导人们［与Moore（1988）的观点一致，详见第三章第三点对货币政策实施的货币供给观的评论]。本书第二部分参考了许多相关的学术文献。尤其是那些提供了深刻见解，能够刻画金融市场失灵和隐性信贷约束以及由此导致货币政策传导紊乱的模型（如 Stiglitz 和 Weiss，1981；Diamond 和 Dybvig，1983）。这些微观经济学和金融学文献很快便反映在货币宏观经济学中（如 Bernanke 和 Gertler，1989）。但是，这些旧有的货币宏观经济学理论并没有与中央银行的货币政策操作有效地联系起来，也就是说，货币宏观经济学仍侧重于研究传导机制中远离现实的部分。始于 2007 年的金融危机引发了新一轮的研究浪潮，这些研究试图整合金融市场和机构在货币传导中的作用，而且还包括整合"非常规"货币政策操作的相关模型。这些仍在迅速发展的理论致力于在综合的宏观经济均衡模型中考虑中央银行操作和中央银行资产负债表的作用。Illing（2007）提出了一个关于（危机前）货币政策、杠杆和金融稳定之间关系的模型。Woodford（2010）、Curdia 和 Woodford（2010）以及 Friedman（2013）致力于开发能够刻画无风险利率与实体经济实际融资利率之间息差的关键性作用的新凯恩斯宏观经济模型。Gertler 和 Kiyotaki（2010）对金融中介失灵如何影响实体经济活动的文献进行了综述。Curdia 和 Woodford（2011）、Gertler 和 Karadi（2011）、Gertler 和 Karadi（2013）以及 Ashcraft 等（2011）的模型刻画了金融市场不稳定条件下非常规货币政策的作用，同时也明确地关注了中央银行货币政策操作。Brunnermeier 等（2012）对包含金融摩擦的货币宏观经济学文献进行了综述。本书的目的并不是提供关于货币政策操作的一般均衡观点，而是致力于：（1）更清晰地关注中央银行操作及实践中的各种相关问题；（2）用各种局部均衡模型和案例对该主题进行广泛且易于理解的讨论；（3）避免宏观经济一般均衡方法本身的复杂性以及其在处理问题上不得不对问题进行简化和缩小范围的做法。

第二，本书并没有对中央银行货币政策操作实践进行全面系统的回顾。有关英格兰银行、美联储和德国中央银行在 19 世纪和 20 世纪的操作实践的历史记录，请参见 Bindseil（2005a）。20 世纪末的实践研究请参见 Borio（1997）。其他研究还包括 Bindseil 和 Nyborg（2008）、市场委员会（2009）、以及 Sellin 和 Sommar（2013）。关于抵押品，近期 Cheun 等（2009）、Tabakis 和 Weller（2009）、欧央行（2013b）以及市场委员会（2013）进行了对比研究。有关中央银行操作框架的描述，请参见欧央行（2011a；2011b）或英格兰银行（2013）的研究。此外，本书第二部分关于金融危机期间中央银行作用的讨论，并不包括对次贷危机期间（以及欧央行在欧元区主权债务危机期间）中央银行措施的回顾。关于欧央行的相关措施，可以参考欧央行（2010）、Papadia 和 Valimäki（2011）、Bindseil 和 König（2011）、González-Páramo（2011）、Coeuré（2012）、Shambaugh（2012）、Allen 和 Moessner（2013）、Cour-Thimann 和 Winkler（2013）、Cour-Thimann（2013）的研究，或者 Sinn 和 Wollmershäuser（2011）的批判性评论。对中央银行操作实践的全面回顾完全可以另写一书。已有对货币政策实施的研究可以归纳为两类：一类是对中央银行实际货币政策实施和危机措施进行口头描述的定性研究，另一类是通过宏观一般均衡模型对货币政策操作进行高度复杂且抽象化的理论探索，本书则介于二者之间可以被认为是一种中间视角。

我要感谢来自柏林工业大学的学生和在多伦多菲尔兹研究所（Fields Institute）讲座上的听众对本书之前几个版本的反馈。还要感谢我的合著者 Juliusz Jablecki、Philipp König、Jeroen Lamoot、Adalbert Winkler 和 Flemming Würtz，没有与他们富有启发性的合作，本书将会失色许多。感谢 Peter Sellin 为我提供他们的论文 Sellin 和 Sommar（2013）中所汇编的利率数据。我想要感谢 Andrew Fillardo、Matheus Graselli、Ken Nyholm、Francesco Papadia、Dan Rosen、Benjamin Sahel、Miklos Vari、Thomas Werner 以及两位匿名审阅人提出的建设性意见。感谢牛津大学出版社的 Adam Swallow 和 Aimee Wright 提供的帮助。很高兴与 Malcolm Todd 以及 Saipriya Kannan 一起编辑并最终完成本书。最后同样重要的是，我要感谢欧央行理事会市场操作总部的同事们为本书所做的基础性工作。本书中存在的纰漏由我负责。书中的观点仅代表作者个人的意见，与欧央行无关。

第一部分

正常时期的货币政策操作

第一章 货币政策操作的基本术语及其与货币宏观经济学的关系

一、主要概念与术语

通常情况下,货币政策操作与货币宏观经济学的关系并不紧密。在正常时期的中央银行实践中,货币宏观经济学的作用是识别短期利率目标水平,以帮助中央银行更好地实现其最终目标,如价格稳定和(或)充分就业。因此,中央银行必须了解货币政策的传导机制,即操作目标、指标变量、中间目标以及外生冲击与最终目标间如何动态关联。货币政策策略也详细说明了在既定传导机制下,中央银行如何根据新的信息跨时期调整其操作目标并就此与社会公众沟通。

货币政策工具是指中央银行用来实现其操作目标的工具。中央银行主要使用以下三种工具:公开市场操作、常备便利,以及准备金要求。遗憾的是,正如1970年Poole那篇颇具影响力的论文所阐述的那样,几十年来人们对"工具"一词的理解非常模糊。

公开市场操作可定义为由中央银行主导的其与银行之间的交易,包括两种类型:一是直接购买或出售资产(通常为债券);二是通过诸如拍卖(或"投标")方式进行的贷款(或"信贷""回购""临时性")业务。

常备便利是指在特定条件下,由银行主动发起的并在中央银行许可的基础上进行的中央银行操作。有以下三种方式,其中前两种提供流动性,而第三种吸收流动性:

(1) 贴现便利：银行可以在任何时候将短期票据卖给中央银行，在票据现金流的基础上，根据中央银行指定的贴现率来计算票据价格①。

(2) 隔夜借贷便利：只要能够提供合格的抵押品，银行就可以在任何时候按照中央银行确定的利率向中央银行借款。

(3) 存款便利：银行可以在任何时候在中央银行指定账户上存款，并以既定的利率获得利息收入。

准备金要求是指银行需要在中央银行账户上保持某一最低水平的活期存款余额（在中央银行货币政策实施的术语中，"活期账户"、"储备"和"中央银行流动性"与银行活期存款是同义词）。准备金要求的履行情况仅以日终考核为基础（与日内的准备金水平无关）。该要求可以适用于日终或者一段时间（如1个月）的平均值。特定银行的准备金要求的规模通常是根据其按月披露的资产负债表中特定项目的某一比率来确定。例如，欧央行对每家银行的准备金要求等于该银行对非银行机构的两年期以内负债的1%。

货币政策操作目标是一个具有以下特性的变量：一是可以由中央银行完全控制；二是具有经济相关性，即可以有效地影响货币政策最终目标（如价格稳定）；三是可以表明货币政策立场，从这个意义上讲，操作目标是由中央银行的决策机构（如美联储的联邦公开市场委员会、欧央行的理事会）确定的；四是为中央银行货币政策执行官员们提供了必要和充分的指引。在金融危机期间，决策者可能必须对多个操作目标变量提供指导，这就使决策、沟通和实施变得更为困难（参见第十一章第八点）。在货币政策行动各环节，依据货币宏观经济学理论设定操作目标水平实际上是实施货币政策的起点，然后才能通过实际的市场操作确保目标水平被金融市场广泛接受（"口头"操作是不够的，但有时却被一些学术文献认可，如 Guthrie 和 Wright 在 2000 年发表的文章）。

---

① 在至少20世纪中叶之前，贴现便利都是中央银行的主要工具。今天，尽管它的名字仍然被一些中央银行（如美联储）用于表示借款便利，但在工业化国家已经不被使用（借贷便利在过去被称为"伦巴第"或"预付"便利）。

实施货币政策第一点需要建立一个操作框架（即设置包括法律文件、选择对手方、确定合格抵押品清单等在内的工具规则）以控制操作目标；第二点需要通过每天的公开市场操作和常备便利影响银行在中央银行的活期存款，从而实现货币政策的操作目标。其中第二点就是通常所称的中央银行流动性管理（Central Bank Liquidity Management）。

二、正常时期货币宏观经济学和货币政策实施之间的"两分法"

可以说货币政策有一个预先设定的断点（Sollbruchstelle），即货币宏观经济学家识别出有助于实现最终目标的最优短期利率水平，然后交给货币政策实施专家。第一个职能属于中央银行的"白领"部门，通常由经济部门负责；第二个职能则更类似于"蓝领"部门，如在欧央行，第二个职能就是由市场操作部（Market Operations）负责。原则上，中央银行的货币宏观经济学家并不需要理解货币政策是如何具体实施的，同样负责具体实施的专家也不需要了解太多货币政策的策略和传导机制。这样的做法有利于提高中央银行的效率和专业性，也就是说货币政策实施专家不需要同时是货币宏观经济学专家，反之亦然。这两种职能的分离可以称作货币宏观经济学和货币政策实施的"两分法"，也有人将此称为货币政策执行的"分离原则"。也可以说这是一种货币政策的"层级"安排：顶层选择最终目标，中层分析货币政策传导机制并确定操作目标的最佳水平，最后货币政策实施部门通过货币政策操作来实现这一政策目标。

值得注意的是，在20世纪的很长一段时间内，这种"两分法"的概念是模糊的。1920—1985年，美国官方的货币政策实践是通过公开市场操作控制基础货币，因为基础货币可以借助货币乘数效应影响中间目标（广义货币总量）进而影响最终目标。另一个违背"两分法"的例子是20世纪90年代德意志联邦银行的实践，即通过改变公开市场操作的边际分配率来表明其货币政策立场的变化。总体而言，在危机爆发前，各中央银行已经趋向"两分法"

的货币政策。人们认识到，确定货币政策立场（短期利率的目标水平）是一个问题，通过操作来实现它则是另外一个问题。按照这种观点，只要中央银行充分控制短期利率，货币政策传导机制将通过利率发挥作用，至于它如何发挥作用，从宏观经济的角度来看则并不重要。在金融危机时期，金融工具之间以往的套利关系被打破，融资约束变得普遍，短期利率失去了作为货币政策有效操作目标的特性，由此迫使中央银行通过所谓非标准化的货币政策工具来直接影响政策传导机制的不同要素。举一个极端的例子，当名义短期利率接近零下限且不能再进一步降低时，由于短期利率难以保持在零利率水平，中央银行在这种情况下只能采用一些非标准化的操作，如直接降低长期利率，或是流动性较差、信用风险较高的金融资产的利率。

图 1.1 概括了正常时期货币政策的逻辑，以及中央银行内部经济部门和市场部门的职责分工。经济部门负责制定货币政策策略以及维护包括货币政策传导机制在内的宏观经济模型。通过这个模型，以及其对经济状况的了解

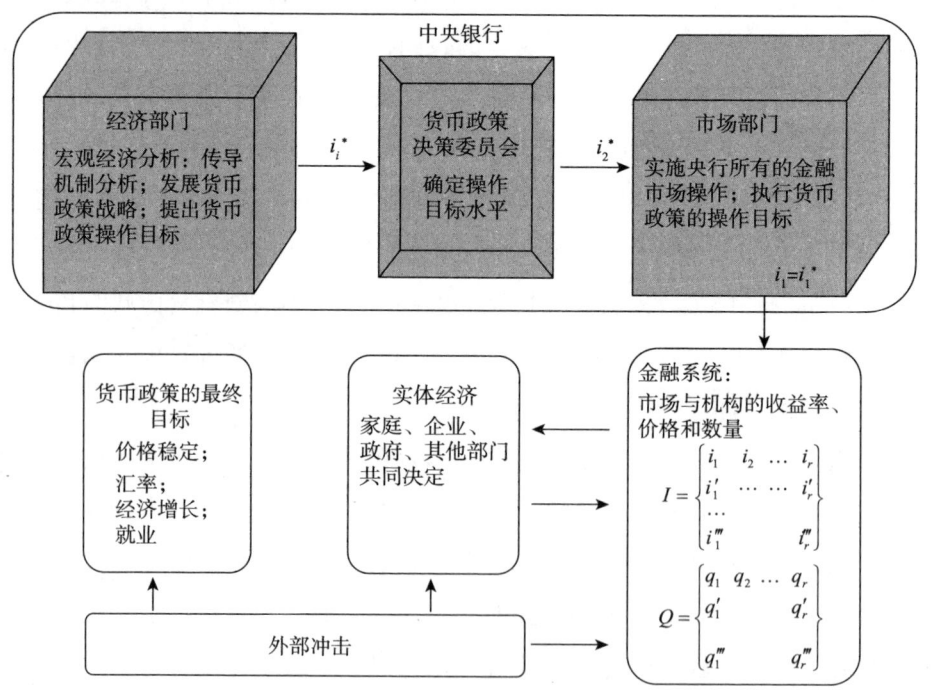

图1.1　在分离原则下，常态货币政策操作示意

和对外生变量的预测，经济学家得出货币政策操作目标的合理水平（如隔夜利率目标）。经决策机构批准后，市场操作部门就可以通过各种工具来实现这个目标，剩下的就依靠金融体系和实体经济传导了。货币政策传导机制包括了以下三个部分：

- 从中央银行的操作目标变量（短期利率）传导至各期限、金融工具的全部利率和数量矩阵。
- 从金融系统传导至实体经济（当然，后者对前者也有反作用。例如，由于实体经济的资金需求也受到来自金融体系之外的因素的影响，因此实体经济企业的违约将对金融机构造成损失并损害其资产负债表等）。
- 从实体经济传导至货币政策最终目标（尤其是价格稳定）。

在正常时期，假设从短期银行间利率到所有其他利率和数量矩阵的传导是完全可预测和稳定的，而且假设不存在数量约束，即愿意支付市场利率的"正常"借贷人一定能够找到愿意为他提供资金的银行或者投资者。

为了简化表述，图 1.1 没有提到中央银行的其他关键职能，如金融稳定、支付体系、统计、法律和金融风险管理等，这些职能大多独立于经济学和市场操作部门。这些职能与图中所示的两种职能相互作用，为决策机构提供了关键性的参考，与货币政策也是相关的。

第二章　金融账户的代表性货币政策操作

一、金融账户模型介绍

合理描述账户的资金流动对理解中央银行在正常时期和危机时期的货币政策操作至关重要①。本章主要介绍金融账户，从经济交易的基本层面展现货币政策的实施情况。在封闭的经济体中，交易行为主要包括以下四个部门：(1) 家庭；(2) 银行；(3) 企业和政府；(4) 中央银行。这些部门之间存在着债权和债务关系。最基本的资产和负债类型包括现金、存款、债券和贷款，在一系列扩展模型中还包括股权。假设家庭部门是整个经济的源头，最初家庭部门只持有价值为 E（Equity）的实物资产，然后将其转化为三种金融资产，即银行存款（D）、现金（B），以及企业和政府发行的债务工具（S）。从某种程度上来说，家庭将自己的资产多样化为金融资产，将实物资产出售给企业和政府部门。但家庭部门不直接与企业、政府和中央银行交易，而是通过银行提供的间接服务进行。为了简单地说明，假设在上述金融账户体系中，家庭部门不使用杠杆，也就是说其资产负债表规模将保持在 E 水平。

企业和政府通过银行贷款和发行债券进行融资，其中债券可以被家庭（S_{HH}）或中央银行（S_{CB}）持有。大多数时候，我们将政府和企业视为一个部

---

① 参见 Keister 和 McAndrews（2009）。他们讨论了由于未采用严密的金融账户方法而导致的对货币政策的普遍误解。20 世纪 40 年代以来，通过全面的金融账户对宏观经济进行存量和流量分析成为经济研究的一个主题。Godley 和 Lavoie（2012）以这一方法为基础研究货币经济学，是最近这方面研究中最为雄心勃勃的尝试之一。

门，这种简化有利于我们开展研究。企业和政府部门的实物资产正好与家庭部门持有现金、存款和证券的多样化需求相对应。企业与政府部门会在一些特殊的非流动项目（如设备、学校等）中持有实物资产，如果它们无法再滚动银行贷款或者发行债券，那么可能会折价出售资产以快速降低杠杆水平（如将精密仪器按旧金属出售），也可能会因为缺乏流动性或（和）破产而发生违约。这些将是本书第二部分的重点。

信贷是通过银行提供的，且以家庭资产对现金和银行存款的多样化需求为基础。银行部门是其他部门的中介（除了中央银行与家庭部门直接持有的证券 S_{CB} 和 S_{HH}）。首先，家庭部门向银行提供存款 D，银行以贷款的形式将其投资给企业；其次，银行是中央银行向家庭和企业/政府发放现金 B 的操作中介。银行可以用现金从家庭部门购买实物资产，并转售给那些通过银行贷款融资的企业。因此，银行的资金总额也就是总资产为 $B + D - S_{CB}$。最终，中央银行发行现金，在一开始就通过抵押贷款业务向银行提供现金。

整个经济体由此产生的融资结构可以通过流程图（见图 2.1）或者金融账户（见表 2.1）反映。在流程图里，箭头的起点是债权的主体，箭头指向的一方是负债主体。注意在这个模型中，有两个部门在做决定：其一，家庭部门选择如何将实物资产分配成三种金融资产，即 D、S_{HH} 和 B；其二，中央

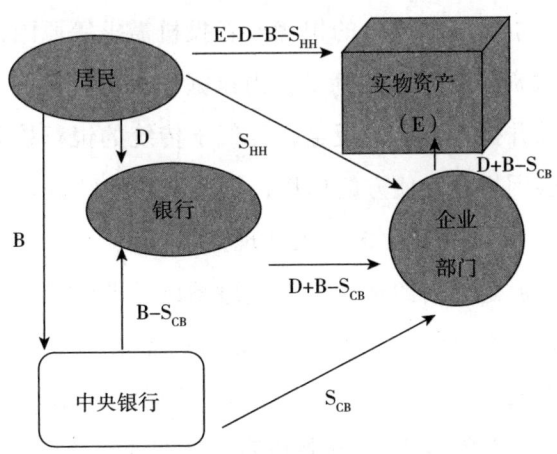

图 2.1　金融系统简易示意

银行决定两种货币政策操作的划分，即直接持有证券 S_{CB} 或向银行提供贷款（其总量为 $B - S_{CB}$）。而所有其他的资产负债表头寸都以这四种选择变量和家庭股权资产的初始水平来表示。

表 2.1　一家银行的简易金融账户体系

家庭/投资者			
实物资产	$E - D - S_{HH} - B$	家庭股权	E
银行存款	D		
债券	S_{HH}		
现金	B		
企业/政府			
实物资产	$D + B + S_{HH}$	银行贷款	$D + B - S_{CB}$
		债券	$S_{HH} + S_{CB}$
银行			
给企业的贷款	$D + B - S_{CB}$	家庭存款	D
		向中央银行借款	$B - S_{CB}$
中央银行			
债券	S_{CB}	现金	B
与银行的信贷操作	$B - S_{CB}$		

表 2.1 表明，一般来说，上述账户是非静态的。家庭对金融资产的需求也是不稳定的，出于对信用风险的担忧或者投机需求等原因，家庭部门可能会重新平衡其金融资产组合。特别是，当家庭部门担心银行的稳定性时，就会从银行取出存款并持有更多的现金，类似于传统的银行挤兑（资金流 d）。此外，他们可能会因担心发债方的信用，不愿意再继续进行债券投资（或者是选择出售债券），而是持有更多存款（现金流）。

理解这些资金流是如何渗透到整个金融系统是非常重要的。这一过程主要取决于中央银行是否对应对家庭部门金融资产需求变动的影响做好了准备。表 2.2 所示的金融账户体系中，中央银行为了应对资金流 d，愿意向银行提供更多贷款；或为了应对资金流 s，选择以直接持有证券来替代向银行贷款。长期以来，前者一直被视为中央银行的最佳操作方式，而后者则存在更多争议。

如果中央银行不以这种方式来应对资金流 s，那么企业必须通过更多的银行融资来替代债券发行。

表 2.2 两种流动性冲击下的简易金融账户系统

家庭/投资者			
实物资产	$E - D - S_{HH} - B$	家庭股权	E
银行存款	$D - d + s$		
债券	$S_{HH} - s$		
现金	$B + d$		
企业/政府			
实物资产	$D + B + S_{HH}$	银行贷款	$D + B - S_{CB}$
		债券	$S_{CB} + S_{HH}$
银行			
给企业的贷款	$D + B - S_{CB}$	家庭存款	$D - d + s$
		向中央银行借款	$B - S_{CB} + d - s$
中央银行			
债券	$S_{CB} + s$	现金	$B + d$
与银行的信贷操作	$B - S_{CB} + d - s$		

在此过程中，中央银行是金融系统内重要的流动性"稳定器"。中央银行能够发行家庭/投资者所需要的现金，并根据稳定性不同的金融资产需求来组合其资产（假定实物资产不具备流动性）。

值得注意的是，在此账户体系中，由于家庭对不同类型金融资产需求的不稳定而导致的金融冲击，并不会蔓延到企业/政府部门。这是一个"乐观"的假设，因为融资冲击一旦蔓延到实体部门，就意味着被迫去杠杆或者发生违约，二者的社会代价都很大。一个有效的金融系统应允许资金（以及实物资产）顺畅地从家庭/投资者流向企业和政府，同时可以吸收家庭金融资产配置的大部分变化。

二、存款在各银行和银行间市场之间的流动

家庭存款还会在不同金融机构之间转移。因此，我们需要拓展表 2.1 中

的模型，即引入第二家银行，这也是反映银行间市场的前提。我们假设银行初始状态是完全相同的，即每一家银行代表了银行体系的1/2。

将两家银行在银行间市场头寸的初始值设定为Y，并假设银行1向银行2拆出资金。这是因为银行1在吸收存款方面有比较优势，而银行2在发放和管理企业贷款方面有比较优势（Bindseil 和 Jablecki，2011a）。为了简单起见，我们不再考虑将发行证券作为企业的融资来源。但是，我们在模型中引入了两种新的资金流。资金流 k 代表了家庭部门引起不同银行之间的存款转移，这种转移可能是因为一家银行提高了家庭存款利率，或者是因为某一家银行出现了存在问题的传言。资金流 y 代表了银行间市场拆借规模的变动，这可能反映出资金拆出行的商业战略有所改变，或者是拆出行听说了资金拆入行出现问题的传言而作出反应。资金流 k 和 y 都意味着银行2融入资金的减少，因此银行2不得不尽可能地增加从中央银行的贷款规模［可能会一直增加到触及抵押品约束上限，见公式（2.1）］。注意，如果 $k+y>B/2+d/2$，银行1将会有剩余流动性，也就是说，银行1不但没有中央银行借款，而且在中央银行有 $k+y-B/2-d/2$ 的存款。此时，中央银行资产负债表会相应扩张。图2.2展示了拥有两家银行的金融账户体系，而表2.3显示的是一个包含了资

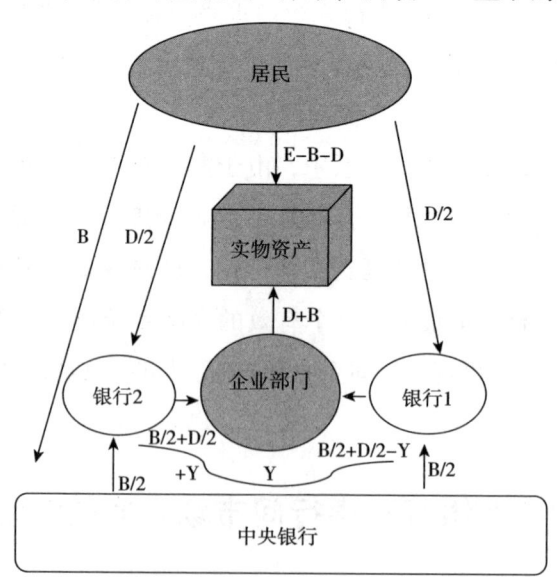

图2.2　家庭存款和银行间拆借变动（基于两家银行）

金流 d、k、y 的金融账户。通过表 2.3，我们能够明确三个概念，这在本书的第二部分尤其重要。

表 2.3 家庭存款和银行间拆借变动情况下的金融账户（基于两家银行）

家庭/投资者			
实物资产	E – D – B	家庭股权	E
银行 1 存款	D/2 – d/2 + k		
银行 2 存款	D/2 – d/2 – k		
现金	B + d		
银行 1			
给企业的贷款	D/2 + B/2 – Y	家庭存款/债务	D/2 + k – d/2
在中央银行的存款	max(0, – B/2 + k + y – d/2)	向中央银行借款	max(0, B/2 – k – y + d/2)
向银行 2 借款	Y – y		
银行 2			
给企业的贷款	D/2 + B/2 + Y	家庭存款/债务	D/2 – k – d/2
		向中央银行借款	B/2 + k + y + d/2
		对银行 1 的负债	Y – y
中央银行			
信贷操作	B/2 + k + y + d/2 + max(0, B/2 – k – y + d/2)	现金	B + d
		银行存款	max(0, – B/2 + k + y – d/2)

● 当允许各家银行以各种形式从中央银行获得贷款支持以弥补流动性变动 k、y、d，且不影响中央银行资产负债表规模（如表 2.3 所示的具体金融账户体系中，当 B/2 – k – y + d/2 ≥ 0 的情况下）时，中央银行是银行体系的相对中介。

● 当资金流是由于一些银行在中央银行有超额存款，并因此造成中央银行资产负债表扩张（如表 2.3 的金融账户体系里，当 B/2 – k – y + d/2 < 0 的情况下），而其他银行高度依赖中央银行时，中央银行对于银行体系来说就是完全中介。通常，可以通过设置中央银行给银行的借款利率（高）和中央银行超额存款补偿利率（低）间的息差，来避免中央银行成为完全中介。银行间拆借可以使银行避免由该息差导致的财务成本。

- 中央银行可以被动地提供这些中介服务，也就是说，可以只通过银行行为来实现。然而，一般抵押品的可得性是该中介的天然约束。在危机时期，为了能够提供更多的中介服务或者增强市场信心，使其相信银行具备大规模流动性缓冲工具，扩大抵押品种类的行为是主动性的中介措施。

图2.3说明了在不同情形下，对中央银行信贷依赖的可能分布情况。图中假设共有100家银行，每家银行的存款为9（意味着总存款为900），现钞共有100，对图2.3所表示的不同情况具体说明如下。

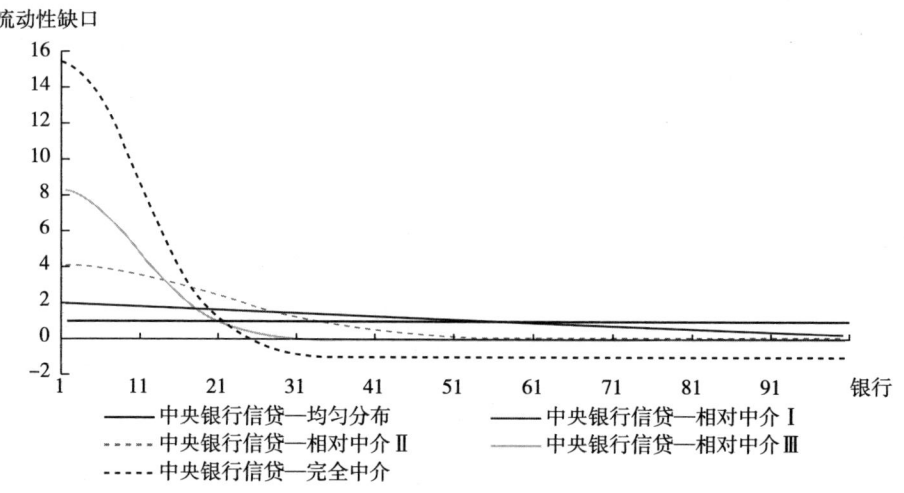

图2.3　100家银行（D=900 and B=100）对中央银行信贷的相对依赖性

- 中央银行信贷"均匀分布"假设中央银行将总量为100的信贷规模平均发放给所有银行。从中央银行风险敞口来看，这是一种很理想的状态，因为其尽可能细化和多样化。但实际上，这种情况很少发生，因为它要求所有银行在各个方面都是同质的。

- 中央银行信贷"相对中介Ⅰ"假设几乎所有银行都要依靠中央银行的信贷，但这些信贷并非均匀分布，而是在0和2之间呈线性分布的。在这种情况下，中央银行信贷的分布仍然是广泛的。实际上，在实践中更为普遍的情况是，相当一部分银行完全不需要中央银行信贷支持，就像接下来两种假设的情况。

- "相对中介Ⅱ"和"相对中介Ⅲ"假设有一些银行并不需要中央银行

信贷，这也就意味着一些其他银行对中央银行的信贷依赖度较高。同时在这两种情形下，依然没有银行出现流动性过剩的情况。

- 最后，中央银行信贷"完全中介"描述的是一些银行有剩余流动性的情况（此时，70家银行在中央银行的超额存款都是1），而中央银行的所有信贷都发放给了前24家银行。中央银行资产负债表的规模增加了约73，这是全部的超额存款额。显然，出现这种结果是因为资本市场和银行间市场严重受损，或者是因为中央银行借款利率和超额存款补偿利率间的息差过窄。

当然，还可以假设中央银行信贷更多不同的分布情形。如果99家银行的整体资产负债表都可以通过中央银行来融资，那么中央银行的资产负债表将会扩张至最大规模，而第100家银行将有890的剩余流动性。显然，在这种情况下，金融体系将被彻底破坏，实际上，经济中的资金配置将被中央银行完全控制——这是一个糟糕的结果。无论如何，这种情况是不太现实的，主要有两个方面原因：第一，由于抵押品约束，银行不可能通过中央银行对其整体资产负债表融资。例如，如果中央银行在接受银行资产作为抵押品时，对资产实行50%的折扣，那么，银行资产负债表只有一半能够通过中央银行融资，而中央银行资产负债表扩张的最大规模将不是890，而只是它的二分之一左右。第二，这里的金融账户体系假设银行资产完全不具备流动性，但从中期来看，银行可以出售资产，甚至整个银行都可以被接管。

三、抵押品约束

第九章将进一步讨论中央银行信贷操作中抵押品的作用。合格抵押品的数量和质量约束了银行向中央银行借款的能力。这些约束源于：（1）资格限制（例如，将非流动资产和不透明资产排除在外，并设置抵押品债务人的最低资信等级要求）；（2）抵押品的保守估值（降低抵押品估值过高而产生的风险）；（3）折价率（为了降低交易对手方违约清算时的价值损失）；（4）抵押品数量限制（以解决集中度和相关度风险）。

简单起见，假设银行对企业的所有贷款都是合格抵押品，并且折价率为

h%，即对每一单位的抵押品价值，银行都可以从中央银行获得最多（1－h%）单位的融资。假设在图2.2所示的银行资产负债表中，中央银行对同类的银行部门借出资金，其最大规模为（1－h）（D＋B－S_{CB}），那么，从中央银行的实际借款B－S_{CB}＋d－s就不能超过这个值，也就是说：

$$B - S_{CB} + d - s \leqslant (1 - h)(D + B - S_{CB}) \qquad (2.1)$$

式（2.1）表明，若图2.3中的资金流动（d－s）超过了（1－h）D－h（B－S_{CB}），那么银行部门就会达到抵押品约束上限，银行可能会缺少流动性并违约，除非中央银行愿意扩大抵押品的有效性（如降低折扣率），或者在政府担保的情况下给银行更多贷款。

除了抵押品约束，原则上，中央银行可以对银行实行额外的中央银行借款限制，例如：（1）对所有银行实行同一限制；（2）实行比例限制，即每家银行从中央银行的借款最多只能占其资产负债表的q%。

四、在中央银行的存款和法定存款准备金

我们将在第八章讨论法定存款准备金问题。从货币政策实施的视角来看，货币市场是中央银行的银行间存款市场（"储备""活期存款"都是同义词）。银行必须保持一个正的储备头寸。在准备金要求为正的情况下，银行需要持有一定的正储备，也就是法定存款准备（Reserve Requirement，RR）。表2.4表示的是拥有正的法定存款准备金RR的金融部门。为了简化，我们忽略掉银行1存在过剩流动性的情况，并将银行间拆借设为零。

值得注意的是表2.4，假设银行的储备正好是法定存款准备金RR，通常银行会持有超额准备金XSR，在表2.4的金融账户体系中，也可以用"RR＋XSR"替代"RR"。至于为什么银行自愿持有超额准备金，可以参考Dow（2001）和Bindseil等（2006）的研究。但要注意，这有别于中央银行通过直接证券购买计划向银行体系注入超额准备金的情形（见第二章第六点和第十三章第三点），后者形成的超额准备金并不是银行自愿持有的（另请参见Keister和McAndrews，2009）。

表 2.4　准备金要求下的金融账户体系

银行 1			
给企业的贷款	D/2 + B/2	家庭存款/债务	D/2 + k − d/2
在中央银行的存款	RR/2	向中央银行借款	B/2 + RR/2 − k + d/2
银行 2			
给企业的贷款	D/2 + B/2	家庭存款/债务	D/2 − k − d/2
在中央银行的存款	RR/2	向中央银行借款	B/2 + RR/2 + k + d/2
中央银行			
与银行的信贷操作	B + RR + d	现金	B + d
		银行存款	RR

通常情况下（如美联储和欧央行）准备金是按照一个准备金持续期内的平均值进行考核的。假设准备金的维持期是两天，资金流 d 和资金流 k 分别在第一天和第二天出现（d_1，d_2，k_1，k_2）。每天都精确地满足准备金要求只是银行的一种选择。另一种选择是，银行可以允许第一天的资金流动影响其准备金持有额（第一天不通过调整在中央银行的借款来应对资金流动），而只要确保第二天满足准备金要求即可。在这种情形下，银行 1 在时期 1 和时期 2 时的账户状况如表 2.5 所示。

这种平均机制可以稳定银行间隔夜利率，并且能够作为准备金维持期内隔夜利率黏性质的基础（见第五章）。

表 2.5　存在法定存款准备金要求的情况下，一家银行两天内的金融账户情况，以及在两日平均期限内，只在第二日对流动性冲击作出调整的情况

银行 1—第一天日终			
给企业的贷款	D/2 + B/2	家庭存款/债务	D/2 + k_1 − d_1/2
在中央银行的存款	RR/2 + k_1 − d_1/2	向中央银行借款	B/2 + RR/2
银行 1—第二天日终			
给企业的贷款	D/2 + B/2	家庭存款/债务	D/2 + k_2 − d_2/2
在中央银行的存款	RR/2 − k_1 + d_1/2	向中央银行借款	B/2 + RR/2 − k_1 + d_1/2 − k_2 + d_2/2

五、其他自主因素和货币政策操作类型

上文对中央银行的资产负债表进行了简化，我们还需要对以下两个重要

方面作进一步探讨。

首先，前文中，现金是货币政策操作和银行在中央银行的活期存款之外唯一的资产负债表项目。然而，实际上，现金只是中央银行资产负债表各种所谓的"自主"因素之一。自主因素可以被定义为那些既不是货币政策操作也不是银行在中央银行存款的所有中央银行资产负债表项目。尽管这些因素可能影响银行在中央银行的存款量，进而对货币市场产生影响，但它们不属于货币政策实施的直接控制对象。在上述中央银行资产负债表中，现金是唯一的自主因素。实际上，还有许多其他的自主因素可以被纳入金融账户模型（主要是通过引入一些与中央银行有互动的部门）。例如：（1）政府可能会被允许委托中央银行来保管它们（不稳定的）库存现金——当政府征税后，其在中央银行的存款就会相应增加；（2）中央银行可能会干预外汇市场，由此增加或减少其外汇储备；（3）中央银行可能会出于投资的目的购买金融资产，而不是因为货币政策的需要；（4）国际货币基金组织（IMF）可能动用其与中央银行之间的信贷额度。

其次，如第一章简要介绍的，不同类型的货币政策操作需要在中央银行资产负债表中分别体现。在第四章中，当短期利率的调控被模型化，就必须区分直接的公开市场操作、信贷公开市场操作和常备便利。

表2.6按照资产负债表项目的三种主要类型进行排序，反映了中央银行资产负债表的细微区别。

表2.6 以项目类别排序的中央银行资产负债表

中央银行	
自主因素：流动性供给 国外净资产 投资组合	自主因素：流动性吸收 现金 政府存款
货币政策操作：流动性提供 现券操作（公开市场操作） 信贷操作（公开市场操作） 借贷便利	货币政策操作：流动性吸收 定期存款/回购 发行债务凭证 存款便利 银行存款

在本章第一至第四点中，金融账户模型中的 B（一开始代表"现金"）现在被定义为"净自主因素"：

净自主因素 = 现金 + 政府存款 − 外汇储备 − 投资组合

在这种定义下，自主因素被归结为中央银行的负债项目。如果我们将"货币政策操作"定义为所有可以作为中央银行资产负债表的货币政策操作的总和，那么资产负债表恒等式可以表示为：

银行存款 = 货币政策操作 − 净自主因素

如果中央银行实施法定准备金要求，那么银行存款必须等于（至少等于）准备金要求。这意味着原则上中央银行需要根据自主因素的波动来调整货币政策操作：

货币政策操作 = 法定存款准备金 + 净自主因素

我们可以将等式左边称为银行准备金的"供给"，将等式右边称为银行准备金的"需求"。因此，中央银行的流动性供给必须同时满足法定存款准备金要求以及自主因素所吸收的流动性。

我们再次回到中央银行资产负债表科目，可以将中央银行资产负债表的所有负债科目（除了银行存款）称为"流动性吸收"项，将中央银行资产负债表的所有资产科目称为"流动性供给"项。这是因为银行在中央银行的存款属于中央银行的负债科目，假设其他科目不变时，中央银行任一其他负债的增加都会导致银行存款的减少，而任何中央银行资产的增加都会导致银行存款的增加。下面我们将以 2013 年 2 月欧元体系的资产负债表为例（见表 2.7）。

净自主因素吸收了 3100 亿欧元的流动性，法定准备金总额大约等于银行的实际活期账户余额，即 940 亿欧元，货币政策操作净注入 4040 亿欧元。这反映出货币市场已经出现了问题，银行实际上过度依赖欧元体系的信贷操作，总量达 8180 亿欧元。过剩的流动性或者被欧元体系以定期存款（2200 亿欧元）的形式收回，或者被现金充裕的银行存放在欧元体系的存款便利中（当时给予的补偿利率是 25 个基点，而活期账户上的超额准备补偿利率为零）。

表 2.7　标准化的欧元体系资产负债表

欧元体系（2012 年 2 月，10 亿欧元）			
自主因素		自主因素	
国外净资产	633	现金	867
国内投资资产	374	政府存款	142
		其他净自主因素	308
货币政策操作			
持有的现券	283		
短期信贷操作	166		
长期信贷操作	652	吸收的固定期限存款	220
借贷便利	0	存款便利	477
		银行在中央银行的活期存款	94
合计	2108	合计	2108

下面将考虑两个自主因素随时间变化的例子。图 2.4 按时间序列显示了 1999 年起流通中的欧元现金数量，从图中可以观察到明显的趋势性以及月度和年度的季节性。其中，2002 年前后的异常变动主要是因为引入了欧元。为确定公开市场操作的规模，中央银行需要借助对流通中现金的时间序列趋势和其他自主因素的分析结果。中央银行预测流通中现金的模型可以参考 Cabrero 等（2002）的研究。在第四章中，我们将看到该预测会发挥怎样的作用，尤其是对利率的调控，而不是依赖常备便利的单向需求。

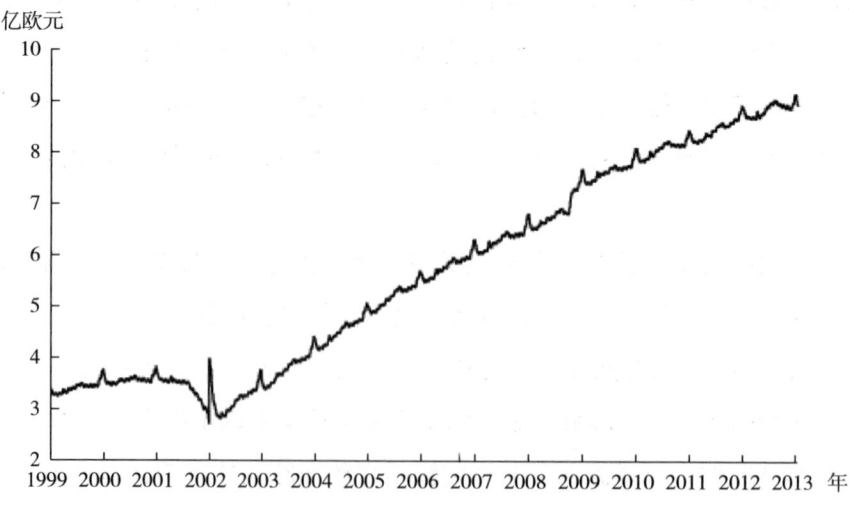

图 2.4　1999—2013 年欧元体系中流通的现金

作为自主因素时间序列的第二个例子，图2.5表示的是同一时期政府在欧元体系的存款。这个时间序列似乎没有明显的趋势性，季节性也不容易被观察到。但中央银行仍然可以通过对主权债务支付资金流的深入了解来预测约三分之二的头寸波动。图2.5显示，政府存款在金融危机时期有增加的趋势并且变得更不稳定，这表明有的时候主权国家财政官员不太愿意将其财政资金注入市场①。

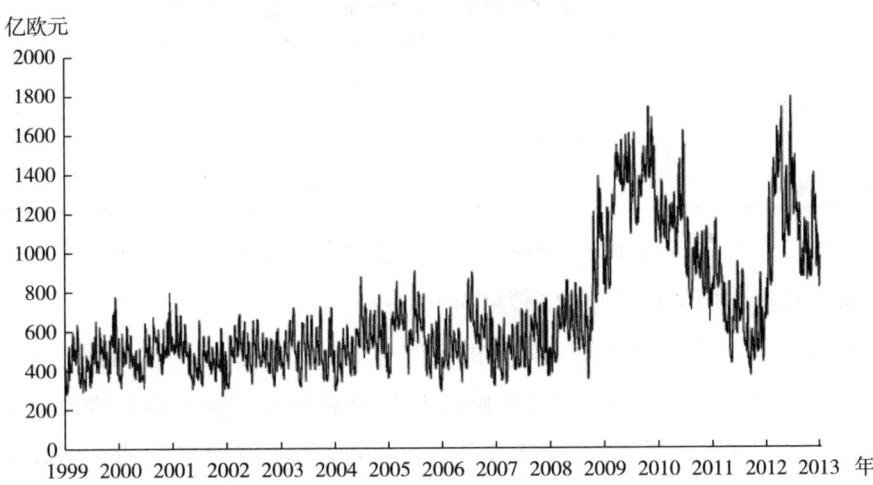

图 2.5　1999—2013 年欧元系统的政府存款

六、银行系统相对于中央银行的流动性缺口

有趣的是，目前，世界上大多数的银行体系都面临这样的情况：一方面它们不需要依赖中央银行公开市场信贷操作，另一方面它们在中央银行的实际存款额超过了准备金要求。为了研究这种现象，需要引入银行系统相对中央银行的流动性缺口这一概念。流动性缺口可以有以下两种定义：

---

① 值得注意的是，其他中央银行与国库一起建立框架以保证政府存款在中央银行存款的平稳性，案例可见加拿大银行有关报告（Bank of Canada, 2010）。同样在欧元体系内，大部分国家中央银行（National Central Banks, NCBs）都已经建立了这种框架，并且政府存款账户的波动性只来自几家NCBs。

- 第一，初始流动性缺口：需要通过货币政策操作的形式提供资金，包括信贷操作和直接购买证券（也就是中央银行公开市场操作的两种方式）；
- 第二，货币政策直接操作后的流动性缺口：在直接操作后，剩余的资金需求通过中央银行以信贷操作方式提供给银行。

在银行不仅持有法定金额的存款（法定准备金，RR），还持有一些超额储备（XSR）的情况下，中央银行资产负债表如表2.8所示。

表2.8 用于定义流动性缺口的中央银行资产负债表

中央银行			
货币政策操作		自主因素	B
货币政策信贷操作	$B + RR + XSR - S_{CB}$		
货币政策现券组合	S_{CB}	银行存款	$RR + XSR$

初始流动性缺口等于 $B + RR$。注意，超额准备并不计入流动性缺口，货币政策直接操作后的流动性缺口为 $B + RR - S_{CB}$。

回顾一下2012年2月欧元体系的案例（见表2.7）。运用这两种定义，很容易计算出银行系统的初始流动性缺口为4040亿欧元，为了满足货币政策目标而进行的直接操作为2830亿欧元，货币政策直接操作之后的流动性缺口是1210亿欧元。

由于中央银行拥有大量的外汇储备，典型新兴市场经济体的银行体系流动性相对于中央银行就是过剩的（根据上述两个定义）。例如，以中国和韩国为例，2010年末两国商业银行的存款和中央银行发行的债券（后者目的是吸收银行的超额储备）之和分别达到了两国中央银行总负债的72%和58%，而流通中的现金只有总负债的16%和8%。产生庞大的非现金负债是因为大量的中央银行外汇储备向市场注入了资金，总量分别达到了资产负债表总规模的73%和71%（Filardo和Yetman，2012）。

2009年末至2013年末，美国和英国的银行体系相对它们各自的中央银行都有初始流动性缺口，但是货币政策直接操作后的流动性是过剩的。

表2.9提供了一些有关上述两个流动性缺口的具体的（中央银行资产负债表的）例子，这些资产负债表在本书的相关章节都可以找到。在某些情况

第二章 金融账户的代表性货币政策操作

表2.9 银行系统的流动性缺口

中央银行	时间与币种	单位	来源	初始流动性缺口（Ⅰ）	现券操作后流动性缺口（Ⅱ）	资产负债表总规模（Ⅲ）	（Ⅳ）=（Ⅰ）/（Ⅲ）	（Ⅴ）=（Ⅱ）/（Ⅲ）	现金（Ⅵ）	精简指标（Ⅶ）=（Ⅲ）/（Ⅵ）
德意志帝国银行	1900年12月31日	百万马克	见图4.2	1319.0	1234.0	2049.0	0.6	0.6	1410.0	1.5
欧央行系统	2007年6月29日	十亿欧元	见图4.9	463.0	463.0	912.0	0.5	0.5	633.0	1.4
美联储	2007年6月27日	十亿欧元	见图7.1	780.0	-10	845.0	0.9	-1%	775.0	1.1
英格兰银行	2007年6月27日	十亿欧元	见图4.8	80.0	47.0	80.0	1.0	0.6	40.0	2.0
欧央行系统	2012年2月24日	十亿欧元	见图2.10	404.0	121.0	2178.0	0.2	0.1	867.0	2.5
美联储	2013年1月2日	十亿美元	见图4.3	1108.0	-1562	2723.0	0.4	-57%	1127.0	2.4
英格兰银行	2013年1月2日	十亿英镑	见图13A.4	156.0	-248	410.0	0.4	-60%	60.0	6.8

下，这些精确的数字可能是解释的关键，因为它们取决于资产负债表项目之间的抵销和分类得出的。流动性缺口可以由本币的绝对金额体现，也可以用与资产负债表总规模的占比来表示。此外，表2.9还列出了各家中央银行资产负债表的"精简指标"，这个指标可以简单定义为资产负债表总规模与流通中现金的比值①。完全精简化的中央银行资产负债表应该是资产负债表总规模等于现金，在这种情形下，精简指标的值为1。原则上，精简的资产负债表是有积极意义的，因为它显示了：(1) 中央银行将专注其核心使命；(2) 金融市场运行良好，因为中央银行既不需要承担银行体系的中介职责，也没有必要采取特殊的危机处理措施，如直接购买计划。

七、银行创造的信用货币

本书考察的金融账户体系显然是非常简化的，我们还需要考虑更多复杂的因素。第一，在欧央行的资金流动数据中，涉及以下六个部门——家庭、银行、其他金融机构（如保险公司和养老基金）、非金融企业、政府和其他部门；第二，所有部门都有银行存款，且大部分部门持有其他部门的股权；第三，家庭也是有杠杆的，即除了股权外，家庭部门还会通过贷款增加其资产负债表总规模；第四，银行通过向其他部门提供信用，创造额外的银行货币。例如，一家银行向家庭部门提供信贷，这笔贷款并不立即被提取，而是相应地增加其在银行的存款头寸。在下面的金融账户案例中我们仅就最后两点予以说明。

为了在金融账户体系中演示信用货币的创造过程，我们从一个最简单的例子开始，即假设在这个金融账户体系中只有两家银行，并且实体经济的所有融资行为都通过银行体系进行。在此之前，我们先回顾一下货币经济学入门课程的精髓，托宾关于银行信用货币创造的著名批判性论述（Tobin, 1963）：

---

① Filardo 和 Yetman（2012）提出了2011年亚洲中央银行的精简指标（括号内为数值）：中国（6.2）、印度尼西亚（3.5）、韩国（12.2）、马来西亚（8.4）、新加坡（12.6）。高数值是由这些中央银行大规模的外汇储备造成的。日本只有1.6，也反映了政府持有了大部分外汇储备。

对于讲授初级经济学的教师而言，他人生中最伟大的时刻或许就是阐释银行信贷和存款的乘数创造。在大学新生们充满崇拜的目光下，他击溃了银行家的实用主义。银行家目光短浅，他们的错误是在入门课程中犯了合成谬误。从身处崇高地位的教师以及教科书的角度看，似乎银行家们的格言必须修改为：不论银行贷出多少钱，存款人都会将钱存进银行。这对单个银行来讲无疑是不正确的：一家银行的贷款也许会变成另一家银行的存款。但是就存款连续创造的计算来讲，这一点对整个银行体系来讲倒是真的。不论它们有什么其他错误，那一大群金融异教徒所称的"钢笔货币"倒是正确的——当银行总裁大笔一挥，批准一笔贷款并转到借款人的活期存款账户时，便创造了货币。

出于多种理由，托宾批判了教科书中关于货币供给的"陈旧观点"，并且如同第三章第三点所讨论的那样，与货币经济学相关的货币乘数和货币供给方法确实无法让人信服。

在金融账户体系框架中展示信用货币供给过程，将有助于对银行货币创造的约束条件作出精确判断。C_1（C_2）表示银行1（银行2）为家庭创造的信用货币。假设家庭以银行存款的方式持有这笔钱，但不限于同一家银行。具体来说，就是假设不管是哪家银行提供的信用，家庭都会将额外持有的信贷资金平均地分配在两家银行，由此形成的金融账户如表2.10所示。

表2.10 基于两家银行的金融账户和银行信用货币创造

家庭/投资者			
实物资产	$E-D-B$	家庭股权	E
银行1存款	$D/2+(C_1+C_2)/2$	银行1的贷款	C_1
银行2存款	$D/2+(C_1+C_2)/2$	银行2的贷款	C_2
现金	B		
企业/政府			
实物资产	$D+B$	银行贷款	$D+B$
银行1			
给企业的贷款	$D/2+B/2$	家庭存款/债务	$D/2+(C_1+C_2)/2$
给家庭的贷款	C_1	向中央银行借款	$B/2+(C_1-C_2)/2$

续表

银行2			
给企业的贷款	D/2 + B/2	家庭存款/债务	$D/2 + (C_1 + C_2)/2$
给家庭的贷款	C_2	向中央银行借款	$B/2 + (C_2 - C_1)/2$
中央银行			
信贷操作	B	现金	B

银行信用货币创造可能会受到什么样的约束呢?

- 假设对家庭的信贷不属于中央银行的合格抵押品范围,那么抵押品约束就自然而然地制约了单家银行超限的信用货币创造。如果对家庭的信用债权能够被证券化并可作为抵押品从中央银行获得信贷支持,那么中央银行设置的扣减率就仍将对单一银行的行为形成制约。

- 如果 $C_1 = C_2$(两家银行创造相同的信用货币),在上述体系中,两家银行的信用货币创造将不会受到任何限制,除非中央银行设置准备金要求(见第八章)。

- 然而实际上,创造信用货币的限制来源于家庭偏好。银行创造信用货币不是无成本的,因此,相较于存款利率而言,银行在向家庭贷款时会要求更高的利率回报(用于覆盖银行操作成本及信贷风险)。因此,家庭只有在特别需要时,认为获取信贷的成本是合理的,才会产生对信用货币的需求。

值得注意的是,在上述金融账户体系中,只要两家银行信贷投放的进度差距不大,即只要 $|C_2 - C_1| < B$,银行信用货币扩张对中央银行的资产负债表就没有任何影响。一旦这个条件不成立,中央银行资产负债表的规模就会扩张,因为对信贷增长有更多限制的银行将持有超额准备金。

在任何情况下,信用货币扩张的规模都会影响潜在存款转移的规模,进而影响为弥补资金缺口而对中央银行的依赖程度。从这个程度而言,在发生金融危机的情况下,银行的资产负债表规模与其通过信用货币创造产生的膨胀效应是相关的,本书第二部分将对此作进一步分析。

八、"真实"的欧元区金融账户

现在我们以欧元区为例来研究一个经济体真实的金融账户统计,这将为我们简化程式化的金融账户体系以及实际金融联系的层级排序提供更多思路。欧央行月报第 3 章节中展示了欧元区 "一体化后的经济和金融账户"(2011 年 12 月月报的第 3.1 章节,S28 页)。一份方法论的文件(《欧央行月报——欧元区数据统计方法纪要》第 3 章《欧元区账户》,2010 年 10 月 28 日)深入地解释了这些账户的方法。尽管包含更多部门和更多不同类型的金融内部链条(见表 2.11),但这是一个全面而一致的欧元区金融账户体系,对关键机构部门作出了区分,与我们的标准化金融账户体系类似。而与我们的金融账户不同的是,欧元区一体化的经济和金融账户不包含实物资产头寸。因此,为了用我们的方法分析,需要将"净资产价值"科目等同理解为我们账户体系中的"股权减实物资产"(也就是说,它反映了负债方的净值)。

表 2.11 欧元区经济和金融的一体化账户(截至 2011 年第二季度末)

科目	家庭	非金融机构	货币金融机构(银行)	其他金融机构	政府	其他
金融资产	19	17	32	22	4	17
现金和存款	7	2	9	3	1	4
债券	1	0	7	5	1	5
贷款	0	3	13	4	1	2
股票、股权	4	8	2	9	1	6
其他金融资产	6	4	1	1	1	1
负债	19	17	32	22	4	17
现金和存款	—	—	22	—	0	3
债券	—	1	5	6	7	6
贷款	6	9	—	2	1	6
股票、股权	—	13	3	9	—	—
其他金融负债	1	4	1	5	1	3
净金融资产	12	−10	1	1	−5	0

资料来源:ECB 月度公告第 28~29 页(数万亿欧元,四舍五入至万亿)。

这里有许多指标可能值得我们关注。家庭部门实际上拥有大量的净资产，但与我们标准化的金融账户中的假设相反，贷款融资大约占其金融资产总额的三分之一。这些贷款大部分是抵押贷款，但也有消费贷款。家庭部门最大的单个资产科目是存款（和现金），而债券的持有量很有限，实际上不到股票和股权的一半。股票和其他形式的股权是非金融机构最大的筹资来源，接下来是贷款，债券最少。我们所罗列的金融账户忽略了股权，因为流动性冲击导致的脆弱性主要源于银行贷款占总融资比例较大。只有那些完全通过股权融资的公司有能力应对流动性危机。对于政府而言，最主要的融资渠道是发行债券。货币金融机构（Monetary Financial Institutions，MFIs），即银行，主要是通过吸收存款来融资（如我们在金融账户里的假设），同时也包括发债。贷款是银行最大的资产种类，但债券和存款（主要是在其他银行的存款）也很重要。最后，其他部门通过股票、债券和贷款（按此顺序）提供资金，反之亦然。包括家庭在内的所有部门，如果进行了期限转换，就都会对融资形成结构性依赖，因此容易受到资金危机的冲击。

　　值得注意的是，即使在正常时期，一个经济体的金融结构和债券市场也都会对货币政策实施的细节产生不同的影响。Filardo 等（2012）就是分析中央银行操作和主权债务管理之间关系的一个例子。

第三章 货币政策操作目标

一、货币政策操作目标的概念

货币政策操作目标是一项经济变量，中央银行在很大程度上通过操作日常货币政策工具来试图对其进行控制，事实上也确实能够有效控制。政策决策委员会在每次会议上决定该变量的具体水平，为中央银行官员在闭会期间实施日常货币政策操作提供指导，同时也向社会公众传达货币政策立场的信号。目前，各国中央银行似乎已达成共识，认为短期银行间市场利率在正常时期是适当的操作目标。但在危机期间，这种观念受到较多质疑，本书第二部分将对此进行讨论。

2007年以前，中央银行采用的货币政策操作目标可按以下几个方面进行分类。

显性目标与隐性目标。美联储至少从1990年前后开始就明确规定了联邦基金利率目标。与此同时，英格兰银行和欧央行等则选择了一个隐性目标，通过市场操作利率披露目标水平。在2007年之前，这意味着中央银行隐性承诺将市场利率维持在类似水平上。2001—2006年，日本银行规定了一项明确的量化目标，即所有银行在日本银行的准备金总额（参见2001年3月19日政策发布新闻稿）。日本银行的目标意味着庞大的超额准备金以及接近零的短期市场利率。

确定目标与非确定目标。如果每次决策机构会议都会针对操作目标设定一个确切的数值，即便仅供内部参考，那么操作目标就是确定的。在20世纪五六十年代，美联储制定的数量型操作目标通常无法精确量化。

是否立即公布。现在大多数中央银行都会在每次货币政策委员会会议后立即发布操作目标变量的确切数值。但也存在例外，如美联储在1994年之前不会立即公布其目标值，市场只能通过纽联储的（可变利率招标）操作来分析判断。

唯一操作目标与多重操作目标。举例来说，1994—2007年，美联储将联邦基金利率作为唯一操作目标，因此，联邦基金利率看起来是其货币政策立场的充分衡量指标。但是，根据Anderson（1969）的描述，20世纪60年代，美联储曾将8个因素作为货币市场状况的衡量标准，即短期国债利率、所有成员银行的自由准备金、纽约8家货币市场银行的基础准备金缺口、纽约之外的38家货币市场银行的基础准备金缺口、成员银行从联储的借款、国债交易商的借款、联邦基金利率以及联储贴现率。在如今特殊的（后）危机背景下，各国中央银行似乎再次开始采用多重操作目标。例如，美联储似乎不仅关注联邦基金利率，还关注长期国债利率和住房抵押贷款支持证券（RMBS）利率，甚至在没有提供具体目标、对上述利率的调控也并不完善的情况下，通过开展操作来直接影响这些利率。欧央行也在金融危机期间关注各类欧元债券收益率，并出于货币政策原因实施了直接影响这些利率的操作。人们通常认为，隔夜利率是首要操作目标，但如果隔夜利率不能充分体现货币政策立场，就需要确定其他变量作为次要操作目标：例如，2001—2006年银行存放在日本银行的准备金水平，2010年以来美国的10年期国债、机构债券和RMBS的利率。在上述两个案例中，作为首要操作目标的隔夜利率为零（或接近零），均不能充分体现货币政策取向。

操作目标的种类。操作目标主要分为三大类：（1）短期利率（在1914年以前和1990年以后是占据主导地位的操作目标，即使在1914—1990年至少也发挥着潜在的重要作用）；（2）量化的、与准备金相关的概念，如1920—1983年美国的官方操作目标（更多演变类型详见本章第三点）；（3）汇率，那些将本币与某外币紧密挂钩的中央银行采用该目标。在本书中，重点将放在不将此作为可选方案的大型货币区。

本章第二点将深入研究作为货币政策操作目标的短期利率。本章第三点将进一步分析 20 世纪货币政策操作目标的发展历程。这不仅是经济思想史上一个纷争频现的时期，也能很好地帮助我们正确解读 20 世纪货币政策实施方面的大部分学术著作。在这一时期（严格来说是 1920—1983 年），各国中央银行（特别是美联储）倾向于否认中央银行负有调整短期利率的责任，而是借由各种变量提出了以下不同的数量型操作目标（以下内容试图将各种不同的量化概念按照从广义到狭义的顺序罗列，但并非所有情况都符合该顺序）：

（1）基础货币，即银行向中央银行缴纳的准备金和所有流通中货币的总和。它是货币主义者首选的操作目标。货币主义者不愿意深入探究货币政策日常操作的细节和对基础货币进行细化分类的潜在需要。

（2）银行准备金。正如前文所提到的，日本银行在 2001—2006 年采用了这一操作目标，学术界偶尔也会主张采用该目标。

（3）公开市场操作总量（Friedman，1982）。

（4）"非借入"准备金，美联储在 1979—1982 年采用了该目标。

（5）超额准备金，即超出法定准备金要求的准备金（参见 DOW 的评论，DOW，2001）。

（6）自由准备金，即超额准备金减去银行通过借款便利（如美国的贴现窗口）借入的准备金。1954—1970 年，美联储至少在理论上采用了这一概念（Meigs，1962）。

（7）"借入储备金"，美联储在 1982—1990 年采用了该目标（Meulendyke，1998）。

现在看来，上述概念似乎都不太可靠，Moore（1988）对此已经进行了令人信服的、深入的论证。本章第三点将对"准备金头寸学说"（Meigs 创造的术语，1962）各种理论的发展演变历程进行梳理总结。

二、将短期利率作为货币政策操作目标

被誉为 20 世纪以前最杰出的货币政策理论家的桑顿（Thornton，1802）

认为,中央银行的政策其实就是"基准利率"(贴现便利利率)政策,同时分析了应当如何实施基准利率政策。很可能是他最先指出,基准利率应遵循资本的实际回报率,以便控制货币扩张和随之而来的通货膨胀。

> 为了确定任意时刻借款者拟从中央银行(英格兰银行)获得贷款的意愿,我们必须探究在当时环境下此项贷款可能带来的利润……因此,我们可以将这个问题转化为英格兰央行贷款利率和当前商业利润率二者之间的比较。国家反高利贷法律禁止英格兰央行索取高于5%的利率,战争时期也不例外,与和平时期的贴现利率水平保持一致。无疑,如果立法机构不妨碍其采用这种限制政策,英格兰央行随时都可以通过调控其贷款利率来有效限制其货币供应量。

桑顿的核心观点是,基准利率始终是中央银行在预防货币超发和随之而来的通货膨胀方面的一个有效工具(除非中央银行被限制使用该项工具,如高利贷法)。桑顿提出的"商业利润率"概念实际上与后来维克塞尔(Wicksell, 1898/1936)对"自然利率"的描述非常相似。

> 有一种贷款利率相对于商品价格呈现中性,既不抬高也不压低商品价格。它必定等于不使用货币且所有借贷均以实物资本形式实现条件下需求和供给所确定的利率,在很大程度上可以将其描述为资本自然利率的现值。

在图3.1描述的套利过程(Richter, 1990)中,处在两个时间点(今天和明天)、两个相互关联的相对价位上的两种商品(小麦和货币),在稳定的价格条件下,货币的利率 i 必定与实际利率 r 保持同步,后者被认为独立于经济的"货币范畴"。P_1 代表今天的小麦市场价格,P_2 代表明天小麦的预期现货价格。

通过图3.1中不同的移动路径,套利逻辑会使两种价格之间建立一些基本的关系。事实上,我们可以用下面的等式表示通过不同路径从"今天的小

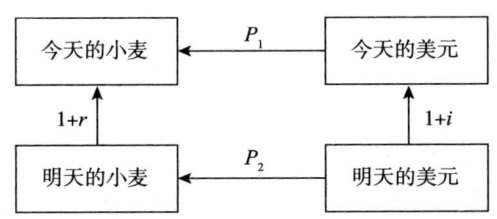

图 3.1　通货膨胀率、实际利率和名义利率套利

麦"移动至"明天的小麦":

$$1 + r = P_1(1 + i)/P_2 \tag{3.1}$$

定义 $(1+\pi)$ 等于 P_2/P_1,我们同样可以得到费雪方程式:

$$(1 + r) = (1 + i)/(1 + \pi) \tag{3.2}$$

式(3.2)可以近似地等同于 $i = r + \pi$,即等式中的名义利率应该是实际利率与(预期)通货膨胀率之和。如果中央银行能设法使货币(名义)利率 i 始终等于实际利率 r,通货膨胀将不会发生,即 $\pi = 0$。那么实际利率从何而知?实际利率仅仅是"明天的小麦"和"今天的小麦"之间的一个相对价格,它与其他所有可以相互转换的商品相对价值一样,取决于生产函数(在这种情况下是跨期的)及相对偏好(从今天的角度看今天的消费相对于明天的消费)。鉴于我们可能在明天消费之前死掉,相对于明天消费,我们通常优先选择今天消费(抑或仅仅因为我们没有耐心),跨期生产函数通常会得到正回报,因此实际利率也通常是正数。

现代中央银行发展史上最明目张胆地违背这个套利逻辑的案例,莫过于德国国家银行在 1914—1922 年将贴现率维持在 5% 的水平,尽管事实上 1915 年德国的通货膨胀率已经高达 40%,且在之后各年都维持在至少两位数的高位,直至第一次世界大战后数年内最终发生了爆炸式上涨。Stolper(1940/1969)记录了那段时间的信用供给情况。

> 那时候如果一个人足够聪明,且具备必要的银行关系能够从银行最大限度地获取商业贷款,他需要做的仅仅是将这笔资金立即投资于"有形价值",便可在极短时间内积聚巨额财富。此番资本积累浪潮中最典型

的例子莫过于胡戈·斯廷内斯（Hugo Stinnes），他肆意收购各类生意，包括银行、酒店、造纸厂、报社及其他出版类生意。

胡戈·斯廷内斯在魏玛共和国时期被称为"通货膨胀之王"，他在1924年去世时是德国最富有和最具影响力的实业家，拥有超过4500家公司。然而，随着马克币值的稳定，他的商业帝国逐步陷入流动性困境，并在1925年分崩离析。

当然，图3.1中描述的只是一个静态的套利策略，在现实中绝大多数时候我们都处于复杂的动态非均衡状态下。不同类型的泰勒法则可以被视作从动态版本套利模型推演而来。在动态非均衡情况下，设定合理的利率水平变得更为复杂，这也解释了为什么中央银行拥有庞大的经济研究部门。此外，在现实中面临的另一个复杂问题是，如何确定和计算实际利率水平。Laubach 和Williams（2001）重申，经济学理论允许在最优增长稳态模型中对实际利率、消费跨期弹性、劳动扩张型技术进步率、人口增长率、时间偏好率之间的简单关系进行推导。[①] 如果人口增长和技术进步是负数，实际利率也将是负数，这为货币政策在面临通货紧缩陷阱威胁时提供了有益的启示（因为名义利率通常不能是负值）。原则上，解决这个问题的方法是提高通胀目标，如此一来，在名义利率仍为正值的情况下得到一个负的实际利率。本书详细阐述了利率和通货膨胀之间的基本逻辑关系，而这种逻辑关系是将利率作为货币政策操作目标的基础。以伍德福德（Woodford, 2003）为代表的现代宏观经济学就是以这种观点为出发点的。

利率一旦被明确作为货币政策操作目标，就面临选择哪种利率的问题。这个问题可被分解为三个维度：（1）选择银行间市场利率还是选择中央银行通过货币政策操作向银行提供资金的利率？（2）如果选择银行间市场利率，那么应该选有担保的（回购）还是无担保的银行间市场利率？[②]（3）目标利

---

① 实际利率等于劳动扩张型技术进步率与消费跨期弹性的商再加上人口增长率和时间偏好率。
② 绝大多数中央银行盯住的是无担保隔夜拆借利率，而加拿大银行近期选择将隔夜抵押利率作为其操作目标（Bank of Canada, 2010）。

率的期限应该多长（隔夜、一周、一个月）？一般情况下，即当市场正常运转时，前两个维度就没那么重要，因为涉及的利率（无担保的银行拆借利率相对于有担保的回购利率以及政策操作利率）彼此应该非常接近，即便存在差值，也将远远小于中央银行通常进行利率调整时的最小单位（25个基点）。

关于上述问题的第三个维度，大多数中央银行都会明确或隐含地盯住最短期限利率，即隔夜利率。事实上可以很容易地证明，在第二天对长期利率预期发生的变化，将导致收益曲线的短端出现极端波动。假设中央银行将调控3天期利率，并决定在明天，即$T+1$日起，将3天期利率由4%下调至3%。同时假设，中央银行的货币政策策略是基于规则和透明的，市场能够完全预期到此次调整。这对隔夜利率的路径将产生什么影响呢？用$i_{\tau,t}$表示t时点上τ天期的利率，$E(i_{1,t+k}|I_t)$表示t时点上、基于信息集I_t对$i_{1,t+k}$（第$t+k$日的隔夜利率）产生的预期。假设关于利率期限结构预期假说的最简表达式是成立的，即

$$(1+i_{3,t})^{\frac{3}{360}} = (1+i_{1,t})^{\frac{3}{360}}[1+E(i_{1,t+1}|I_t)]^{\frac{1}{360}}[1+E(i_{1,t+2}|I_t)]^{\frac{1}{360}} \quad (3.3)$$

为便于我们研究，上式可被简化为

$$i_{3,t} = \frac{(i_{1,t}+E(i_{1,t+1}|I_t)+E(i_{1,t+2}|I_t))}{3} \quad (3.4)$$

已知$i_{3,t}=4\%$，$i_{3,t+1}=3\%$。如果继续假设在未来三天内不会发生进一步的利率政策调整，那么，根据我们简化的利率期限结构模型，会得出$E(i_{1,t+1}|I_t)=E(i_{1,t+2}|I_t)=3\%$［并且$E(i_{1,t+3}|I_t)=3\%$］。将上述结果代入式（3.4），会得到：

$$4\% = \frac{(i_{1,t}+3\%+3\%)}{3} \Rightarrow i_{1,t}=6\% \quad (3.5)$$

换句话说，可以预见隔夜利率将出现一个短暂峰值，这是因为人们预计3天期利率会经历一次性的下降。如果中央银行调控的是3个月期（90天）利率而非3天期利率，这种波动将更加显著。在上述例子中，隔夜利率的峰值可能接近100%的水平。

因此，为了盯住长期利率，中央银行必须选择：（1）接受收益率曲线短

端的畸变；（2）在调整操作目标时让市场感到"出其不意"；（3）实施渐进的调整。①

三、20 世纪数量型货币政策操作目标的发展简史

（一）1914 年以前的货币政策操作目标

桑顿（Thornton，1802）和维克塞尔（Wicksell，1898/1936）支持 1914 年前的假说，即短期利率应该成为货币政策操作目标。大量 19 世纪关于中央银行的新发现都与白芝浩（Bagehot，1873）有关。白芝浩（Bagehot，1873）强调的一个关键论点是，如果中央银行对货币市场放任不管，货币市场的内在不稳定性将会显现。这个观点与货币政策操作目标的选择问题密切相关。中央银行的准备金供给（无价格弹性）具有波动性，而货币市场上准备金需求的短期利率弹性极低，二者共同作用会导致货币市场的不稳定性。这正是选择利率而非数量作为操作目标的有力论据。白芝浩称：

> 尽管货币的价值确定方式并没什么特别，但和许多东西一样，它还是有自身的独特之处。作为商品的货币常发生价值的大幅波动，轻微的数量过剩和数量匮乏就很容易引发这种波动。在某种程度上来说，货币是必需品。如果一个商人面对明天到期的承兑，那么他今天必须，也一定会以某种代价获得货币。在大恐慌时期，正是由于整个商人群体对于货币的这种急切需求，才会疯狂地抬高货币价值。从另一个角度来说，货币能够轻易地变成"毒品"，并且正如人们说的那样，很快它又会变得泛滥。

---

① 用另一种方式来表述这个问题时需要注意，"隔夜"是在利率决策出台时唯一不跨日期的期限。盯住长期利率所暗含的"跨期"意味着，操作目标的实际值将同时受到未来因素和当前货币政策立场的影响。因此，为了调控操作目标，中央银行必须承诺在未来决策方面遵循特定的路径。而这样一来，未来的利率决策就似乎变得多余了（因为这是之前已经承诺好的决策）；或者更糟的情况是新决策与之前承诺的决策存在冲突。因此，唯一的解决方案是在始终都不明确设定具体操作目标水平的前提下，采取渐进的方式进行调整。

值得注意的是，所有对准备金短期需求和市场供给的冲击对宏观经济发展都影响甚微，甚至可以忽略不计，因此认为操作目标决策"选择利率还是数量"取决于宏观经济关联性（如货币需求的利率弹性、实际冲击和货币冲击对宏观经济的相对影响力）的观点是错误的（Poole，1970）。白芝浩对于货币市场内在不稳定性的见解意味着，任何严格设定的数量型操作目标都会对利率产生极大的扰动。这种扰动不利于保持稳定的经济金融环境。

与这种理解相一致，在传统的金本位制下，中央银行货币政策的实施基本上就是设定贴现率（中央银行对商业票据的贴现利率）。King（1936）描述了19世纪在英格兰银行和伦敦金融市场中关于这一原则的争论。用Moore（1988）的术语来说，1914年以前的中央银行货币政策操作是最遵循"水平主义"（Horizontalist）的时期。直到1920年前后，"垂直主义"（Verticalism）才在美国被提出来。

（二）1914—1960年准备金头寸学说在美国的兴起

根据记载，1914年美联储成立时的组织架构存在一系列缺点（参见Warburg，1930；Friedman和Schwartz，1963；Meltzer，2003）。受经验缺乏、商业银行干扰以及美国政府期望通过低利率为第一次世界大战提供资金从而带来重大挑战的影响，美联储的第一个十年蒙上了阴影。正如Warburg（1930）指出的那样："在战争的生死决斗中，明智的经济箴言不得不让位于自我保护的要求。"所有这些因素共同导致美联储未能提高利率以保持价格稳定。美联储头几年过于宽松的货币政策产生了巨大的经济影响：批发价格指数在1914—1920年上涨了150%，并在之后两年的紧缩性政策时期（始于1919年11月）又下跌了35%左右，伴随着实际GDP下跌超过20%（Meltzer，2003）。

在美联储的案例中，导致这一时期与众不同、区别于第一次世界大战以及20世纪20年代早期其他经济体货币政策历史的是，美联储最初六年的通货膨胀并非由于货币政策当局故意不大幅提高贴现率导致，而是由于银行在贴现窗口过度借贷造成的。换句话讲，问题不在于利率高低而在于数量多少，失败的并非美联储，而是银行。这种范式的转换似乎恰好发生在1920年，此后的讨论一致强调数量层面。对于时间转换点为何恰好是 1920 年，可以通过两个主要事件加以解释：一是上文提到的始于 1919 年 11 月的紧缩货币政策及其对经济活动造成的巨大影响；二是美国人菲利普斯（C. A. Philipps, 1920）发现货币乘数的学术事件。甚至连弗里德曼（Friedman）和施瓦茨（Schwartz, 1963）等一些强烈反对将利率作为货币政策操作目标的人，都对美联储理事会 1921 年年度报告内容感到震惊。该报告对美联储在 1919 年 11 月之后大幅提高利率以及潜在的通货紧缩和经济衰退避而不谈：

> 很难不得出这样的结论：这种设计是为了避免批评，既不正面面对，也不发表明显错误陈述……举例来说，在整个长达九页的讨论中，既没有出现"贴现率"这样的词语，也没有出现任何同义词……不出现"贴现率"等词汇意味着，在关于贴现率标准以及贴现率水平对美联储信贷整体影响的基本原则的讨论中，未作任何交代……追求好的结果，并设法规避坏结果带来的批评，这是人类的自然倾向。

在对曾经毫无争议的货币政策逻辑进行否定之后，美联储由于某些原因，在 70 多年里都未能在其官方操作目标原则上回归正常。20 世纪 20 年代早期，我们发现美联储的官员们对于"为何利率是次要的，数量与操作目标更加相关"提出了越来越多的合理解释（如 Warburg, 1930）。

因此，公开市场操作成为主要的官方货币政策工具。通过向银行体系注入自由准备金，公开市场操作可以利用货币乘数效应实现信贷和货币扩张。因为持续到 1919 年的通货膨胀是由于过度依靠贴现窗口所致，所以这个学说从兴起之初就确立了一个固有观点，即依赖贴现窗口借款是有害的。若要就第一次世界大战期间未能大幅提高利率的行为作出合理解释，就必须论证提高贴现率水平不足以限制货币扩张，从而得出以非价格抑制因素（主要是道义劝说）来限制贴现工具的使用是有必要的。这种新的方法，如以道德劝说和繁重的行政管理程序来限制银行使用贴现工具，使此后贴现率始终低于市场利率。当然，这种手段与英格兰银行基于其 19 世纪丰富经验建立起来的措施明显不同。因此，美联储的官员们认为，有必要在半官方性质的出版物中捍卫范式的改变。比如，Goldenweiser（1925）认为，（非特定的）金融和制度差异要求采用不同的方法。

20世纪30年代初至50年代初，美国和其他许多国家的货币政策出现了所谓的中断，即短期利率接近甚至达到零，主要风险来自通货紧缩而不是通货膨胀。准备金头寸主义在20世纪50年代成为美国的主导原则，其中一个原因是得到了凯恩斯的极力支持。这可以从凯恩斯1930年发表的《货币论》第二卷得到印证。凯恩斯还主张把准备金要求作为货币政策工具使用，通过调节准备金要求来吸收或注入准备金。在这一时期，美国的准备金要求多次调整，货币乘数逻辑对其产生直接的驱动效应，其中一例请参见以下美联储1960年8月的政策行动（摘自美联储年度报告《美联储主要政策行动摘要》，同年11月再次施行类似调整）："将成员银行大约5亿美元的库存现金计入法定准备金，从8月25日起对乡村银行生效，从9月1日起对中央储备银行和城市储备银行生效。从9月1日起，将中央储备城市银行的法定准备金要求与净活期存款的比率从18%降至17.5%，从而释放了约1.25亿美元的准备金。"

（三）货币主义的准备金头寸学说

一般来讲，货币主义者喜欢数量，但不喜欢中央银行控制（短期）利率。基础货币是他们最为珍视的货币政策概念，尽管他们通常不那么乐意将这一概念分解成一些琐碎的技术性概念，如超额准备金、自由准备金、借入准备金等，但是他们显然支持准备金头寸学说。深受欢迎的货币主义者，特别是弗里德曼，在防止准备金头寸学说被无声无息地埋葬在20世纪60年代晚期方面发挥了重要作用。在关于将货币主义理论应用于货币政策执行方面，或许要数弗里德曼于1960年所做的讨论最为深入。弗里德曼（Friedman，1960）认为，仅靠公开市场操作已经足以担当实施货币政策的工具，常备便利（如美国的贴现便利）和法定准备金的调节可以就此废止。

弗里德曼的分析中最引人注目的是，他对短期利率的作用只字不提，尤其是对其提议意味着中短期利率剧烈波动的事实也保持沉默。与此类似，弗里德曼和施瓦茨（Friedman 和 Schwartz，1963）对美联储20世纪30年代政策的批判表明，他们对利率的兴趣极低，只是不厌其烦地在严格的乘数框架内展开论证。他们追溯货币基础和货币总量的历史发展状况，利用乘数模型论证公开市场操作本来可以增加基础货币并进而扩充货币存量，防止或至少是减弱20世纪30年代的危机："如果存款比率跟实际的一样，那么高能货币从下降2.5%变为增长6.5%，就可以彻底改变货币状况。这种操作带来的变化几乎肯定要大于将货币存量由下降转至可观增长所需要的量。"

货币主义者关于货币政策实施最为极端的观点表述可能出自弗里德曼（Friedman，1982），其对公开市场操作提出一个相当具体的建议：

> 为单个总量设定一个数年的目标路径，如M2或是基础货币……估算较长时期内（如3个月或6个月）实现上述目标路径美联储需调整的持有证券的变化量，并将估值除以13或26。让美联储每周除替换到期证券外，再额外购买上述估算的量。剔除所有的回购协议以及类似的短期交易。

实际上，这项提议既不以准备金为目标，也不以基础货币为目标，而是以"公开市场操作数量"为目标，因此是准备金头寸学说激发出的货币政策操作目标的一种变体。很难想象，这个提议在实践中如何进行操作以及其合理性到底如何。

（四）准备金头寸学说在美联储的实践

我们可以将美联储的准备金头寸学说实践划分为六个阶段。

1920—1930年：这一阶段以准备金头寸学说的相对非教条式应用为特点。20世纪20年代初，美联储年度报告拒绝讨论贴现率水平，之后这项禁令似乎部分得以解除，公开市场操作和贴现率调整作为主要的政策措施一并呈现在美联储年度报告中。但是，短期利率的职责仍未明确，并且贴现率通常是遵循市场利率的变化而改变。

1931—1952 年：在这一阶段，美联储倾向于让市场拥有大量超额准备金，以致货币市场利率几乎总是接近于零（但仍能在相当程度上反映信贷风险）。根据弗里德曼和施瓦茨（Friedman 和 Schwartz，1963）的论述，20 世纪 30 年代美联储在超额准备金政策上限制颇多，这导致货币总量的萎缩。也就是说，他们批评美联储本不应该依赖假设稳定的货币乘数来行事。

1952—1970 年：这一阶段美联储的官方措施是"以自由准备金为目标"，也就是说，以超额准备金减去借入准备金为目标。它的实际操作是把货币条件的测量（如 Anderson 在 1969 年指出的那样）与使用的工具综合起来进行折中考虑。法定准备金调节、公开市场操作以及贴现率调整均得到积极采用，这在年度报告中得到印证。不过贴现率仍像往常一样根据市场利率进行调整，而不是引导市场利率的变化。考虑到除此之外还有诸如保证金或存款利率上限之类的"直接货币管制措施"的频繁变化，人们会产生这样的印象：货币政策过于复杂，所有政策措施产生的效果及彼此间的相互作用无法得到很好控制。

1970—1974 年：临近 20 世纪 60 年代末，联邦基金利率日益成为重要的货币政策指标。然而，1972 年又定义了另一个数量型操作目标，即私人存款准备金（法定准备金总额的一个子集）。根据 Meulendyke（1998）的论述，美国联邦公开市场委员会（FOMC）为这个定量目标设定了 2 个月期的增长率，使它与理想中的货币供应量（M1）增长保持一致，并指导纽联储操作部门调整准备金供给来实现该目标。然而，由于担心这样做会加大联邦基金的波动，FOMC 也对联邦基金利率作出了限制。实际上，相对较窄的联邦基金利率限制区间最终占据了主导地位，而准备金目标常常无法实现。1973 年，美联储重新定义了私人存款准备金，从操作目标转变成中间目标，与 M1 共同发挥作用。此后在 1976 年，其地位跌落为普通的数据指标。

1974—1979 年：在这一阶段，美联储隐晦地盯住联邦基金利率水平，并在联邦基金利率超出一个窄幅区间时入市进行干预（Cook 和 Hahn，1989）。

1979—1982 年：1979 年 10 月，保罗·沃尔克（Paul Volcker）当选美联

储主席。他认为，需要彻底改变20世纪70年代大部分时间里高达两位数的通货膨胀水平。美联储的结论是，采取货币主义方式行事的时机已经成熟，其对于货币政策的日常操作十分重要。准备金目标再次代替利率目标，而准备金目标这一次被定义为非借入准备金，即银行持有的准备金减去通过贴现窗口借入的储备金。尽管 Axilrod 和 Lindsey（1981）对1979—1982年的官方动机进行了研究，但是今天似乎已经很难重新勾勒出当时的真实情境。根据 Strongin（1995）的论述："非借入准备金目标是美联储所使用过的准备金操作程序中最为复杂的一个，而且它的存在时间也最短……在美联储内部，人们持续不断地大肆争论如何在实际中按照这些程序开展工作。"FOMC 制定的、自1980年1月1日起生效的国内政策指令明确指出：

> FOMC 力争创造良好的货币和金融条件，以抵抗通货膨胀压力，促进温和的经济增长……委员会认为，这些目标将随着 M1、M2 和 M3 的增速分别控制在 1.5%~4.5%、5%~8% 和 6%~9% 的区间内而得以实现……短期内，委员会力争把准备金总量的扩张限制在与 M1、M2 和 M3 增速放缓相一致的速率上，从而使这些货币总量的增长……保持在委员会的长期目标区间之内，前提是下一次例会召开前联邦基金的周平均利率水平保持在 11.5%~15.5% 的范围内。

古德哈特（Goodhart, 2001）和米什金（Mishkin, 2004）等认为，整个措施只不过是美联储为了避免承担必须大幅提升利率水平以降低通货膨胀的责任，以及由此带来的诸如失业率大幅提高等相关经济影响。用古德哈特（2001）的话来说，这一阶段"如果分析得当，就可以发现美联储仍然使用利率作为最根本的行事原则，尽管它用控制基础货币作为幌子掩饰了自己的行动……这其中暗含着某种程度上的表演成分，甚至是欺骗"。因此，沃尔克创造的"障眼法"不过是在中央银行缺乏独立性情况下终结通货膨胀的一个必要条件而已。

（五）准备金头寸学说的衰落

早在20世纪70年代，反向公开市场操作（Repos）已经成为中央银行调控准备金市场环境的主要工具，这种做法不仅质疑美国准备金头寸学说文献中对"借入准备金"与"非借入准备金"的严格区分，还质疑赞扬公开市场操作、诋毁贴现窗口借款的行为。的确，考虑到公开市场信贷操作定义的灵活性，二者的区别明显远远小于准备金头寸学说的论断（例如，以固定利率全额供给流动性的公开市场信贷操作基本上等同于借贷便利）。

在1979—1983年"非借入"准备金目标时期之后，1983—1990年的借入准备金目标（Meulendyke，1998）很有可能是摆脱准备金头寸学说的一种暗中尝试。美联储似乎并未试图在其连贯的政策框架内证明采用借入准备金目标的合理性。1994年，在每次FOMC例会后，美联储都会对外公布关于联邦基金目标利率的决议，这标志着其完成了逐步转向联邦基金利率目标的过程。

1988年，"国内政策指令"作为FOMC会议纪要的一部分，第一次将联邦基金目标利率作为参考，而不再将"准备金压力"的模糊概念作为参考目标。例如，在1997年1月1日生效的"国内政策指令"中仍然包括这样的措辞："在下一阶段的政策实施中，委员会将力争维持当前的准备金头寸压力水平。"然而1998年1月1日在联储历史上首次出现了如下表述："在下一阶段的政策实施中，委员会将努力维持准备金市场状况，使其与5.5%左右的联邦基金利率平均水平相适应。"此外，也是在1998年，时滞准备金会计制度取代即时准备金会计制度，既方便了银行，也方便了美联储（因为二者都可以在准备金考核周期开始前就获知法定准备金要求；1960年以来，即时准备金会计制度受弗里德曼推崇作为数量型货币政策实施的核心要素）。最后，2003年美联储对贴现窗口实行改革，系统化地将贴现率设定为高于联邦基金目标利率100个基点，终结了超过80年的贴现率低于市场利率的时代。市场目标利率和贴现率之间保持100个基点差的思路与英格兰银行在1914年之前所遵循的原则不谋而合。

在学术界，巴塞尔·摩尔（Basil Moore，1988）和查尔斯·古德哈特

(1999）是在20世纪80年代最早旗帜鲜明地反对准备金头寸学说的学者，他们要求回归到由中央银行明确控制利率水平的状态。通过泰勒（Taylor，1993）或伍德福德（2003）等人的努力，至少在正常时期中央银行货币政策其实就是利率政策的观点再次成为学术界的主流。

（六）还有哪些准备金头寸学说？

通过基础货币和货币乘数效应来构建有效的、重要的货币政策传导渠道，这种理念依然行得通。例如，Kuttner和Mosser（2002）、Gray等（2013）提供的图表概括总结了他们对货币政策传导机制的理解，包括两条同等重要的货币政策传导渠道，即利率渠道和基础货币渠道。

同样地，日本银行的"量化和质化宽松货币政策"（Quantitative and Qualitative Easing Programme，QQE）明确包含了通过基础货币实现的传导渠道（参见日本银行2013年4月5日新闻稿以及本书第十三章第三点的内容）。

第四章 调控短期利率的三种基本方法

根据第二章对资产负债表逻辑的分析,以及第三章就为何将银行间隔夜利率作为货币政策操作目标的讨论,本章将阐述调控短期利率的三种基本方法。本章假定银行间市场正常运转,着眼于银行体系总量模型,对三种调控短期利率的方法进行阐述。此外,假定除法定准备金要求之外没有特别要求超额准备金,这再次反映了市场完全有效的假设①。

一、基于单向常备便利工具的货币政策操作

在这种模式下,银行体系系统性地使用中央银行的常备便利工具,在市场套利作用下,上述常备便利工具的利率决定了银行间市场利率。这实际上是引导短期利率的最简单方法。这种模式可能有两种变体,取决于银行依赖的是中央银行提供的借贷便利还是存款便利。在第一种变体(借贷便利)下实施相关操作,中央银行需要遵循以下要求:

- 考虑自主因素水平,确保通过公开市场现券操作提供少量流动性或不提供流动性,或者在必要时通过现券操作吸收流动性(如发行央行票据),确保在现券操作之后银行系统相对于中央银行而言保持系统性流动性缺口;
- 不进行公开市场信贷操作;
- 将借贷便利的利率 i_B 设定在所希望的政策目标利率水平 i^*,即 $i_B = i^*$;

---

① Bindseil 等(2006)提供了一个经济学模型来分析银行的超额准备金需求,模型解释了在货币政策操作中应将超额准备金需求作为自主因素。

如果需要改变目标水平，仅需相应地调整 i_B 即可。

表 4.1 中的一组金融账户展示了这种模式，即确保银行间市场隔夜利率与中央银行设定的借贷便利利率形成系统性对应关系：隔夜利率不会高于借贷便利利率，否则银行总是能通过央行借贷便利以低于银行间市场融资的成本获得资金（假定有充足的合格抵押品）。同样地，由于整个银行系统在资金短缺时需要以借贷便利利率融资，因此不会有银行愿意以低于借贷便利利率的水平在银行间市场拆出资金，相应地隔夜利率也不会低于借贷便利利率。在 19 世纪，各国中央银行大量使用上述模式调控短期利率，银行对于央行再贴现便利有结构性依赖，再贴现利率决定了市场利率，表 4.2 是 1900 年德意志帝国银行资产负债表，可以作为一个例子。

表 4.1 基于单向常备便利实施货币政策时的金融账户体系

居民			
实物资产	E – D – B	证券	E
现金	B + d		
银行存款	D – d		
企业			
实物资产	D + B	银行贷款	D + B
银行			
企业贷款	D + B	居民存款	D – d
银行准备金（包括法定准备金）	RR	央行借贷便利	RR + B + d
中央银行			
借贷便利	RR + B + d	现金	B + d
		银行准备金（包括法定准备金）	RR

表 4.2 1900 年末德意志帝国银行资产负债表　单位：百万马克

自主因素		自主因素	
黄金和硬币	730	货币	1410
		政府存款	110
货币政策操作		其他自主因素	142
持有的现券	85		
票据贴现	1088	银行活期存款账户	387
伦巴第贷款	146		
总额	2049	总额	2049

资料来源：德意志联邦银行，1976 年，第 36–37 页。

德意志帝国银行的货币政策操作以票据再贴现为主。此外，银行还会求助于伦巴第便利（Lombard Facility）获得资金，其利率较再贴现便利高100个基点。银行选择伦巴第便利还是选择再贴现取决于可使用的贴现票据数量。由于伦巴第便利利率更高，其主要作为满足银行短期流动性需求的工具。在上述两种情况下，货币政策都是通过设定常备便利利率得以实施。银行在中央银行的活期存款账户主要受周转资金余额（这也表明当时支付系统环境的技术不够先进）而不是准备金要求的影响。

这种模式的第二个变体（银行系统性地使用存款便利）在2009年之后被美联储（超额准备金付息）和英格兰银行采用。为了实施这种模式，中央银行需要遵循以下要求：

- 考虑自主因素水平，通过现券买卖货币政策操作注入足够多的流动性，确保在现券买卖操作之后，银行系统相对于中央银行而言保持系统性流动性过剩；
- 不进行公开市场信贷操作；
- 将存款便利利率 i_D（或者超额准备金利率）设定在希望的政策目标利率水平 i^*，即 $i_D = i^*$；如果需要改变目标水平，仅需相应地调整 i_D 即可。

表4.3展示了2013年1月美联储采用这种模式时的情况。值得注意的是，美联储支付"准备金利息"的能力，也就是对银行在美联储持有的超额准备金进行补偿，可能成为美联储新的货币政策工具，这在近期美国的学术研究文献中引起了高度关注。Kashyap 和 Stein（2012）认为，中央银行应该将超额准备金水平和超额准备金（或存款便利）利率作为两个独立的政策工具，具体使用方式取决于实体经济和金融市场的状况。从实践的角度看，中央银行确实可以选择采用对称的利率走廊模式或者单向依赖一种常备便利的模式，这种选择可能取决于金融状况。而 Kashyap 和 Stein（2012）提出的更细致地独立使用上述两种工具的方法，在实践中似乎难以实现。

表 4.3　2013 年 1 月 2 日美联储资产负债表　　单位：10 亿美元

自主因素		自主因素	
国外净资产	42	现金	1127
其他自主因素	110	政府存款	84
货币政策操作		货币政策操作	
持有的现券	2670	逆回购操作	103
短期信贷操作	0		
借贷便利（贴现窗口）	1	银行存款	1509
总额	2823	总额	2823

美联储的直接购买计划大幅增加了中央银行资产，导致银行体系存在系统性的超额准备金（法定准备金只占银行在美联储实际存款的不到 10%）。美联储对超额准备金支付 25 个基点的利息，这等同于支付同样利率并将超额资金自动转移其中的存款便利工具。

二、中央银行确定公开市场操作规模的对称利率走廊模式

当采用这种模式时，中央银行同时提供借贷便利和存款便利，并将两种便利的利率对称地设定在目标利率的上下一定范围内，中央银行通过调节准备金的稀缺程度使得每日日终（或准备金考核期末）银行体系对上述两种便利的使用概率相同。由此，银行间市场的均衡利率就是两种常备便利利率所形成的利率走廊的中点。中央银行通过移动由（存款和贷款）常备便利构成的利率走廊就可以平行移动位于其中点的目标利率水平，从而不必调节准备金的稀缺性就可以执行货币政策调整的决策。下面我们更精确地描述这种技术，假定每日操作时间如图 4.1 所示，表 4.4 则展示了对应的金融账户：

（1）在早上，中央银行通过公开市场操作对其所持有的证券头寸（S）进行调整，使 $S = B + RR$，B 是早上自主因素的水平，而 d 是下午会出现的不可预测的随机自主因素，$E(d) = 0$ 且有一个对称的密度函数。RR 是法定准备金要求。由于早上时 $S = B + RR$，因此整个银行体系的准备金等于 RR。

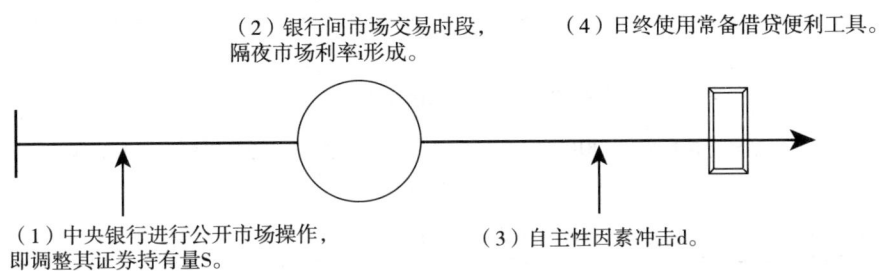

图 4.1　日常中央银行操作和银行间市场交易的典型时间图

表 4.4　对称利率走廊模式下中央银行确定公开市场现券操作规模的金融账户

银行			
企业贷款	D − RR	居民存款	D − d
银行的准备金（包括法定准备金）	RR	央行借贷便利	max(0,d)
央行存款便利	max(0,−d)		
中央银行			
公开市场操作 − 持有的企业债券	RR + B	自主因素	B + d
央行借贷便利	max(0,d)	银行准备金（包括法定准备金）	RR
		央行存款便利	max(0,−d)

（2）在中午，经过上午的交易时段，在竞争性市场中（假定有大量的银行参与交易，有些银行是准备金不足需要融入资金，有些银行是准备金过多可以融出资金）银行间市场利率就是两种央行便利工具利率的加权平均值，其权重取决于市场预期的银行体系在当天日终时出现资金短缺或盈余的概率。

（3）在下午，自主因素的真实水平（B+d）表现出来，即随机变量d真实出现。

（4）相应地，银行通过存款便利或借贷便利工具调节流动性。

如表4.5所示，这种模式也可以通过中央银行的公开市场信贷操作来实现。

表4.5 对称利率走廊模式下中央银行确定公开市场信贷操作规模的金融账户

银行			
企业贷款	D + B	居民存款	D − d
银行准备金（包括法定准备金）	RR	从中央银行公开市场信贷操作获得的资金	RR + B
央行存款便利	max(0, −d)	央行借贷便利	max(0, d)
中央银行			
公开市场操作 − 信贷操作	RR + B	自主因素	B + d
央行借贷便利	max(0, d)	银行准备金（包括法定准备金）	RR
		央行存款便利	max(0, −d)

中央银行和银行的资产与负债都是相等的，满足以下条件：max（−d, 0）= −d + max（d, 0），同时 max（d, 0）= d + max（−d, 0）。

那么，银行间市场的利率 i 具体是如何决定的呢？基本思想是，对于风险中性的银行，套利行为决定了银行间市场隔夜利率等于预期日终时准备金的边际价值，而准备金的边际价值本身就是中央银行两种常备便利工具利率的加权平均值，权重是银行申请使用这两种便利工具的概率。如果日终时整个银行体系出现准备金缺口（"short"），如流通中的货币多于预期，银行将需要申请使用借贷便利。反之，如果银行体系有准备金盈余（"long"），如流通中的货币低于预期，银行将需要申请使用存款便利。这种套利情况可以通过以下的等式进行表述：

$$i = P(\text{"short"})i_B + P(\text{"long"})i_D$$
$$= P(S \leq RR + B + d)i_B + P(S > RR + B + d)i_D \quad (4.1)$$
$$= i_D + P(S \leq RR + B + d)(i_B - i_D)$$

将 $S = B + RR$ 代入，可以得到

$$i = i_D + P(0 \leq d)(i_B - i_D) \quad (4.2)$$

如果 d 在 0 值周围对称分布，则有

$$i = i_D + 0.5(i_B - i_D) = (i_B + i_D)/2 \quad (4.3)$$

银行对常备便利的使用量等于 d，其中，对借贷便利的使用为 $\max(d,0)$，而对存款便利的使用为 $\max(-d,0)$。如果假定 $d \approx N(0,\sigma_d^2)$，那么上述式（4.1）也可以表述如下（$\Phi()$ 是累积标准正态分布）：

$$i = i_D + \Phi\left(-\frac{S-RR-B}{\sigma_d}\right)(i_B - i_D) \tag{4.4}$$

在此基础上，可以算出 S 偏离 $RR+B$ 之后对利率的影响。如果中央银行希望采用非对称利率走廊模式，可根据上述逻辑确定流动性供应量 S。图 4.2 对 i 和 S 之间的关系进行了描述，其中假定 $RR=0$、$B=3$、$i_D=1$、$i_B=2$、$\sigma_d=1$。

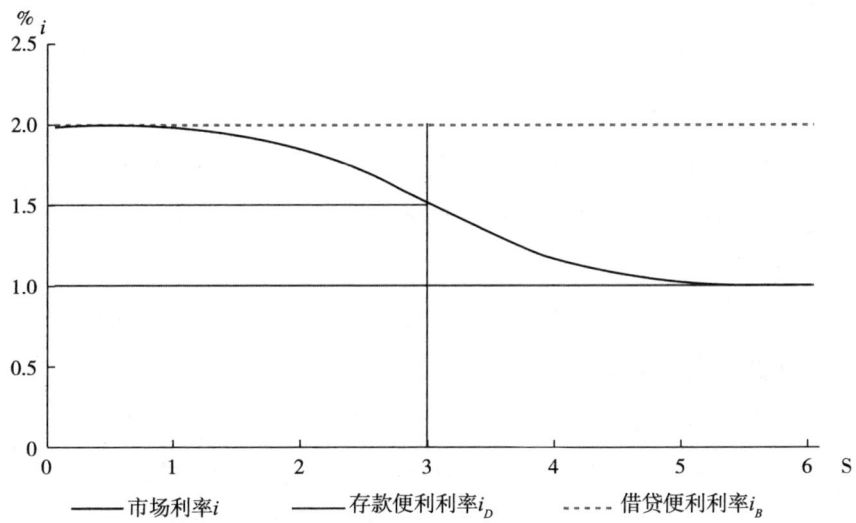

图 4.2　通过公开市场现券操作在利率走廊内调控短期利率 i

如果中央银行意图将隔夜利率维持在利率走廊的中点，即 $i^*=1.5\%$，那就需要让 $S=3$。如果 $S=4$，那么 $i^*=1.16\%$；如果 $S=2$，那么 $i^*=1.84\%$。

一些学者也曾设想，通过调整流动性条件来调控目标利率，即通过改变 S 来实现［如 Hamilton（1996）专门研究了中央银行如何通过流动性管理影响利率水平］。例如，在图 4.2 中，如果中央银行希望将目标利率 i^* 从 1.5 调整到 1.25，那么需要使 S 处于怎样的水平呢？对式（4.4）进行变换可以提供结果：

$$S^* = RR + B - (\sigma_d)\Phi^{-1}\left(\frac{i^* - i_D}{i_B - i_D}\right) \qquad (4.5)$$

在图 4.2 的具体例子中，我们可以得到 $S^* = 3 - \Phi^{-1}(0.25) = 3.675$。在理论上，甚至可以假设利率走廊 $[i_D, i_B]$ 很宽，如 $[0, 10\%]$，这样根据需要调整 S 就能够改变目标利率水平，而不需要调整利率走廊的上下限。但是，采用利率走廊模式的中央银行总是更偏好通过平行移动利率走廊 $[i_D, i_B]$ 上下限来引导目标利率 i^* 的变化，而不是调整 S。事实上，在较宽的利率走廊中通过非对称调整利率走廊上下限来准确地引导利率极具挑战性。在非对称利率走廊方法中，d 的密度函数的高阶矩是相关的。例如，式（4.5）表明，只要 σ_d 发生变化，就需要调整 S^*。式（4.5）还表明，为什么目标利率 i^* 位于利率走廊的中点上时无须如此，因为此时该式最后一项总是为零。在对称利率走廊模式中，只需要确定预期的自主因素，并且明确其随机性是对称分布的。对于中央银行来说，这意味着在对称的利率走廊框架下流动性预测和管理要简单得多。

2008 年国际金融危机前的欧元体系和英格兰银行都是采用对称性利率走廊模式的典型代表。表 4.6 和表 4.7 分别展示了它们的资产负债表。值得注意的是，欧央行和英格兰银行都有准备金平滑机制，因此图中的一天情况是一种简化描绘。我们将在第五章进一步分析多日准备金要求的情况。

表 4.6 2007 年 6 月 27 日英格兰银行的资产负债表

单位：10 亿英镑

自主因素		自主因素	
		现金	40
		其他自主因素	20
货币政策操作			
直接持有的国内资产	33		
短期信贷操作	32		
长期信贷操作	15	存款便利	0
借贷便利	0	银行活期存款账户	20
总额	80	总额	80

资料来源：英格兰银行。

表 4.7　2007 年 6 月 29 日欧元体系的资产负债表

单位：10 亿欧元

自主因素		自主因素	
国外净资产	317	现金	633
国内投资	131	政府存款	70
		其他自主因素	27
货币政策操作			
短期信贷操作	313		
长期信贷操作	150	存款便利	0
借贷便利	0	银行活期存款账户	182
总额	912	总额	912

资料来源：欧央行。

英格兰银行所持有的大多数货币政策资产是通过信贷操作的形式获得的。银行在中央银行的存款账户中的余额主要是为了满足（自愿的）准备金要求。对两种常备便利的使用都接近于零，表明了对称性的调控模式。

当时，欧元体系没有货币政策现券操作的资产组合。银行在中央银行的存款账户受准备金要求影响。常备便利的余额实际上也接近于零，说明应用了对称利率走廊模式。

三、常备便利走廊内开展全额配给公开市场操作

在这一模式下，事件发生的顺序与前一种方法在本质上是类似的，但是这里的公开市场操作是全额配给的，即银行能够以某个固定利率 i_{OMO} 获得所申请的全部资金。这一利率需要位于利率走廊之中的某个位置 $[i_D, i_B]$，但并不一定要位于走廊的中点。在这种模式下，银行在公开市场操作中的投标会产生如下结果：公开市场操作后银行间市场普遍预期利率与全额配给公开市场操作提供的利率相等，即竞标价格为 $E(i | Bid) = i_{OMO}$。因此，标价应满足 $(i_{OMO} - i_D)/(i_B - i_D) = P(\text{"short"})$。假定 d 服从 $N(0, \sigma_d^2)$ 分布，则有

$$\frac{i_{OMO} - i_D}{i_B - i_D} = \Phi\left(-\frac{Bid - RR - B}{\sigma_d}\right) \tag{4.6}$$

$$\Leftrightarrow Bid = RR + B - \sigma_d \Phi^{-1}\left(\frac{i_{OMO} - i_D}{i_B - i_D}\right) \tag{4.7}$$

本质上，这种投标产生的结果与前一种模式（中央银行确定公开市场操作规模的利率走廊模式）的结果是一致的。主要的区别是，此时注入银行体系的流动性是由银行投标（可变报价）所决定的，而不是由中央银行在设定（信贷操作或持有现券）操作规模时决定的。表4.8展示了该操作模式下的金融账户。

表4.8 常备便利利率走廊内的全额供给公开市场操作下的金融账户说明

银行			
企业贷款	D + B	居民存款	D – d
银行准备金（包括法定准备金）	RR	从中央银行公开市场信贷操作获得的资金	RR + B – $\sigma_d \Phi^{-1}\left(\frac{i_{OMO} - i_D}{i_B - i_D}\right)$
央行存款便利	max(0, – d – $\sigma_d \Phi^{-1}\left(\frac{i_{OMO} - i_D}{i_B - i_D}\right)$)	央行借贷便利	max(0, d + $\sigma_d \Phi^{-1}\left(\frac{i_{OMO} - i_D}{i_B - i_D}\right)$)
中央银行			
公开市场操作	RR + B – $\sigma_d \Phi^{-1}\left(\frac{i_{OMO} - i_D}{i_B - i_D}\right)$	现金	B + d
央行借贷便利	max(0, d + $\sigma_d \Phi^{-1}\left(\frac{i_{OMO} - i_D}{i_B - i_D}\right)$)	银行准备金（包括法定准备金）	RR
		央行存款便利	max(0, – d – $\sigma_d \Phi^{-1}\left(\frac{i_{OMO} - i_D}{i_B - i_D}\right)$)

在实践中，信息不对称（例如，与银行相比，中央银行能更好地预测现金总量[①]）和投标加总问题会使这种模式与本章第一点的模式有一定差别。相

---

① 事实上，采用对称利率走廊方法的中央银行会为预测自主因素投入大量的资源。每天需要根据计量经济学模型和从特定渠道获得的数据（与政府一起预测财政存款账户的情况；从支付系统操作员那里获得支付系统因摩擦产生的未结算余额情况；外汇市场操作较为活跃的中央银行需了解外汇的情况；等等）对自主因素作出新的预测。相对于中央银行对自主因素的良好预测，在固定利率全额分配系统中银行报价的加总会包含一些干扰信息。原因在于一是银行没有那么多的重要信息来源；二是对于单个银行，存款变动的冲击在总的自主因素冲击中居于主导地位，也是银行预测其流动性需求时的主要关注点。详见第二章第五点。

较于式（4.7）所决定的实际中性投标，采用常备便利走廊内开展全额配给公开市场操作的模式，可能导致投标总和中包含一个额外随机项。一旦公布总投标额，这个额外随机项将对隔夜利率产生冲击。在金融账户中，这种情况可以通过在公开市场操作规模中加入一个额外随机变量来体现。

丹麦央行和芬兰央行都曾在一段时间里采用过这种在常备便利利率走廊内以固定利率全额配给的公开市场操作模式［参见 Välimäki（1999，2003）对芬兰实践经验的描述］。欧央行在2008年10月也转向采用这种操作框架。有趣的是，在国际金融危机期间，欧元区银行的投标规模通常高于式（4.7）所估算的规模。因此，在采用全额配给公开市场操作框架后，短期内推动银行间市场隔夜利率显著低于固定利率投标的利率。这表明仅有一个代表性银行的简单模型，并未反映出危机期间某些十分重要的因素。

第五章 流动性冲击、平滑和隔夜利率的鞅性质

在之前的几章我们介绍了一天中含有一个自主因素冲击和一个银行间市场隔夜利率交易时段的模型。现在，我们从两个方向对时间维度进行概括。首先，本章第一点介绍了一天隔夜利率模型，包括三个不同的银行间交易时段和三个不同的自主因素冲击。其次，本章第二点引入为期三天的准备金维持期，其中每天都存在有一个银行间交易时段和一个自主因素冲击。这两种概念都是为了体现现实交易的相应特征，尤其是在日终及每个准备金维持期末隔夜利率更为多变的特征（可参考 Angelini，2000；Bartolini 等，2001 以及 Brousseau 和 Manzanares，2005 的实证研究）。

一、一天中的三个冲击和三个交易时段

如图5.1所示，假设每天有一次公开市场操作，三个银行间市场交易时段和三个自主因素冲击。

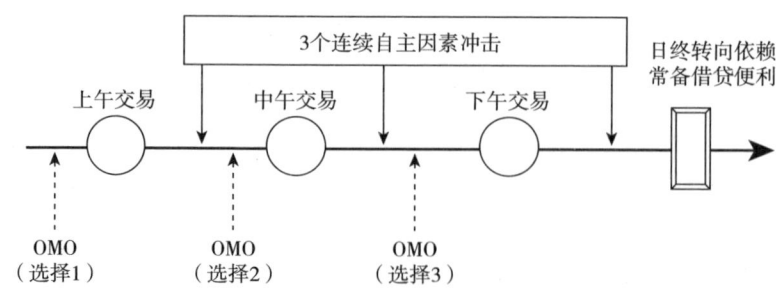

图5.1 在一天内有三个交易时段的时间轴（公开市场操作有三个时间点供选择）

为了便于标记，假设 $i_B=1$、$i_D=0$，同时法定准备金为0。现将总的自主因素随机冲击 d 分解成了三个独立分布的变量，并且分别在三个交易时段后发生，标记为 d_1、d_2、d_3，而这三个变量实现后的值为 d_1、d_2、d_3，且 $d = d_1 + d_2 + d_3$。假设随机变量 d_1、d_2、d_3 是独立的，服从同一标准正态分布 $N(0, \sigma_d^2)$（当然也可能存在其他的假设，接下来，一天中持续波动假设将会变化）。因此，日终的自主因素事前为 $B + d_1 + d_2 + d_3$。假设中央银行采取对称的流动性管理政策，其目的是将短期利率调控至利率走廊的中间水平（由常备便利确定）。

中央银行的第一个决定是何时进行公开市场操作。选择之一是在第一个自主因素冲击出现之前，因此，公开市场操作总量可能为 S，且 S＝B，这意味着通过运用资产负债表恒等式可以得出在中央银行存款的预期水平 $S - B - E(d_1 + d_2 + d_3)$ 等于0，也就是说，此时没有法定存款准备金。那么，市场第一个时段的市场利率水平如下［注意 $d_1 + d_2 + d_3$ 服从正态分布 $N(0, 3\sigma_d^2)$］：

$$i_1 = P(\text{'long'}) \times 0 + P(\text{'short'}) \times 1 = P(\text{'short'})$$
$$= P(S - B - (d_1 + d_2 + d_3) < 0)$$
$$= P(-(d_1 + d_2 + d_3) < 0) = \Phi(0/(3\sigma_d^2)^{0.5}) = 0.5 \quad (5.1)$$

随着流动性水平趋于均衡，第一个时段的市场利率水平将位于利率走廊的中间水平。由于市场参与者观察到第一个自主因素冲击的实现，因此在第二个时段发生了变化。第二个交易时段的市场利率如下（注意 $d_1 + d_2 + d_3$ 是概率分布 $N(d_1, 2\sigma_d^2)$ 的随机变量）：

$$i_2 = P(-(d_1 + d_2 + d_3) < 0) = \Phi(-d_1/(2\sigma_d^2)^{0.5}) \quad (5.2)$$

在最后的交易时段，已出现了两次自主因素冲击，但不会出现第三次冲击，因而再次假设前两次冲击的实现已经为公众所知，那么这时候利率如下：

$$i_3 = P(-(d_1 + d_2 + d_3) < 0) = \Phi(-(d_1 + d_2)/(\sigma_d^2)^{0.5}) \quad (5.3)$$

随着一次次的交易，隔夜利率的方差不断增加。假设每个时段的交易额是相同的，那么全天有效的隔夜利率将会是

$$i = (i_1 + i_2 + i_3)/3 \tag{5.4}$$

反过来,现在考虑这样一种方法,中央银行在一天的晚些时候进行公开市场操作,也就是在第一个自主因素冲击后①。假设中央银行抵消了第一个冲击,即 $S = B + d_1$,那么三个交易时段的利率将分别是

$$i_1 = P(-(d_2 + d_3) < 0) = \Phi(0/(2\sigma_d^2)^{0.5}) = 0.5 \tag{5.5}$$

$$i_2 = P(-(d_2 + d_3) < 0) = \Phi(0/(2\sigma_d^2)^{0.5}) = 0.5 \tag{5.6}$$

$$i_3 = P(-(d_2 + d_3) < 0) = \Phi(-d_2/(\sigma_d^2)^{0.5}) \tag{5.7}$$

隔夜利率将仅在交易日的第三个时段偏离目标。显然,$i = (i_1 + i_2 + i_3)/3$ 的变动更小。最终,中央银行也可以在日终的最后时间开展公开市场操作,这样它可以完全稳定利率。表5.1 描述了模拟利率(作为自主因素冲击波动的函数)波动的结果。其中也考虑这样一种情况,即自主因素冲击在一天中增加或减少了(例如,我们假设三个自主因素冲击 d_1、d_2、d_3 各自的方差分别为 σ_{d1}^2、σ_{d2}^2 和 σ_{d3}^2)。

表5.1 不同自主因素冲击变动率的利率标准差

自主因素冲击标准差			利率标准差							
			上午公开市场操作				中午公开市场操作			
上午	中午	晚上	上午	中午	晚上	全天	上午	中午	晚上	全天
1	1	1	0	0.24	0.34	0.18	0	0	0.29	0.10
2	2	2	0	0.24	0.34	0.18	0	0	0.29	0.10
1	2	4	0	0.16	0.20	0.10	0	0	0.18	0.06
2	1	0.5	0	0.28	0.45	0.23	0	0	0.39	0.13

首先,从表面看这个模型中自主因素冲击的标准差好像与利率水平的变化没有关系。直观来看,这是因为日终较大的不确定性(这将利率拉至利率走廊的中间水平)恰好弥补了早期较大幅度的平均波动(这个波动使利率冲破了利率走廊的边界)。其次,毫无疑问,与在上午早些时候开展公开市场操

---

① 例如,加拿大银行(Bank of Canada, 2010)解释其日常公开市场操作"在中午,以便于鼓励市场参与者在上午相互间进行交易,原因在于上午的交易量占比非常高"。

作相比,在中午开展公开市场操作将引起更小的利率波动率。最后,如果一天中自主因素冲击总量的波动性增加,隔夜利率将相对稳定(因为交易后自主因素冲击的不确定性将银行间市场利率稳定在利率走廊的中间水平)。相应地,如果一天中自主因素冲击总量的波动性减少,隔夜利率的变化将更大。

图 5.2 是在上午早些时候开展公开市场操作的情况下,两个相关的交易时段中隔夜利率的模拟图(在第一个阶段,利率总是处在利率走廊中间水平)。这 3 个子图反映了一天中自主因素冲击波动不变、增加和减少的情况。在自主因素冲击波动不变的情况下(见图 5.2a),分布的形状在中午和下午阶段发生改变:从一种钟形曲线变成经常处于常备便利所确定的边界位置。这其中的原理是,随着一天中冲击的不断释放,当天结束时是流动性不足还是流动性过剩的不确定性不断下降。当一天中自主因素冲击的波动逐渐增加(见图 5.2b),由于剩余的不确定因素控制了已经释放出来的波动,两个市场交易时段均保持了一个钟形曲线。最后,如果一天中自主因素冲击波动率减少足够多(见图 5.2c),则情况相反,在一天的中间和最后交易时段,利率将大概率集中在利率走廊边界的位置。

由于一日内不限额透支(在一天内,银行在中央银行的即期存款可以为负),这些例子可以很容易地证明短期利率的鞅性质,即

$$i_1 = E(i_2 | I_1) = E(i_3 | I_1); i_2 = E(i_3 | I_2) \tag{5.8}$$

在式(5.8)中,I_t 是银行在时间 t 的信息集。本书所指的鞅性质是指在第一个和第二个交易时段中,在当天的后续交易时段中占主导地位的银行同业拆借利率等于当前交易时段的银行同业拆借利率。假设 $i_1 >$ E($i_2 |$ I_1),即与上述鞅性质相矛盾。这就意味着,任何风险偏好为中性的银行都可以通过银行间市场在第一时段拆出资金、第二时段拆入资金来获利。但是,如果所有的银行都尝试在利率较高的第一时段拆出资金、在利率较低的第二时段拆入资金,$i_1 >$ E($i_2 | I_1$) 将不能达到均衡。$i_1 <$ E($i_2 | I_1$) 也是同样的道理。

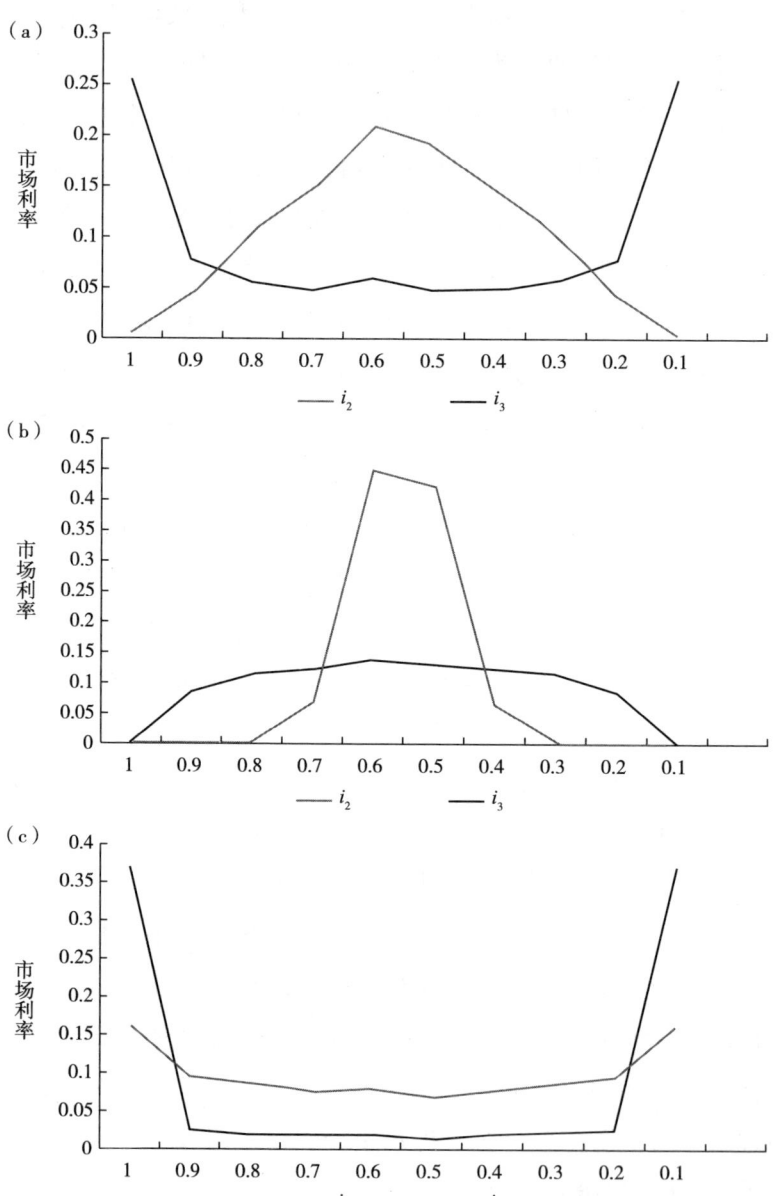

注：假设上午开展公开市场操作，自主因素冲击变动率的三种情况：(1) 自主因素冲击变动率不变，$\sigma_{d1}=1$，$\sigma_{d2}=1$，$\sigma_{d3}=1$；(2) 自主因素冲击变动率增加，$\sigma_{d1}=1$，$\sigma_{d2}=2$，$\sigma_{d3}=4$；(3) 自主因素冲击变动率减少，$\sigma_{d1}=2$，$\sigma_{d2}=1$，$\sigma_{d3}=0.5$。

图 5.2 三个交易时段利率（中午阶段 i_2，下午阶段 i_3）的频率图

二、平均三天的准备金维持期

本章第一点中的模型可以较简单地用三天准备金维持期重新解释，在第一天早上进行一次公开市场操作（3天内到期），且在准备金维持期内的每个交易日均包括一个交易时段和一个自主因素冲击。按照平均法考核，在三天的准备金维持期内，银行需要满足以下要求：（1）每天结束的时候，禁止现金账户余额为负，（2）在准备金维持期结束时，缴存准备金的平均值要满足法定准备金要求。

为了理解这种准备金维持期机制，首先假设只采取了第二个要求，因此不存在对每天透支的约束。可以看出，在这种情况下，本章第一点中介绍的模型仍然可以使用，即如果仅在最后一天控制准备金水平，或者控制准备金三天内的平均水平，这将与前面没有什么不同①。在准备金维持期内，银行为了实现成本最小化，将持续优化持有的准备金数量，并且从事相应的跨期套利。在这种情况下，银行间市场利率将一直反映银行对未来预期的分析，包括对整个准备金维持阶段自主因素的预测。此时鞅性质与前述章节的表现形式一致：如果第一天，银行预期第二天银行间市场利率上升，他们将利用一个较低的价格借入尽可能多的资金，这将推高第一天银行间市场的利率水平，这样又出现鞅性质。

然而在实践中，不仅日终透支被禁止，还有一系列其他现实因素可以用来解释，在准备金维持期内，隔夜利率的时间序列特征有别于鞅性质以及其他特定时间序列特征。一篇早期的文献曾经研究过这些现象。Ho 和 Saunders（1985）着重研究了银行风险厌恶对隔夜利率时间序列特征的影响。Campbell（1987）假设准备金维持期的准备金的流动性收益在每一天是不同的，如由于不同的支付系统行为导致流动性收益的差别。Kopecky 和 Tucker（1993）、Hamilton（1996）、Clouse 和 Dow（1999）以及 Bartolini 等（2001）介绍了交

---

① 为了获得恒等式，在整个准备金维持阶段，自主因素冲击必须有效（例如，他们必须是持续的），否则计算方式会有不同。

易成本。Spindt 和 Hoffmeister（1988）以及 Hamilton（1996）分析了银行间市场交易的限制因素。Furfine（2000）分析了支付系统的影响。关于银行粉饰经营现象，Allen 和 Saunder（1992）研究了美国的情况，Bindseil 等（2003）研究了欧元区的情况。Bartolini 等（2002）重点研究了操作过程中的波动效应，也证实了上文简单模型中提到的日终波动性加大的现象。还有一些欧洲地区关于短期利率的实证模型，如 Hartmann 等（2001）、Angelini（2002）和 Würtz（2003）等的研究。Schmidt 和 Nautz（2009）研究了美联储基金利率，而 Nautz 和 Scheithauer（2011）对四个中央银行进行了对比研究。

Perez Quiros 和 Rodriguez（2006）从透支限制推导出存在着内在的不对称性，根据这种不对称性，利率往往在准备金维持期内缓慢上升，最终达到一个相当的高度。同时，他们运用一系列模型证实了这个效应，并通过实际经验证明了在成立欧元区之前的德国，隔夜利率确实存在这样的效应，并表明在货币联盟的情况下，这个影响实际上已经消失了（可能是因为拥有了更多的法定准备金）。原理是在准备金维持期，银行倾向于在后期增加它们的准备金（期初不完全满足要求，而在准备金维持期的末期补齐）。由于这降低了过早拆入资金以满足法定准备金要求的可能性，意味着在剩余的准备金维持期中抵消冲击的能力会较为有限。Perez Quiros 和 Rodriguez（2006）用数值方法求解模型的计算非常复杂。解除对透支限制可能是简化法定准备金体系的方法之一。然而，从风险和动机的角度看，让银行透支的时间和准备金维持期的时间一样长（例如，在美国有两周的时间，在欧元区有近一个月的时间），可能导致中央银行的不便。

最后需要注意，有限的抵押品缓冲会产生类似的非对称性特征，即使在无日终账户透支限制时也是如此。事实上，银行可以在一天内无限制地超过准备金要求，但是由于透支需要用抵押，银行缴存的准备金不可能低于规定水平太多。

第六章　常备便利工具和利率走廊

一、常备便利工具的类型和历史

借贷便利工具有两个目的。① 第一，它是一种货币政策工具，用于调控短期利率。第二，它有助于维持支付现金流的稳定和金融系统的稳定，确保银行能克服临时的流动性问题（只要银行拥有中央银行认可的抵押品）。根据历史经验，申请使用流动性常备便利有时容易与紧急流动性援助工具（简称ELA，详见第十四章）混淆。实际上，美国的贴现窗口因披露这些银行的重大流动性问题而闻名，并且长期以来美联储并没有试图改变这一做法。目前，各国中央银行的共识是，应严格区别常备便利和紧急流动性援助，确保常备便利的申请使用由商业银行自身决定，并且使用时不会损害声誉，而ELA的使用则由中央银行来决定。下文将依次介绍不同类型的借贷便利工具。

传统意义上的贴现便利工具：在传统的再贴现操作中，合格票据（通常指剩余到期日少于3个月的商业票据）的持有者将其卖断给中央银行，交易价格由票据的面值按贴现率折现确定。在20世纪的前20年，因为伦巴第贷款（见下文）和公开市场操作的相关性有限，货币政策几乎等同于"贴现政策"，即决定贴现率和制定合格票据标准。目前，主要的中央银行都不再提供这种传统意义上的贴现便利，只有美联储依然用这一术语来指代伦巴第便利。

直到20世纪的前10年，受真实票据学说（Real Bill Doctrine）的影响，

---

① 本书将流动性注入信贷便利工具称为借贷便利工具，反映了使用这种便利一方的立场。在其他地方，这种便利通常被称为贷款便利工具。

相较于伦巴第贷款，中央银行更愿意进行经典的再贴现操作。根据真实票据学说的最初思想，通过"真实票据"交换获得现金，以真实价值为基础或处于价值创造过程中，不会出现货币超发（参见 Reichsbank，1910；McCallum，1986；Green，1987；Meltzer，2003）。真实票据学说起源于18世纪的英格兰，这可能与高利贷法禁止英格兰银行将贴现利率设置在5%以上有关。因此，当适当水平的银行利率可能更高时，英格兰银行通过限制合格票据的种类来控制黄金流出，如将合格票据限制为"真实票据"，声称这类票据拥有特殊的属性，代表了真实的商业活动。H. Thornton（1802）已以令人信服的方式反驳了真实票据学说：

> 如果中央银行（英格兰银行）只将贷款发放给交易商，且以真实票据作担保，即实际商品贸易中开立的票据，那么这种真实票据……可能会成倍增加到极大的量；此外，为了实现它们的最大增长，必须充分扩大信贷额度。

也许有人还会补充说，通过增加交易环节也能扩大真实票据的规模。尽管 Thornton 的观点很有说服力，但是真实票据学说持续了相当长一段时期，并在美联储成立之后的十年间发挥了重要作用（参见 Meltzer，2003）。真实票据学说的影响甚至延续到20世纪90年代（如 Deutsche Bundesbank，1995）。

伦巴第便利工具（Lombard Facility）（或"预付"便利工具，'Advance' Facility）：使用伦巴第便利就是从中央银行获得一笔有既定期限的贷款，并在贷款期内抵押（或回购）合格票据。根据目前中央银行的观点，相对于贴现，这种便利有两个优势，即操作期限的标准化，以及允许使用更多期限种类和风险特征的合格票据。20世纪50年代，越来越多的中央银行偏好使用伦巴第便利，而不是再贴现（Tamagna，1963），这也是因为第二次世界大战期间政府长期债务大量增长且易于抵押。目前，所有主要中央银行在提供伦巴第便利时，都会采用一个高于银行间市场目标隔夜利率的惩罚利率（美国从2002年才开始）。在19世纪，中央银行提供伦巴第贷款的利率通常比贴现率高出

100 个基点。

存款便利工具：直到最近，中央银行才发现流动性吸收便利在实施货币政策过程中的优势。实际上在 2000 年前后，欧央行以及加拿大、新西兰和澳大利亚的中央银行率先引入了对称的利率走廊模式。其中后三个中央银行在没有实施准备金平均机制的情况下采用了该模式，而欧央行将这种模式与 1 个月的准备金保持期结合使用（参见 Whitesell，2006）。存款便利似乎没有其他便利重要，因为它不是维持金融稳定的必要工具。但是第四章中显示，相对于非对称利率走廊模式，中央银行在对称利率走廊模式下更容易控制利率。但是，长期以来，中央银行并没有认识到这点，这可能是因为中央银行普遍热衷于进行公开市场操作和控制货币数量。在 2012 年，美国、英国和日本都通过这种工具稳定其隔夜利率，然而在存在大量超额准备金的情况下，存款便利的利率成为重要货币政策操作利率，决定了市场利率。在美国，存款便利以超额准备金利息的形式存在，这等同于一个自动将超额准备金转入的存款便利工具。

第四章阐释的不同货币政策实施模式都依赖常备便利工具，也就是说，似乎没有一种货币政策实施方法，能在不运用常备便利的情况下简单有效地调控短期利率。然而，在 20 世纪，这一结论并不被普遍认同。在美国，反对常备便利的观点可以追溯到 20 世纪 20 年代，并且得到了货币主义学者的支持，如弗里德曼，他对美国广泛使用这种常备便利提出了强烈批评（Friedman，1960）。事实上，只有了解当时准备金头寸学说（详见第三章第三点的解释）占主导地位的背景，才能理解 20 世纪美国对常备便利的实践和当时的学术研究争论。准备金头寸学说不赞同中央银行调控短期利率，但是认为中央银行应该就一些数量指标进行日常调控。按照这个观点，常备便利工具是有缺陷的，因为根据定义常备便利工具设置了价格上限和下限，而贷款总量是银行自己决定的。

1914 年之前美国的经验表明，常备便利的缺失会导致极端的利率波动。Burgess（1927）引用了参议院银行和货币委员会 1913 年 11 月报告的内容，该报告证明了美联储成立前的利率波动："1907 年 1 月，货币利率在 2% ~

45%间波动，3月的波动区间为3%～35%，10月为5%～125%，11月为3%～75%，12月为2%～25%。"正如弗里德曼（Friedman，1960）总结的那样，美联储体系创建人对中央银行目标的认识受到了国家银行时期货币恐慌的影响。美联储法案中对恐慌问题的解决方案就是采用贴现窗口，以"提供一种有弹性的货币"。当然，现代中央银行——这也是弗里德曼（Friedman，1960）在学术争论中反驳的论点——可以通过经常进行公开市场操作来减少极端波动。然而，正如上文所述，这样的公开市场操作在效果上与常备便利没有什么不同。

由于19世纪的中央银行政策大多是贴现窗口政策，包括利率政策和获得再贴现的限制政策（通过设定限额或规定合格票据种类），可以毫不夸张地说，19世纪的中央银行史很大程度上就是提供流动性的常备便利工具的历史。英格兰银行很好地记录了这段历史，如 Bagehot（1873）的总结和 King（1936）更详细、更系统的阐述。Bindseil（2005a）回顾了英格兰银行、德意志帝国银行和美联储使用常备便利的历史。美联储在1920年之后的80年间，一直严重污名化贴现窗口的作用，直到21世纪才能够以客观的态度看待其与这种工具的关系。在20世纪末，Hakkio 和 Sellon（2000）是率先公开讨论贴现窗口根本性改革的美联储经济学家。他们认为，高于市场利率的伦巴第式便利更可取，但也提出一系列待克服的技术难题。直到2002年5月，美联储才启动了贴现窗口的根本性改革，并将新的借款便利工具命名为"一级信贷"，将其定义为一种与英国和欧元区已有便利类似的工具。

二、对称利率走廊模式下常备便利工具设定的最优走廊宽度

中央银行对利率走廊最优宽度的研究始于20世纪末。加拿大银行（Bank of Canada，1995）认为利率走廊最优宽度选择的核心是在稳定短期利率与保持银行间市场交易量之间平衡：

从中央银行透支所要支付的借贷利率和资金盈余的存款利率间存在

50个基点的利差，从成本激励角度来看，参与者更倾向于在银行间市场进行交易，而不是依赖中央银行，因此，银行间市场的隔夜贷款利率应在正清算余额利率和基准利率之间波动。因为市场上隔夜资金的买卖价差一般在八分之一个百分点内，理论上，借贷双方可以通过协商得到一个比加拿大银行所提供的利率更优惠的利率。所以，中央银行的利差会促使市场参与者每天的便利账户余额为零，并且银行可以预期到其日终便利余额会是很少的。

另一个较早采用利率走廊模式的是瑞典中央银行。在讨论现有体系（150个基点的利率走廊）的利弊时，Mitlid和Vesterlund（2001）没有探讨利率调控与银行间市场交易量的权衡问题，而是强调中央银行所选走廊宽度潜在的风险状况：

  过窄的走廊宽度在调控隔夜利率时可能非常有效，但是同时瑞典央行将承受很多现在由隔夜市场承担的风险。虽然不确定银行首选的利率走廊有多宽才能使隔夜市场达到平衡，但是很可能比现行的利率走廊窄。

在英格兰银行的政策框架下，也会出现中央银行风险敞口过大（因此承担风险）的问题和提出建立一个有效银行间市场（拥有有序的市场秩序，并可以为政策制定者提供政策信息）的需求。Allen（2002）提出：

  选定利率走廊的宽度很困难。过宽的走廊或频带上下界在很多时候缺乏约束力，可能没有太大效果。窄的走廊作用更大，它会增加银行与英格兰银行的业务往来，但同时可能会抑制借贷双方在商业市场中的交易。我们不希望我们的操作影响正常的市场交易：现有货币市场机制的一个重要特征是银行必须定期查询他们在商业信贷市场上的信用情况。任何利率走廊都应允许信用分级，原因在于信用价差扩大是潜在金融压力的重要信号。

近期才出现关于各国中央银行设定常备便利利率走廊最优宽度的学术文

献（详见 Bindseil 和 Jablecki，2011a；2011b）。Woodford（2003）、Bindeseil（2005a）和 Whitesell（2006）讨论了中央银行设立常备便利利率走廊的一般功能。Berentsen 和 Monnet（2008）首先提出了"通道"系统（常备便利走廊）的动态一般均衡模型，模型中包括一个以福利最大化为目标的中央银行、货币市场和多家受到特殊流动性冲击影响的商业银行。Berentsen 等（2010）建立了一个包含特殊流动性冲击的动态一般均衡模型，并提出如果控制市场利率是货币政策目标，那么为何不将走廊宽度设置为零以完全控制货币市场利率？Hoerova 和 Monnet（2010）解答了为什么中央银行允许货币市场存在的问题。按照 Allen（2002）的逻辑，Hoerova 和 Monnet 得出一个观点，货币市场形成的准则为银行有序开展业务提供了事前激励。借贷双方在场外货币市场的双向互动将确保借方不会承受高于社会认可的风险。该模型吸收了不同的文献成果，假设存在特殊的流动性冲击，能够同时推导出利率走廊最优宽度和最优抵押品折扣率同时变化。Bindseil 和 Jablecki（2011a）建立了一个金融系统结构模型（本书中常用的一套封闭的金融账户），重点研究对中央银行流动性便利的长期双边依赖，正如在 2008 年秋季至 2010 年国际金融危机期间，我们在欧元区观察到的现象。本书的第二部分讨论了这个模型，因为这与货币市场严重受损时的危机息息相关。

　　下面的简单模型是以 Bindseil 和 Jablecki（2011b）的文献为基础建立的。它与第三章中简单金融账户的逻辑是一致的，并没有企图加总居民偏好或刻画生产阶段。然而它使我们得以分析常备便利利率走廊宽度对以下三个方面的影响：（1）隔夜利率的波动性；（2）银行间市场交易规模；（3）中央银行资产负债表规模或常备便利平均使用规模。下面是第二章介绍的两银行简单金融账户模型的具体设定。这些银行受到部分对称和部分非对称的日常流动性冲击。Bindseil 和 Jablecki（2011b）假设，采用对称利率走廊模式来实施货币政策，但是作用对象是两个银行。一部分总流动性冲击发生在银行间市场开盘之前，一部分发生在开盘之后。每天的时间表如下：

　　（1）中央银行公开市场操作。早晨，中央银行通过公开市场操作调整其证券头寸 S，使 S = B，即自主性因素的期望值。日终的实际现金流通量为 $B + 2d_1 + 2d_2$（有时也写作 $d = 2d_1 + 2d_2$）。B 是决定性的部分，也是早晨的现金流通量，而 d_1、d_2 是一天中每个银行受到的随机冲击，它们的期望值 $E(d_1) = E(d_2) = 0$，且有一个对称的密度函数。因为早晨 S = B，所以银行准备金总量 R 等于 0。

（2）第一次流动性冲击。在中央银行操作后，自主性因素的第一个随机成分自我实现并被市场广泛识别，也即 $2d_1$。同时还出现了存款转移冲击 k。就总体流动性而言，k 是中性的，但它反映出居民存款从一个银行转向另一个银行。

（3）银行间市场交易时段。交易时段在日中，银行间利率被设定为两种常备便利利率的加权平均数，权重取决于市场预期银行体系在当天日终出现资金短缺或盈余的概率。考虑到银行间市场的交易成本为零，我们假设随着时间的推移，银行通过银行间交易抵消了全部的存款转移冲击。这是表 6.1 中金融账户的基本假设。

（4）第二次流动性冲击。下午，最后一个随机变量 $2d_2$ 出现，自主性因素的真实水平逐渐显露。

（5）日终和常备便利的使用。这使银行能够准确地满足（零）准备金要求。

图 6.1 总结了日常时间表。表 6.1 显示了在银行间市场完全有效的假设下，日终金融账户头寸的情况。完全有效的银行间市场确保了银行能通过交易充分抵消存款转移冲击 k，因此每家银行在日终出现资金短缺或盈余的概率相同（在后文中会放宽该假设）。

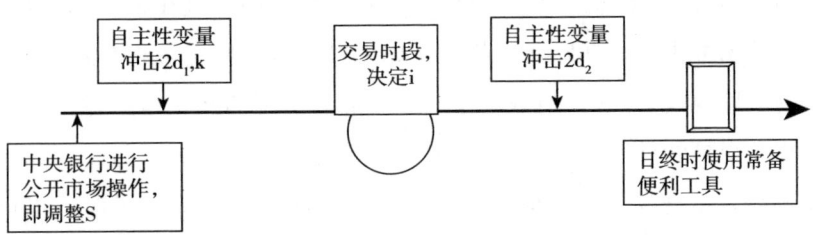

图 6.1　每天中央银行操作和银行之间交易的典型时间表

表6.1 日终时的金融账户（$d = 2d_1 + 2d_2$）：
银行间交易成本为零使银行间借贷 $y = k$

家庭/投资者			
实物资产	$E - D - B$	家庭股权	E
在银行1存款	$D/2 - d/2 + k$		
在银行2存款	$D/2 - d/2 - k$		
现金	$B + d$		
银行1			
给企业的贷款	$D/2$	家庭存款/债务	$D/2 + k - d/2$
银行间贷款	$\max(k, 0)$	银行间借款	$\max(-k, 0)$
央行存款	$\max(0, -d/2)$	向中央银行借款获得的资金	$\max(0, d/2)$
银行2			
给企业的贷款	$D/2$	家庭存款/债务	$D/2 - k - d/2$
银行间贷款	$\max(-k, 0)$	银行间借款	$\max(k, 0)$
央行存款	$\max(0, -d/2)$	向中央银行借款获得的资金	$\max(0, d/2)$
家庭/投资者			
证券	B	现金	$B + d$
给银行贷款	$\max(d, 0)$	银行存款	$\max(-d, 0)$

贷款和存款便利间的利差会如何影响银行间市场和中央银行资产负债表的平均规模呢？Bindseil 和 Jablecki（2011b）的模型研究利率走廊宽度如何影响中央银行在稳定隔夜利率和保持银行间市场交易量 y 之间的选择。如果银行间交易成本为 0，如表 6.1 中所假设，那么银行将一直在银行间市场交易，直到完全抵消冲击 k，即 k = y。相反，如果银行间市场交易成本为 C_{MM}，银行间交易的平均规模 E（y）将取决于 C_{MM} 和常备便利的利率走廊宽度，即与中央银行相关交易的惩罚。如果 $C_{MM} > 0$ 且利率走廊宽度为 0，那么（如下文所述）将不会发生交易。一般而言，在确定银行间市场交易规模时，银行系统需要最小化银行间交易成本与双边常备便利的期望成本之和。如果银行完全抵消了存款转移冲击，那么第二种成本必然为零（因为两家银行在日终时要

么同时使用借贷便利,要么同时使用存款便利)。但是如果交易成本较高,在日终时,与存款增量带来相关的第二种成本会低于银行间交易成本,这是次优的。Bindseil 和 Jablecki(2011b)通过以下方法进行模拟来解决这个问题。为了简便,我们假设 $d_1 \sim N(0,\sigma_1^2)$,$d_2 \sim N(0,\sigma_2^2)$,且存款便利利率为零,即 $i_D=0$(因此常备便利利率走廊的宽度只由 i_B 决定)。首先,值得注意的是,如果不存在银行间市场,在市场处于无效状态时,两个银行资金的边际价值分别为 i_1 和 i_2,由下式决定:

交易前银行 1 资金的边际价值:$MV_1 = \Phi\left(\dfrac{d_1 - k}{\sigma_2}\right) i_B$ (6.1)

交易前银行 2 资金的边际价值:$MV_2 = \Phi\left(\dfrac{d_1 + k}{\sigma_2}\right) i_B$ (6.2)

现在假设存在银行间市场,且银行间交易成本为 C_{MM},那么只要交易的净利率为正,即只要 $|MV_1 - MV_2| > C_{MM}$,银行就应在市场上进行隔夜资金交易。假设交易双方的议价能力相同,则银行间交易利率应为 $i = (MV_1 + MV_2)/2$。每交易一单位的货币,双方资金边际价值的差异将减小,最终等于交易成本 C_{MM},此时银行会停止交易。如果两家银行仍存在流动性头寸差异,他们可能将在日终时求助于不同的常备便利,这是他们认为有效的做法。因此,对于 d_1 和 k 的每个值(也对于给定的 C_{MM}、i_B 和 δ_2 的值),可以计算出对应的银行间交易规模 y。通过不断模拟 d_1 和 k,我们能计算出银行间市场交易量的期望水平 E(y),以及利率走廊宽度和交易成本对利率波动的影响。

图 6.2 描述的是银行间市场交易时段的情况,即在早晨的冲击 d_1 和 k 之后,日终冲击 d_2 之前。假设 $d_1 > 0$,则银行体系准备金的总体水平不足;此外,k>0 导致 MV_1 和 MV_2 出现差异。银行间交易规模 y 将促使双方准备金的边际价值逐渐靠拢,确切地说直到它们相差 C_{MM},正如纵轴所示。这决定了银行间的交易规模,如横轴所示。

图 6.2 表明,在 k 给定时,冲击 d_2 越大,交易规模越小,因为数值离零越远,累计标准正态分布函数的斜率越小。

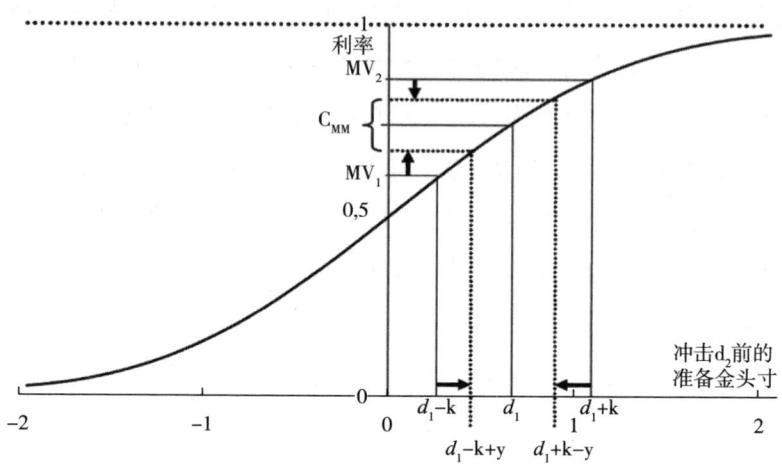

图 6.2 冲击 d_1 和 k 之后，银行之间交易量的变化①

图 6.3 显示了模拟结果（取自 Bindseil 和 Jablecki，2011b）。假设上午与下午的总冲击和银行间市场冲击的标准差为 10 亿，且交易成本从 10 个基点增加到 20 个基点和 50 个基点（此外，$\sigma_1 = \sigma_2 = \sigma_k = 1$）。模拟结果揭示了常备便利利率走廊宽度扩大与银行间交易量及隔夜利率波动增加之间的关系。考虑到交易量函数的凹性和方差函数的凸性，如果中央银行的目的是稳定隔夜利率和确保健康的市场交易量，那么该中央银行会选择一个内部中间值作为利率走廊宽度，既不是非常窄，也不是非常宽的利率走廊。

银行间交易量也反映在中央银行资产负债表规模上。实际上，这两者均由模型决定，因为两种常备便利工具的同时使用造成中央银行资产负债表规模增长超过最小结构规模，即在日终时，第一家银行使用一种便利，另一家银行使用另一种便利。正如上文所述，如果银行间市场没有交易成本，则不会出现这样的双向使用，因为在这种情况下银行始终能完全抵消存款转移冲击，进而在日终时会使用同一种常备便利。事实上，模拟结果表明，中央银行资产负债表的平均增量作为常备便利走廊宽度的函数，与银行间市场交易量负相关。

---

① 英文原著图 6.2 中"0,5"疑应为"0.5"。——译者

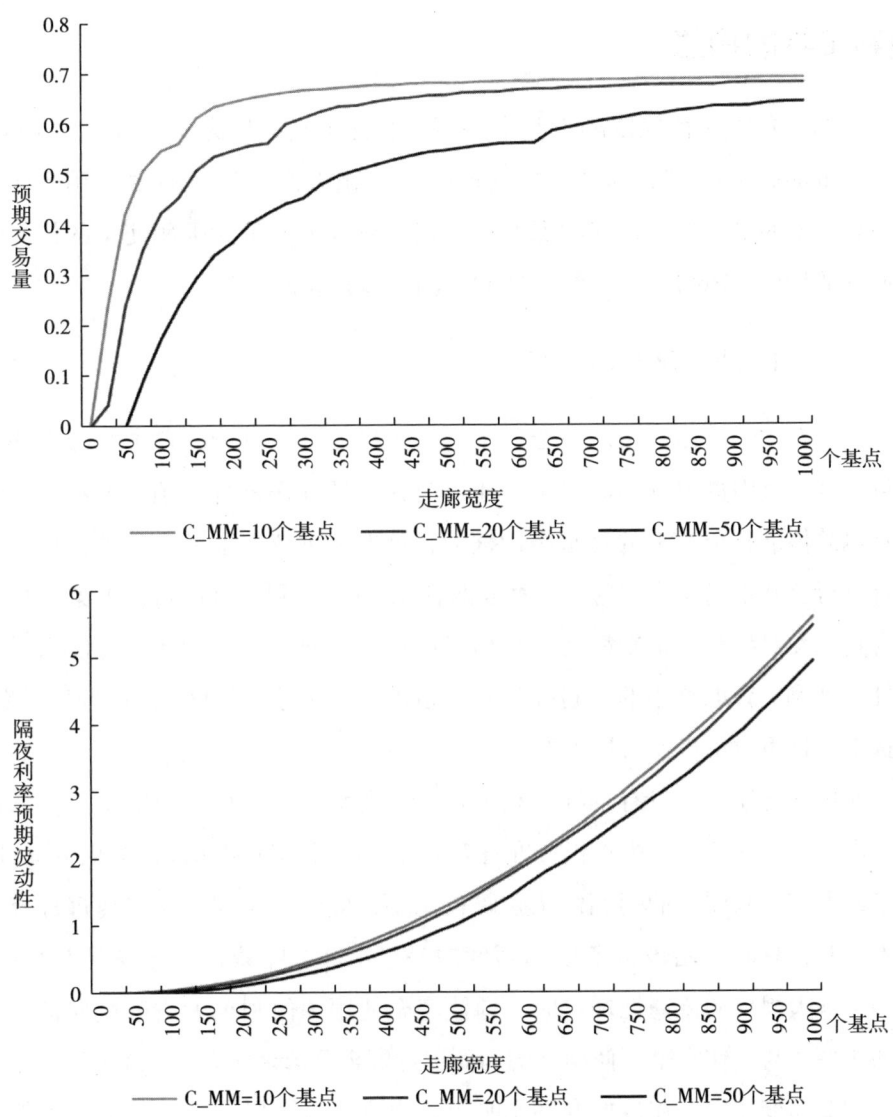

图6.3 不同交易成本和利率走廊宽度下的银行之间的预期交易量和隔夜利率预期波动性

三、一种"目标利率—有使用限制条件"(Taralac)的便利工具的构想

本部分介绍一种稳定隔夜利率的新型缓冲工具,称为 Taralac("Target Rate – Limited Access",即"目标利率—有使用限制条件")便利,用于代替准备金要求的平滑功能,同时保留在惩罚利率水平上可无限额使用的传统常备便利的特征。Holthausen 等(2008)也讨论过这种便利。

(一)Taralac 便利的构想

当今发达经济体采用准备金要求,主要目的是为每天的自主性因素冲击提供缓冲,让中央银行不需要每天通过公开市场操作进行干预。本部分介绍了针对总体准备金冲击的日常缓冲框架,该框架不依赖准备金要求,也避免每日进行公开市场操作。通过一种或两种 Taralac 便利,可以将该框架轻松地整合到标准对称利率走廊框架中。Taralac 便利,即"目标利率—有使用限制条件"便利,该名称中的"目标利率"是指中央银行设定的目标银行间利率,即选定的货币政策操作目标水平。

在单向变体下,只有一种便利工具,其利率设定为目标利率水平,如借贷便利。通过该便利,中央银行准备着随时按照目标利率向银行提供流动性。为了确保该限制使用的便利能锚定隔夜利率,应预先规定,在出现每日流动性不足时,只能使用该常备便利额度的一半。这意味着这个体系是对称的,即当出现大规模的流动性冲击时,即使完全使用该便利也无法避免准备金不足的概率,与即使完全不使用该便利而银行资金呈盈余状态的概率相当。

在双向变体中,在目标利率水平上,中央银行既提供有使用限制条件的借贷便利,也提供存款便利。在这种情况下,中央银行需要调整公开市场操作,让银行使用两种 Taralac 便利的事前概率相等。这意味着,当自主性因素是对称分布时,两种惩罚利率水平(无使用限制条件)的便利中的任一便利被使用的事前概率相同。

采用上文中的金融账户模型和时间表（见图6.1和表6.1），我们再次假设中央银行以对称的模式进行调控，即目标利率i^*处于借贷和存款便利设定的利率走廊的中间水平。进一步假设$i^*=0.5$，$i_D=0$，$i_B=1$，且只有一种Taralac便利，即利率$i_\psi=0.5$的借贷便利。该Taralac便利的有限额度为ψ。对于风险中性的银行，银行间利率应该简单地等于日终时资金的三种可能的边际成本的加权平均数，权重是市场预期日终时使用每个便利的概率。假设总体流动性冲击还是d。

$$i = P(\text{'short'})i_B + P(\text{'Taralac'})i^* + P(\text{'long'})i_D \tag{6.3}$$

$$\Leftrightarrow i = P(S-(B+d)<-\psi)i_B + P(-\psi<S-(B+d)<0)i^*$$
$$+ P(S-(B+d)>0)i_D \tag{6.4}$$

在这种情况下，只有$P(S-(B+d)<-\psi) = P(S-(B+d)>0)$时，$P(\text{'short'}) = P(\text{'long'})$。只有当$S = B - \Psi/2$时该等式成立。替换后，可以得出：

$$P(-\Psi/2-d<-\Psi) = P(-\Psi/2-d>0) \Leftrightarrow P(-d<-\Psi/2) = P(-d>\Psi/2)$$
$$\Leftrightarrow P(d>\Psi/2) = P(d<-\Psi/2) \tag{6.5}$$

对于任何拥有对称密度函数的冲击d，该等式成立。也就是说，中央银行通过公开市场操作提供一定量的准备金，使日终时Taralac便利的期望使用量是该便利额度的一半。使用两种在惩罚利率水平的常备便利中的任意一种的概率相同（但是相反地，两种都取决于Taralac便利的规模）。假定两种惩罚便利的利率相对目标利率对称，且使用其中任意一种便利的概率相同，那么市场利率将等于目标利率，位于两个惩罚利率的中点。

（二）Taralac便利下的利率波动性和银行之间的交易规模

前文用来探究常备便利利率走廊宽度对利率波动性、市场交易量和中央银行资产负债表规模的影响的框架，也适用于位于对称走廊中间水平的Taralac便利的情况。显然，Taralac便利的额度（ψ）越大，它完全吸收冲击的概率越大，因此银行使用惩罚便利的概率越小，进而隔夜利率越稳定。如果利率稳定性是唯一的标准,那么Taralac便利的额度越大越好。不幸的是,银行间隔夜交易活动也取决于Taralac便利的规模,即规模越大,银行在市场进行交易的动机越弱。事实上,限制使用在目标利率水平的便利工具的目的是支持银行间市场。那么,在模型中,基于Taralac的缓冲规模,隔夜利率稳定性和银行间市场规模如何权衡呢?应再次选择两个银行间的交易量y,以最小化市场交易成本和双边惩罚常备便利同时使用的期望成本之和,解决这个问题的方案是$\Psi, \sigma_2, d_1, k, C_{MM}$的一种函数(假设利率走廊宽度保持为1,否则要将它增加为一个变量)。利用与本章第二点相同的方法,表6.2总结了这个模型的模拟结果。上午和下午总冲击的标准差为1。交易成本设定为0.001%。表6.2列出当缓冲规模为0~4、在三种银行间冲击的标准差(标准差为1、2和4)下的期望交易量。此外,表6.2还列示了不同缓冲规模(最后一行)的隔夜利率波动性,和假设没有交易成本时的交易量,即所有银行间冲击通过银行之间的交易被完全抵消。

表6.2 不同Taralac缓冲规模(Ψ)和
不同银行间冲击波动性(σ_k)的平均银行间交易量

标准差	$C_{MM}=0.001\%$					$C_{MM}=0$
	$\Psi=0$	$\Psi=1$	$\Psi=2$	$\Psi=3$	$\Psi=4$	(不考虑Ψ)
$\sigma_k=1$	0.27	0.20	0.06	0.01	0.00	0.80
$\sigma_k=2$	0.94	0.84	0.52	0.23	0.08	1.60
$\sigma_k=4$	2.08	1.97	1.55	1.02	0.60	2.77
隔夜利率波动性	0.29	0.22	0.11	0.04	0.01	—

通过设定Taralac便利的额度,中央银行需要在利率波动性和银行间交易量间进行权衡,选择一个最优的水平。与直觉一致,在Taralac便利下,银行间冲击相对于总冲击越大,保持银行间市场活跃度与稳定隔夜利率之间的权衡就越需要。

第七章 正常时期的公开市场操作

一、起源和历史

公开市场操作（OMO）是中央银行基于货币政策目标主动进行的金融交易。最初，这一表述是指中央银行在银行间市场（"公开市场"）作为一个普通交易者，抑或是一名匿名交易者进行操作，如在二级市场上购买国债。另外，最初的表述仅限于现券购买（相对于借贷操作而言）。继常备便利之后，公开市场操作也发展成为一种货币政策工具。文献中对何时开展了首次公开市场操作有不同看法。Wood（1939）将1844年之前英格兰银行进行的有价证券操作称为"公开市场操作"。Clapham（1944）则认为英格兰银行的首次公开市场操作是在19世纪30年代，并认为正是"超大规模"的吸收流动性操作使银行利率在19世纪60年代得以发挥作用。Bloomfield（1959）认为"1880—1914年间，公开市场操作作为中央银行的货币政策工具仅有两次清晰的例子"：

> 在此期间，必要情况下英格兰银行使贴现率有效的方法是从商业银行借入资金……尽管重要性小得多，与此高度相似的是偶尔在公开市场上出售统一公债（Consols）。在很多情况下，德意志帝国银行也曾以类似方式在市场上出售（再贴现的）国债，以吸收资金并使市场利率上升。

Jobst（2009）指出，在第一次世界大战之前，奥地利央行还进行了外汇公开市场操作来影响国内流动性状况。

Mishkin（2004）认为公开市场操作是美联储创造的工具：

> 20世纪20年代早期发生了一件极其重要的事：美联储无意间创造了公开市场操作……1920—1921年衰退之后，贴现贷款大幅萎缩，美联储收入压力加大。美联储通过购买付息证券解决了这一问题。在此过程中，美联储注意到银行体系准备金增长，银行贷款和存款也有了成倍数的膨胀……一种新的货币政策工具就此诞生，并且，在20世纪20年代末，这是美联储武器库中最重要的武器。

因此，在准备金头寸学说盛行的背景下，20世纪20年代美国提出了"公开市场操作"这一术语，并将其作为一种新的、革命性的、有效的货币政策执行工具。

正如在第三章第三点中总结的，公开市场操作独立于贴现率政策，并具有更强的有效性，20世纪20年代和30年代初期的文献对此有很多讨论（例如：Warburg，1930；Keynes，1930/1971）。M. Friedman（1960）和货币主义者通常是直接公开市场操作的坚定支持者，认为只有公开市场操作才是足够和有效的货币政策工具。一代又一代的货币经济学家都遵循凯恩斯和弗里德曼的理论，甚至没有再提出疑问：为什么公开市场操作与常备便利在提供流动性方面存在本质上的区别？21世纪早期的教科书（如Mishkin，2004）仍然支持了准备金头寸学说，并且论述了直接公开市场操作的重要作用。至少在20世纪50年代至80年代，美联储也有同样观点。例如，美联储理事会（Board of Governors，1954）阐述了公开市场操作的效果（在随后的30年中美联储将一直延续这一思路）：

> 如果美联储决定购买2500万美元国债，它会向证券交易商下一个此类证券的订单……结果是美联储增持了2500万美元国债，而一些成员银行的准备金账户上则增加了同样的数目……这些成员银行将能够扩张他们的贷款、投资以及存款。这样一来，成员银行的现金将流向其他银行，并引起同样的扩张……准备金、贷款和投资，以及银行体系的存款都会

增加——增加的贷款、投资和存款将是增加的准备金的数倍。

2007年之前的一段时期是明确以短期利率为目标的时期，公开市场操作成立的大多数历史合理性都不再成立。相反，人们认识到，公开市场操作首先会影响到货币市场利率和常备便利的使用——正如第四章中的模型所展示的。2009年，在多家中央银行推出资产购买计划的情况下，公开市场操作的部分历史合理性又重新成立了。通过公开市场操作直接影响银行体系的信贷和货币扩张，少数中央银行甚至重新依据准备金头寸学说进行现券购买操作（参见本书第二部分第十三章第三点）。

二、公开市场操作作为货币政策执行方式的决定因素

假设央行自主性因素为B，没有准备金要求。可以首先确定公开市场操作（OMO）水平，进而决定货币政策实施的方法（见第四章第一、第二点）：

（1）如果OMO＜B：中央银行设定借贷便利利率$i_B = i^*$，银行通常会申请使用借贷便利；

（2）如果OMO＞B：中央银行设定存款便利利率$i_D = i^*$，银行通常会申请使用存款便利；

（3）如果OMO＝B：中央银行设定i_B和i_D，使$(i_B + i_D)/2 = i^*$，此时是常见的对称利率走廊方法。

特别是，除了上述三种方法外，通过设置OMO水平还可使中央银行获得三个方面自由度。

第一个自由度：在非对称常备便利方法中OMO与B之差。在前两种方法中，仅明确了OMO和B之间应该有足够的差，这样B的短期波动就不会引起OMO－B的正负符号的变化。此外，并未明确规定差额应为多大。在方法（1）中，OMO可以是零，也可以是B的20%或80%。在方法（2）中，OMO可以是B的120%或300%。如果认为中央银行的资产负债表应是精简的，那么显然OMO和B之间的差异应该较小。相反，如果直接操作是为了完成特定目标，那么，为了达到目标，中央银行可以利用自己的自由度将OMO设置在

所需水平。例如，在危机期间美联储的直接购买计划中，OMO 水平远高于 B，这意味着银行保有巨量的超额准备金。OMOs 的实际水平取决于直接购买计划的具体目标（例如，保持低水平的长期收益率）。

第二个自由度：公开市场操作在现券买卖 OMO 和借贷 OMO 间进行选择。在方法（1）和方法（2）中，中央银行可以在现券买卖 OMO 还是借贷 OMO 之间进行选择。这方面的例子是危机前的欧央行和美联储。欧央行仅通过借贷 OMO，而美联储现券买卖 OMO 占 95%，剩下的 5% 是借贷 OMO。

表 4.7 是典型的 2007 年欧央行系统资产负债表。表 7.1 展示了 2007 年 6 月美联储的资产负债表。值得一提的是，美联储还在进行吸收流动性的回购操作，而实际上，按净额计算，借贷公开市场操作是在小幅地吸收流动性。

表 7.1　2007 年 6 月 27 日美联储资产负债表　单位：10 亿美元

自主性因素			
其他自主性因素（净）	11	现金	775
货币政策操作			
直接持有国内资产	790	逆回购操作	30
借贷操作	20	存款便利	16
借贷便利	0		
		银行的活期账户	20

资料来源：美联储。

现券买卖优于借贷操作可能出于以下原因。第一，现券买卖更宜用于长期、结构化的流动性调整，因为二级市场的存在使双方无须进行交易。要进行吸收流动性的操作，发行央行票据可以为市场参与者提供具有流动性的工具。第二，现券买卖允许中央银行自主决定是否注入准备金，即使在已经达到利率下限的情况下。而信用操作则需要交易对手有意愿。第三，如果中央银行希望仅最大限度地持有无风险资产，并希望与银行体系的互动最小化，那么，持有政府债券是合乎逻辑的。

借贷操作可认为具有以下优点。第一，考虑到相关证券的价格，可以认为借贷是更加中性的，由于抵押不改变所有权，因此对一些特定的资产类别而言，借贷与现券买卖相比不会导致有关证券的稀缺。第二，人们会认为中央银行的操作目标是短期利率，自然可以在目标利率水平上进行大额的信贷操作。第三，目前借贷和常备便利有相似的属性，因为这都使得中央银行扮演了最后贷款人的角色（见本书第二部分）。仅有抵押品约束（暂时）限制了银行对中央银行补充资金缺口的依赖。这可以起到稳定市场的作用。然而，有其他观点认为这可能导致道德风险。①

第三个自由度：在现券购买组合中持有何种资产。中央银行在直接买卖部分，可以自由选择购置何种资产。一种观点认为，国家资产负债表应当是精简的，即当没有理由需要国家采取行动，国家在经济中的角色就应当最小化。在此情境下，中央银行持有的大部分资产应该是政府债券，这样当中央银行和政府并表后，国家资产负债表就会缩减。这一说法可能和危机前期美联储要购买巨额国债的决定有关。②

与之相反，有观点认为"中央银行应当独立于政府"（中央银行独立性被视为中央银行的正面表现）。因此，可以看出中央银行应当避免与政府的任何直接接触，或者至少应当保持中性，例如，根据市值持有政府和私人证券。确实，历史上，中央银行对政府的过度信贷引发了恶性通货膨胀或货币改革（特别是1924年和1948年的德国）。《欧洲联盟条约》第123条款中的"货币融资禁令"（Monetary Financing Prohibition），就是基于这一理念。更普遍的观点认为，中央银行应从资本市场中寻求其公开市场操作的方向，以尽可能地使其直接投资组合保持中性，既包括对资产价格和收益率，也包括与之相关的对实体经济信贷分配。在危机期间，中央银行有时候在直接投资组合中过度配置了某些资产以非中性地支撑这些资产的价格，其假设是市场未能有效发挥作用，不平衡的中

---

① 详见Bindseil和Nyborg（2008）对信用公开市场操作频率和期限的讨论。

② 事实上，在美国，逆回购操作只被用于每天控制准备金状况，而直接持有证券则通过公开市场操作提供了更大比例的准备金供给。在直接持有的资产组合方面，美联储保持非常透明的状态。根据美联储纽约储备银行（Federal Reserve Bank of New York，2002）的说法，国内的"公开市场账户系统"，包括直接持有的国内证券，2001年末达到5750亿美元。这一账户的数目水平变化被用于对冲自主性因素的结构变化。这一账户中几乎全是国债。证券在期限和类别上的分布差异旨在构建一种有流动性的组合，同时不会扭曲收益率曲线或者不会因个别国债而损害了国债市场的流动性。

央银行资产结构能改善社会福利。在危机期间,考虑特殊政策目标的直接持有资产大幅上升,这将在本书第十三章第三点详细讨论。

同样,在正常时期,中央银行有时会为了特定政策目标而试图影响政府债券的收益率曲线。根据Sayers(1953)的论述,早在20世纪30年代初期,通过公开市场操作控制收益率曲线特别是长期利率,已经成为货币政策实施(不仅是财政政策)的话题之一。第二次世界大战后,英格兰银行最终采取了这种做法(Sayers, 1953):"战争中的小插曲是,官方试图让长期利率降至2.5%。不管是中央银行还是政府部门,都参与了对中长期债券的大量购买,但是这一次操作未达到令人满意的效果。"美联储于1937年首次购买长期债券,是为了让资本市场利率保持低位。例如,1940年美联储理事会年报(第3页)中声称公开市场操作的目标如下:"系统在1940年的公开市场政策如同1939年一样,是通过使用灵活的投资组合,维持政府证券市场的秩序。"通过将国债交易利率稳定在1%的八分之三,市场秩序可以保持。这一政策持续到1951年。在1953年之后,美联储施行了被称为"专司国库券"的政策,也就是说,将直接公开市场操作限定在短期票据范围内。但是在1961年,这一政策被取消,公开市场操作再次试图控制收益率曲线方面(Meulendyke, 1998):"尽管先前的观点认为对收益率的冲击最小化了,但是对于这些操作在多大程度上改变了收益率曲线或者投资决策还存在争议。"1974年,德意志联邦银行开始系统性地购买长期政府债券以压低利率。1975年7月,德意志联邦银行持有政府债券达到75亿马克的峰值(在1973年末仅为6百万马克),在政府的推动下,这一规模继续扩大。1975年10月,由于这一操作效果不佳,政策被取消。

三、信贷公开市场操作的招标程序

首先应当指出的是公开市场操作并不一定要通过招标程序进行。在"双边操作"中,中央银行像一个普通的市场参与者一样进入市场,向商业银行提供信用或进行双边证券交易。双边操作的优点在于,由于中央银行遵循普通市场规则，因此不需要特定程序。此外，如果中央银行愿意对操作保密，双边操作也是可取的。双边操作的劣势在于中央银行可以自由选择单一交易对手，因此存在潜在的优惠待遇。当然，中央银行能够尝试变换操作中的交易对手，同时或按顺序和多个交易对手方进行操作。但这样仍然没有完全平等对待所有的市场参与者。因此，20世纪70年代末以来招标程序越来越成为公开市场操作的标准工具。

在固定利率招标中，中央银行预先公布交易的利率（或价格），交易对手方提交在此价位上希望获得的数量。这中间使用了两个子变量。由于数量可酌情分配，因此当申请交易量高于中央银行供给量时，中央银行可以对每个投标按比例分配。这种方法被广泛应用，如1980—1990年的德意志联邦银行，和1999年1月至2000年6月的欧央行。此外，英格兰银行在20世纪系统地运用了固定利率招标。相反，美联储在整个20世纪从未使用过固定利率招标。在完全配额分配的背景下，中央银行预先承诺配发的数量。这种方法应用于20世纪50年代的德意志联邦银行和1999年之前几年的芬兰银行。而这一方法被大量使用则始于2008年的国际金融危机期间，例如，2008年秋以来欧央行已完全使用固定利率全额分配操作。相对于按比例分配，全额配给的缺点在于中央银行放弃了调整分配总量以适应预期需求的权力。在常见的利率走廊方法中，这种缺点变得更为突出，但是在系统地使用一种常备便利的非对称方法中则没那么重要（见第四章第三点）。

在可变利率招标中，投标人提交"利率—数量"组合，中央银行加总所有投标，面临一个向下倾斜的需求曲线。中央银行在曲线上选择一个点，作出分配决定。在此选定利率（称为"边际利率"）之上，所有的投标获得满额分配，边际利率之下的投标不被分配，恰好在边际利率上的投标获得按比例分配，中央银行决定分配比例。可变利率招标中的几个子变量可以进行区分。美国通常的投标程序是拥有自由裁量分配量的纯粹可变利率招标。在预先公布配给总量的可变利率招标中，由于需求曲线与垂直的预先公布的供给曲线交点决定了边际利率，中央银行的分配决策是自动完成的。它的优点是避免了市场信号机制对配额决策及相应的边际利率结果产生影响。欧央行将这一程序应用于1999—2008年月度的长期再融资操作。在可变利率招标中设定单边投标利率限制，如最低投标利率，中央银行可以事先声明将不予理会低于某一最低利率水平的投标。欧央行将这一方法应用于2001—2008年的主要再融资操作中。

所有的可变利率投标都可分为"多级价格拍卖"（英式拍卖），即成功的投标者都支付自己的投标价格，和"统一价格拍卖"（荷兰式拍卖），即成功的投标者都支付边际利率。如今，货币政策操作更倾向于使用多级价格拍卖，因为这种方式鼓励了真实的报价。德意志联邦银行（Deutsche Bundesbank, 1982）长期使用荷兰式拍卖程序，这一程序的优点在于帮助了小的投标者，这些小的投标者可能无法参与多级价格拍卖中的竞争。

中央银行的管理者通常会引用固定利率招标的四大优势：

（1）它可以就中央银行的货币政策立场放出强烈信号。事实上，它隐含了中央银行的预先承诺，中央银行将引导短期市场利率运行在招标利率附近。

（2）在可变利率招标中，公众可以影响边际利率。然而，可变利率招标中的边际利率应当取决于中央银行的分配政策。例如，德意志联邦银行旨在通过可变利率招标中的边际利率发出信号。此外，1994年以前美联储都是通过干预市场利率向市场发出货币政策的信号。如今，已不再通过可变利率招标中的边际利率发出政策信号，因为它充满噪声而且复杂。1995年以来，美联储在每次公开市场操作委员会会议以后直接宣布联邦基金目标，而银行自此以后不再视边际利率含有任何政策含义（Federal Reserve Bank of New York, 2000）。另一个防止可变利率招标中的边际利率包含政策含义的办法是预先宣布分配量，正如2008年以前欧央行在其3个月可变利率招标中所做的那样。

（3）固定利率招标和利率引导一致。如今，中央银行再次明确引导短期利率。似乎可以很自然地在目标利率提供准备金，但相反，违反直觉的一种可能是这将导致中央银行操作利率波动，尽管招标利率与市场利率是明确的套利关系，而中央银行想要控制市场利率。

（4）固定利率招标不会导致缺乏经验的竞标者（如小型银行）处于不利地位。事实上，在固定利率招标中投标要比在可变利率招标中投标更为简单，因为在可变利率招标中,银行还需考虑以何种利率投标。

相对于固定利率招标,可变利率招标对于投标者有两个主要优势。第一,它允许银行通过投标价格表达对中央银行资金的相对偏好,更一般地,它包含了真正的拍卖作为一种分配机制的所有效率优势。第二,它可以避免出现过高出价或过低出价的现象,因为这可能影响固定利率招标的效率。此外,正常条件下,较长期限的信贷操作(信贷操作期限超过下一次中央银行货币政策会议,也就是超过下一次可能的政策利率变化区间)应进行自动可变利率招标,否则,中央银行将把利率固定在货币政策操作目标到期之后的水平。

关于中央银行招标程序的分析与实证研究的文献都是近期才出现的。没有研究美国经验的文献,可能是由于数据不可得。对欧央行固定利率招标的研究最早是由"过度投标"现象引发的。Nautz 和 Oechsler(2003)模型明确了欧央行固定利率招标中的这一现象。Ayuso 和 Repullo(2003)也聚焦于过度投标现象,并认为欧央行具有非对称偏好,它通常倾向于提供过少流动性,导致过度投标。Välimäki(2003)和 Bindseil(2005b)提出了均衡模型,用于测定当中央银行使用固定利率招标时的银行间市场的隔夜流动性。Linzert 等(2006)研究了德意志联邦银行的回购拍卖,着眼于银行的决策和需求的数量。Craig 和 Fecht(2007)使用德意志联邦银行更详细的投标人数据来研究欧央行拍卖。Linzert 等(2007)提供了一些证据,关于欧央行长期再融资操作中的纯粹可变利率招标中的平滑操作。Bindseil 等(2009)也研究欧央行的招标操作,并发现这些招标具有信息有效性,但招标分配额通过持续大量拨款这种方式影响了银行的后续行为,导致分配和运营效率低下。更近期的对欧元区招标操作中银行投标行为的研究包括 Ewerhart 等(2010)、Fecht 等(2011),以及 Drehmann 和 Nikolaou(2013)。

最后,需要指出的是,在可变利率和固定利率招标中,配给数量都是自动生成或可自由裁量的。自动生成暗示了以规则为依据,并保证了透明性。基于规则的另一个先决条件是,投标者能够很好地理解重要的经济关系及中央银行的作用。有时自由裁量是不可避免的,但是这通常表明人们没有准确地理解中央银行与市场的关系。总体来说,至少在很大程度上,货币政策的实施还没有复杂到不能以规则为基础,即自动生成。如果公开市场操作的招标程序是自动生成的,那么银行在投标报价的时候,将会准确知道分配额定是如何决定的。有两种自动生成的招标程序:一是预先公布额度的可变利率招标(根据需求曲线与预先公布的供应曲线的交点自动分配额度);二是预先宣布将全额分配的固定利率招标(如准常设便利)。在实践中,中央银行在可变利率招标中通常不会预先公布分配总额,这会使银行在报价时更为困难,而且中央银行在事后作出资金分配决定时也更难以将报价行为的信息考虑进去。一些中央银行(如1999年的德意志联邦银行与1999年和2000年的欧央行)曾经依赖于事前未确定分配比例的固定利率招标,这产生了一些不必要的不确定性和银行过高的出价。表7.2采用一个矩阵对这些情况进行了总结。

表7.2 自动分配和有选择分配的招标程序的对比

招标类型	自由裁量的分配	自动生成的分配
可变利率招标	不预先公布额度	预先公布额度
固定利率招标	事后对分配比例进行选择	全额分配(预先宣布100%的分配比例)

四、吸收流动性的公开市场操作

很多新兴市场经济体的中央银行已经运行了很多年,并在金融危机后相对独立。其背景是,在进行货币政策操作之前,银行体系相对于中央银行而言处于流动性过剩状态。主要的原因在于,中央银行积累了大量外汇储备,其目的是在经常项目大量盈余和资本流入背景下,应对货币升值压力。在银行体系流动性过剩背景下进行市场操作的第二类中央银行,包括美联储和英格兰银行。为了实现货币政策目标,这两家中央银行购买了大量的有价证券。为了将短期同业拆借利率维持在目标水平,银行体系超额准备金的来源并不会对利率造成任何差异。从某种意义上说,超额准备金需要被"冲销"或者"吸收",尽管事实上中央银行可能只是在目标利率水平对其付息(或者将存款利率设定在这一水平,两者效果相同)。

考虑表7.3典型的中央银行资产负债表，假设存款利率高于银行在中央银行的活期账户的利息收入，就会使银行的活期账户与准备金要求完全对应。如果国外净资产超过了现金和政府存款的总额，那么自主性因素 B 是在资产一方的净额项目。

表7.3　中央银行面临的有超额准备金的银行系统

中央银行			
自主性因素	B	流动性吸收公开市场操作	0
流动性供应便利	0	存款便利	B－RR
		银行的活期账户	RR

在这种情况下，存款便利决定市场利率。这也就是第四章第一点所介绍的采用非对称常备便利执行货币政策。因为这种方法会对短期利率产生有效引导，所以没有特别的理由认为这种方法无效。当然，如果总的超额流动性很大，由于所有银行都有超额准备金，那么银行间市场的活跃度将会很有限。如果这被视作一个问题，中央银行则可考虑采用以下三种方法之一来加以解决：

（1）通过提高准备金要求或流动性吸收公开市场操作（如发行12个月的央行票据）来吸收大部分超额准备金，在不改变信号的情况下，减少日常流动性过剩。

（2）通过提高准备金要求或长期流动性吸收操作，扭转日常流动性状况。此时银行系统将再次依赖中央银行日常的流动性供给操作，通过流动性供给常备便利或者短期信贷公开市场操作获得流动性。如果是通过后者获得流动性，那么中央银行将可以选择采用对称利率走廊的方法。

（3）通过流动性吸收公开市场操作（如结合每月的长期流动性吸收和每天的流动性吸收操作，如第四章的模型所述）直接采用对称利率走廊方法。

在吸收超额准备金方面，一般来说有以下四种工具可供采用，其中只有两种会用到公开市场操作。

一是采用逆向借贷操作（吸收定期存款），不提供担保或者由中央银行提供证券（回购）。例如，美联储曾考虑对大规模资产购买计划产生的流动性进行吸收操作，Bernanke（2010）对此专门进行过解释。

二是发行央行特别债务凭证或国债。例如，Nyawata（2012）就这两个选择进行了分析。

三是施加准备金要求或者提高准备金要求（详见第八章）。这样，中央银行能够利用准备金的有用特征（如平均准备金要求）。此外，这可能对银行系统产生赋税作用，并为中央银行提供资金收入来源（名义上中央银行不对必要准备金支付利息）。

四是根据目标利率水平对超额准备金支付利息，或者提供特定利率水平的存款便利，以便为银行间市场利率提供一个下限。当然这种方法并不是真的吸收超额准备金，而仅是可以避免短期利率降至零。

这四种工具在应对相关银行资产的流动性方面存在差异。吸收长期存款（如1年）回收流动性的效果最好，而发行高流动性的短期央行票据或对超额准备金支付利息的方式效果最差。在其他条件不变情况下，银行资产流动性越大，意味着货币环境越宽松。

第八章 存款准备金制度

一、简介

法定存款准备金,是指在特定时点银行必须缴存在中央银行的存款,或仅在若干测量时点上采用平均法考核的必须缴存在中央银行的存款。法定存款准备金的规模通常依据单家银行负债的一定比例确定(例如,2012 年 12 月 A 银行的法定存款准备金要求 = 2012 年 10 月末 A 银行的非银行存款额 × 10%)。理论上,存款准备金的功能取决于其制度设计。20 世纪,存款准备金被赋予多种不同功能,功能的多样性同样反映在制度设计的多样性上。第二次世界大战以前,仅有美国实行存款准备金制度。1945 年以后,大多数国家普遍开始实施存款准备金制度。德国和日本分别于 1948 年和 1959 年引进准备金制度,甚至连英格兰银行也在 1960 年 4 月的一段时间强制要求贴现机构缴存 8% 的存款准备金(Tamagna,1963)。在第二章和第四章货币政策操作的金融账户模型中,我们已经讨论了准备金要求。如表 8.1 所示,法定存款准备金要求增加了银行对中央银行的资金需求。

表 8.1　金融账户体系中的存款准备金

银行			
给企业的贷款	D + B	家庭存款	D
在中央银行的存款	RR	向中央银行借款	B + RR
中央银行			
与银行的信贷操作	B + RR	现金	B
		银行存款	RR

如果法定存款准备金要求（RR）为rD，其中，r为大于0的百分数（如10%），那么中央银行信贷总额为B+rD，相应的银行体系和中央银行资产负债表的资产（或负债）总额分别为D(1+r)+B和rD+B。另外，由于银行存放于中央银行的法定准备金一般不算作合格抵押品，银行的抵押品约束更严格。假设企业贷款作为抵押品适用的折扣率为h，则有法定准备金要求情况下的抵押品约束为(1-h)(D+B)≥B+rD。而且，若中央银行不对法定准备金付息，则法定准备金对银行而言显然是一种成本。实际上，美国、欧元区和英国近年来才开始对准备金付息，而很多新兴经济体至今仍不对法定准备金付息。假设银行支付储户的存款利率为i_{HH}，中央银行贷款利率为i，银行对企业贷款利率为i_{corp}。如果银行完全有效运行且没有运营成本，那么完全竞争下的市场均衡结果为

$$i_{corp}(D+B) = i_{HH}D + i(B+Dr)$$

由此可得

$$i_{corp} = i_{HH}D/(D+B) + i(B+Dr)/(D+B)$$

可见，无息法定准备金会推高银行对实体经济的贷款利率，即利率上升riD/(D+B)。

我们还在第五章第二点中讨论了平均存款准备金要求安排，分析了平均存款准备金（"维持期"）期间隔夜利率的软性质。实施平均法考核存款准备金可以缓冲日常自主因素冲击，而且在对称利率走廊安排下，中央银行无须每日开展公开市场操作。

二、存款准备金制度的基本要素

本部分我们将从细节上更深入地了解存款准备金制度的基本要素。

（一）准备金基数范畴和法定准备金率的确定

过去，准备金制度通常会对非银行机构存在银行的活期存款、定期存款和储蓄存款等不同类别的负债设定不同的存款准备金率。银行存款类型的

"货币属性"或者说流动性越强，法定准备金率一般就会越高。区分准备金基数的不同类型存款并实施不同的准备金率要求，主要是考虑到法定准备金要求具有调控货币的作用，或者试图影响不同银行之间的竞争。

（二）准备金计算期和维持期之间的时间间隔

如果要发挥法定准备金调控货币的作用，那么准备金计算期和维持期之间的时间间隔就很重要（参见 Laufenberg，1976；Friedman，1982）。重点在于，如果要调控货币，那么应使准备金计算期和维持期尽可能重合，两者之间的时间间隔尽可能短。当然，这对银行的流动性管理提出了更高的要求，因为银行需要在准确知道自身的准备金数量要求之前履行缴存准备金的义务。1968 年以前，美国的存款准备金制度在设计上采用了"同期法"，即准备金计算期与维持期重合。1968 年，美联储存款准备金账户管理引入"滞后法"以缓解银行压力。然而，在货币主义者强烈的游说之后，尽管美联储持续努力进行抵制，但还是于 1984 年 2 月再次引入"同期法"（参见 Friedman，1982）。具有讽刺意味的是，这个时间点恰恰在沃克尔短暂的货币调控实验刚刚结束后。1998 年，美联储再次启用"滞后法"，在当年 3 月 26 日的新闻稿中，美联储称，这主要是因为"滞后法"有助于存款类机构更容易地计算当期维持期的准备金数量要求，同时公开市场业务操作也需要更准确地获得银行体系总的存款准备金信息。

（三）准备金基数的计算期

这一问题的重要性取决于银行准备金是否付息以及银行是否规避准备金要求。如果对存款准备金全额付息，银行没有动力规避准备金要求，不会努力降低计算日的准备金基数，准备金基数的计算时间问题也就变得无关紧要。例如，对存款准备金全额付息的欧元区，每月仅以某一时点作为准备金基数的计算时间。而德意志联邦银行在 1999 年以前对存款准备金是不付息的，它以一个月中四天的平均水平作为存款准备金基数的计算标准。

(四) 存款准备金的总体规模

当存款准备金的基数和法定准备金率确定后，整个银行体系的准备金规模就随之确定了。评估准备金水平是否充足主要取决于两个因素：相关市场环境和存款准备金制度的具体功能。

(五) 存款准备金利息

中央银行可以对存款准备金付息，也可以不付息。是否付息不仅取决于是否发挥存款准备金的税收作用以及银行是否存在规避存款准备金要求的动机，而且这还与准备金制度在货币调控方面发挥的作用有关。目前，在大多数工业化国家，存款准备金都是付息的，但在新兴市场国家通常不付息（至少不是全额付息）。

(六) 平均法考核

暂时性的自主因素可能引起短期利率波动，采用平均法考核的存款准备金制度具有缓冲这种扰动的功能。

(七) 库存现金的作用

在有些国家，银行可以使用库存现金来部分满足存款准备金的缴存要求。弗里德曼（Friedman，1969）认为，为了保持基础货币和广义货币之间的稳定关系，提高货币调控有效性，应当允许银行用库存现金满足准备金要求。实际上，美联储一直允许银行使用库存现金来缴存准备金。每家银行在准备金维持期内可用于缴存准备金的库存现金水平根据前一个准备金计算期内银行库存现金的平均水平计算，上限为法定准备金数额，即可用于缴存准备金的库存现金水平是滞后的，在每个准备金维持期开始之前银行可以提前掌握这个信息。其他一些经济体的中央银行，如德意志联邦银行和欧央行，不允许银行以库存现金缴存准备金，因为他们认为库存现金并不能发挥法定存款准备金的相关功能，而且还增加了中央银行的管理负担。

三、存款准备金制度的主要功能（含历史上曾经发挥的功能）

（一）存款准备金制度发挥保障银行体系流动性和维持金融稳定的作用

Goodfriend 和 Hargarves（1983）以及 Feinman（1993）详细描述了存款准备金制度的这种功能，即从 19 世纪 60 年代至 1931 年，存款准备金制度在美国扮演了重要的角色。1863 年颁布的《国民银行法》（National Bank Act of 1863）首次在全国范围内对银行提出了存款准备金要求。该项法案允许银行在联邦注册，这为银行在州注册之外提供了另一个选择。如果要注册为国民银行，银行必须按其发行的银行券和存款的 25% 持有准备金。Goodfriend 和 Hargarves（1983）认为，这项政策对于保持银行体系的流动性非常有必要，因为它增强了银行将存款转换为现金的能力。然而，19 世纪末和 20 世纪初出现的一系列银行挤兑和金融恐慌表明，法定准备金并不能为整个银行体系的流动性提供充足保证。因为它缺乏类似平均法考核或借贷便利的机制安排，以缓冲货币需求的暂时波动（Feinman，1993）。因此，1913 年《联邦储备法》（Federal Reserve Act of 1931）在很大程度上致力于解决《国民银行法》时期存在的两个主要问题：不断涌现的流动性危机和由于货币紧缺带来的季节性紧缩问题。贴现窗口的设立直接而有效地解决了个别银行的流动性问题。1914 年以后，美国仍然实行存款准备金制度，但支持该工具的理论没有新的进展。

（二）货币调控功能之一：将调整存款准备金率作为政策工具

在支持准备金制度的早期文献里可以找到这个论点的前身，这些文献认为，只有对私人银行实施准备金制度才能避免货币的无限扩张，稳定物价水平（参见 Richter，1990）。得出这个结论是有着严格假设条件的，即现金和存款是完全可替代的。在货币乘数分析框架下可以很容易地对其进行解释说明：如果现金与交易性存款的比率没有被明确界定，则很可能为零（因为 M1 中的现金和存款是完全可替代的），那么 M1 的货币乘数将无法确定甚至会变得无穷大（如果银行部门自愿持有的准备金为零）。在这种情况下，大于零的法定存款准备金率为 r，则货币乘数为 $1/r$。一个大于零的存款准备金率 r 将限制 M1 的无限扩张，这也是有限价格水平存在的必要条件。现实中，存款和现金无法完全替代。如果市场主体对 M1 中的不同部分存在明确的偏好，那么银行将不能随意创造存款货币，因为客户会把一部分银行存款转化为现金。尽管关于存款准备金制度该功能的理论基础相对薄弱，但直至不久之前这个观点仍然或多或少地得到了明确的支持，如来自德意志联邦银行的报告（Bundesbank，1995）。第二章第七点简单介绍了金融账户系统中的存款货币创造问题。

这种论点有更为复杂的变体，即通过改变法定存款准备金率可以改变货币乘数，从而使信贷和货币总量扩张或者收缩。这种观点首先由凯恩斯提出（Keynes，1930/1971）。他通过英国的案例来介绍这种政策，那时的英国就像今天一样并未实施存款准备金制度：

> 米特兰银行（Midland Bank）曾经……在一段时期保持了比其竞争对手更高一些的存款准备金率。但是从它自身的角度来看，这样做似乎并不值得。从 1926 年下半年开始，米特兰银行开始降低准备金率，从 1926 年的 14.5% 下降至 1929 年的 11.5%。……实际上，这种做法使银行在不需要增加总储备的情况下增加了 1 亿英镑的存款……当其这样做时，这种信贷放松在特定环境下有益于公众……但是，在现代完善的金融体系中，成员银行资源的扩张不应由一家银行的行为决定……我们可以作出这样的假设，中央银行至少和银行一样聪明，在维护公众利益方面中央银行更值得信赖。因此，我得出结论，英国体系依赖于界定不清且相对并不稳定的惯例，相比较而言，以法律规定成员银行准备金数量的美式体系要略胜一筹。

凯恩斯（Keynes，1930）随后提出了一个存款准备金制度的具体框架，并且激动地总结了这项制度的强大功能：这些规定能够显著增强英格兰银行的调控能力，实际上它可以在不妨碍英格兰银行作为一家股份制银行合法运作的前提下，调控整个银行体系的货币供应量。这个观点被很多中央银行采纳。例如，美联储理事会（Board of Governors，1954，1974）列举了货币政策的三大主要工具：再贴现、公开市场业务和法定准备金率调整（重点强调），即存款准备金是一个可用的工具，特别是它可以根据形势变化不断进行调整。只有在1994年，美联储理事会（Board of Governors，1994）的观点曾经发生过变化，存款准备金不再发挥此功能。原则上，从存款准备金率调整的频率中，我们可以看出中央银行在不同时期对存款准备金制度的重视程度。实际上，其他支持存款准备金的观点本身并不关注存款准备金率的变动问题。

20世纪60~70年代，全球掀起了通过调整存款准备金率来实施货币政策的潮流。Tamagna（1963）解释称，这段时期，德意志联邦银行确实通过调整存款准备金率实现了流动性管理的目标，在一定程度上替代了公开市场操作。Tamagna（1963）指出，这反映出德国金融市场不发达，因为没有充足的证券资产可以作为公开市场操作合适的操作对象。但无论如何，这种解释并不适用于美联储，在20世纪50年代、60年代和70年代，美联储也通过频繁调整准备金率来实现货币调控目标。这段时期，如1961年和1967年，德国对存款准备金率进行了多次单向小幅调整，在一定程度上与对官方利率的微调类似。实际上，在这两年，无论是存款准备金、再贴现还是再贷款利率都逐渐调低，体现出数量型工具与利率工具的政策组合。

（三）货币调控功能之二：准备金制度的内在"稳定器"作用

为了履行这一功能，法定存款准备金率并不需要像前面所述的那样频繁调整；法定准备金制度通过改变货币体系的特性来增强其应对外来冲击的抵抗力，进而实现内在"稳定器"的作用。支持这种观点的人士更多地来自学术界，而非各国中央银行，因此很难将其作为官方立场的表述。1998年，欧央行就法定准备金的内在稳定器作用提出了自己的表述：零利率的法定存款准备金能够提高货币需求的利率弹性，有助于实现货币政策目标。

我们首先来回顾一下有关此问题的早期学术文献。Richter（1968）最早研究了法定准备金的宏观经济内在"稳定器"作用。他的结论是，法定准备金对经济的稳定作用最终取决于模型的参数，但他也指出，将法定准备金看作经济的"内在稳定破坏器"似乎"更有道理"（Richter，1968）。Siegel（1981）和 Baltensperger（1982）指出，100% 的准备金率能够使货币总量的波动最小，而准备金率对价格波动的抑制作用取决于模型的参数和经济冲击之间的相关系数（相关系数取值为 0~1）结构。Baltensperger（1982）的结论则有所保留："部分准备金制度（相对于100%提取准备金而言，译者注）拥有灵活性和弹性，这在某些情况下是不利的，但是在另一些情况下又是有益的。仅出于稳定性目的来确定准备金的高低是困难的，也是不明智的。"相比之下，Siegel（1981）的结论更加明确，他根据美国 1952—1973 年的季度数据建立了准备金模型，得出最优平均法定准备金率应当为 7%，而不是当时实际设定的 11.5%。另外，法定准备金制度应当能够减小季度价格水平的标准差。Horrigan（1988）第一次将最低法定准备金的研究（如 Baltensperger，1982）和总体稳定的研究（Poole，1970）结合起来。Horrigan 的研究表明，在理性预期的宏观经济模型框架下，法定存款准备金政策的效果可以通过中央银行基础货币供给利率的充分调整来实现，因此从价格水平和经济稳定的角度而言，法定准备金总量大小和对准备金支付的利息高低无关紧要。总之，虽然较高的法定存款准备金率可能与宏观经济稳定有关，但其作用机理和传导过程并不明确。

从 20 世纪下半叶开始，对不同种类的存款实施差别化的法定准备金率，通常被认为是成熟货币调控的一种表现。1952 年，德意志联邦银行根据以下五个方面制定差别化的法定准备金率（Bundesbank，1976，1995）：存款类型（包括活期存款、定期存款和储蓄存款）；六种不同存款规模（意味着使用不同的边际准备金率）；银行所在地是否位于主要银行地区；主体是居民还是非居民的银行负债；存款的存量及增量。直至 20 世纪 70 年代末，德意志联邦银行才开始简化法定准备金的缴存基数分类。美国也经历了大体类似的演进过程，1978 年时美国有 12 种不同的法定存款准备金率，但到 1988 年时只保留了 2 种。正如 Hardy（1996）所言，在实践中，实施差别化的法定存款准备金率更可能使货币调控复杂化，由于不同的存款种类适用不同的隐含税率，容易引发规避行为，从而导致存款结构的不稳定。

（四）货币调控功能之三：稳定、创造或扩大银行体系对中央银行流动性的需求

这一观点存在两种变体：一种变体取决于流动资金的需求对日常隔夜利率调控带来的不确定性；另一种变体则与这种不确定性无关。现在分别来考虑这两种情形。

1. 通过使流动资金需求与短期市场利率无关，以稳定准备金需求。在本书的大部分内容中，我们忽略了银行对超额准备金（或者"流动资金"）的需求。这也就是假设由于支付系统完全有效，或者法定准备金在任何情况下均超过这种需求，因此可以忽略对超额准备金的需求。如果没有上述假设，那么中央银行还需要预测银行每日超额准备金需求。但是，由于超额准备金需求取决于多种因素，很难进行预测，因此在这种情况下很难调控短期利率。法定准备金率将约束银行的准备金需求，这样中央银行能够更准确地估计银行的准备金需求，最终更好地调控短期市场利率。美联储理事会（Board of Governors，1994）也表达了同样的观点（也可参看 Clouse 和 Elmendorf，1997）。从这个角度来说，法定准备金制度无论是否具有平滑功能，都有助于更好地调控短期市场利率。

2. 增加了银行体系对中央银行的再融资需求。第一个变体（前文）是指增加准备金持有数量，现在我们讨论增加银行的再融资需求（第二个变体），这两者的区别在于自主流动性因素水平。例如，Schmid 和 Asche（1997）解释道："为保证货币政策的有效性，即保持中央银行在货币市场中的领导地位，银行系统的再融资必须充分依赖中央银行"。因此，法定准备金通过增加银行的再融资需求，增强货币政策传导的有效性。欧央行在 1998 年 7 月 8 日的新闻发布中有类似的表述："法定准备金制度增加了银行对中央银行的资金

需求，制造或扩大了市场上的结构性流动性短缺，从而提高了作为流动性供给者的欧洲中央银行体系（The European System of Central Banks, ESCB）政策操作的有效性，以及更长时期内应对电子货币等新支付技术发展的能力。"

中央银行一般都希望银行体系的流动性头寸不要轻易发生方向性变化，这样有利于中央银行的政策操作。实际上，如果公开市场操作要从中央银行资产负债表的资产方转向负债方，则中央银行和市场都需要进行相应的程序调整，这种调整的代价可能很高。另外，无论是对中央银行资产负债表的资产方还是负债方进行操作，如果公开市场操作的量太小也会带来问题，因为可能导致市场总体报价行为的相对不稳定。最后，还应注意到，小型货币区和新兴市场经济体的中央银行通常都认为法定准备金扩大银行体系对中央银行流动性需求的功能非常重要。如果不实施法定准备金制度，这些持有大额外汇储备的中央银行往往需要通过公开市场操作来吸收过剩流动性。这些中央银行有时也认为，相较于使市场上的银行机构依赖于日常的中央银行流动性供给，通过日常公开市场操作来吸收过剩流动性往往会降低货币政策操作的有效性。

（五）熨平暂时性流动性冲击，减少中央银行公开市场操作频率

如果不是每日考核，而是采取平均法考核，那么法定准备金可以为单家银行和银行体系提供暂时的流动性，这正如第五章建议的那样（我们还回顾了平均准备金的不完美性和鞅假设的相关文献）。第二章第四点提供了一个当使用平均法时，银行满足准备金要求的自由度的简单财务报表。在货币政策实践中，若以平均法考核法定准备金，意味着只要市场预期银行在准备金维持期内的准备金平均量能够达到法定准备金要求，即使其在该期间内的某个时点上准备金量有一定的偏离，也不会影响银行间隔夜利率。因此，市场预期在接近准备金维持期的期末时（如维持期的最后一天），中央银行的某一次公开市场操作规模将足够大，可以冲抵银行累积的高于或低于法定准备金要求的结余或赤字，从而使直至该次公开市场操作前的隔夜利率得以完全稳定。为了实现这一功能，中央银行不仅要考虑法定准备金率的高低，还要考虑法

定准备金维持期的长短。

20世纪，各国中央银行设定的法定准备金维持期从半周到一个月不等。在评估法定准备金提供的流动性缓冲作用时，还需考虑准备金结转安排。准备金结转安排允许银行将本期准备金的结余或赤字转计入下一期，从而将不同法定准备金维持期联系起来，减少了准备金维持期期末隔夜利率的波动。这种波动在无结转安排的平均法考核情况下，是很难避免的。举例来说，美联储目前采用准备金结转安排，允许银行将4%的法定准备金结余或赤字从本期转计入下期。需要注意的是，如果允许银行透支日末准备金账户，那么即使没有法定准备金制度，也可以实现平滑流动性的作用。事实上，加拿大中央银行已经成功实施了该措施（Clinton，1997），而英格兰银行也研究了这种方法（Davies，1998）。

早在1863年，美国已有学者开始研究法定准备金平均法考核的原理（Stevens，1991），但是相当长时间内并没有对该制度的理论和应用进行系统性的研究。直到20世纪90年代才有关于平均法考核法定存款准备金的论文发表（Stevens，1991）。美联储理事会（Board of Governors，1994）和德意志联邦银行（Bundesbank，1995）明确采用了法定准备金平均法考核。例如，德意志联邦银行（Bundesbank，1995）这样表述："如果中央银行仅要求银行达到月均而不是每日的最低法定准备金水平，那么这种安排就能够作为流动性缓冲，吸收预期外的流动性需求波动，一般不需要德意志联邦银行的干预。这有助于稳定市场利率，也有助于使中央银行在货币市场中保持'非干预者'的立场。"

一些人可能会疑惑，为什么中央银行都将平均法准备金维持期设定在一个月以内。问题可能在于，根据定义，平均法考核准备金排除了维持期内隔夜利率调整的预期。实际上，任何时点的银行间市场利率都与准备金维持期期末的预期央行利率和流动性状况相关。假设一个极端情况——准备金维持期为一年，那么市场参与者大多会根据维持期期末预期的央行利率进行投机交易，这会增大央行利率调控的难度。特别是，中央银行无法引导一年的银行间市场利率的预期变化。另外，在公开市场操作采用固定利率招标时，预期利率的变化还会引起准备金维持期内超额认购或认购不足的问题。如果预期法定准备金维持期内利率将大幅上升，升幅超过（由常设便利利率形成的）利率走廊幅宽的一半，银行体系还可能通过从借贷便利借入巨额资金，从而使全年准备金达到法定要求。

在引入欧元的第一年，基准目标利率在法定准备金维持期内发生调整变化，造成了银行准备金平滑和报价行为的不稳定。2004年春，欧央行将准备金维持期调整为与欧央行理事会召开货币政策例会的时间保持一致（参见欧洲中央银行，2005a，对此次调整效果的评估），从而解决了上述问题。自此，利率决策总是从准备金维持期伊始开始实施。

（六）法定准备金的税收作用

中央银行对银行存放的法定准备金支付零利息或低利息，实际上是对非银行部门在银行的存款进行征税，税收收入通过中央银行最终归于政府。给定客户在银行的一般存款为 D，法定准备金率为 r，利率为 i，那么每年通过法定准备金获得的税收收入为 irD。凯恩斯（Keynes，1930）曾特别强调："要求银行持有超过储户提款需求和结算需求的大量准备金，实际上是让银行分担中央银行为维持货币稳定而产生的费用。"

一般而言，税收会引起一定的配置扭曲。然而，由于政府需要提供免费的公共物品，这种扭曲可能无法避免，问题是如何对不同产品和活动的税收负担进行最优分配。Freeman（1987）阐述了法定准备金的铸币税作用及其与通货膨胀的相关性。很多论文使用代际交叠模型（Overlapping Generation Model，OLG 模型）对法定准备金的分配效应进行了抽象分析。举例来说，Romer（1985）指出法定准备金并不完全等价于存款税，他根据货币扩张、法定准备金、债务增长推导出了最优公共收入组合。Mourmouras 和 Russel（1992）分析了在何种条件下无息法定准备金基本等价于存款税。最重要的问题是，无息法定准备金的税收功能是否体现为最优税收。根据最优税收理论，当不同税收收入的边际福利成本相等时，税收水平是最优的。在开放资本市场条件下，至少部分存款可以在国际间快速流动，因此存款税的微小差异（体现为法定准备金率的差异）可能引起相关类型存款的大规模外流。此外，技术创新使不必通过存款国际转移就规避法定准备金税成为可能。

除此之外，新兴经济体通过无息法定准备金对银行征税有两个特定的优点：第一，由于新兴市场经济体的银行业往往发展过快而不够稳健，可能引起金融泡沫，因此通过准备金进行征税可以抑制银行业过快发展。第二，新兴经济体的中央银行如果持有巨额外汇储备，就可能面临收益问题，需要以高于外汇储备收益率的利率实施回收流动性的货币政策操作，同时还可能会面临本币升值的压力。在上述情况下，为保持中央银行的独立性，通过无息法定准备金来吸收过多流动性，从而增加中央银行的结构性盈利能力是一种明智的选择。

第九章 抵押品

一、抵押品框架对实施货币政策的重要性

是否拥有抵押品是获得中央银行信贷的最终约束。从这个意义上讲,抵押品框架对货币政策和金融稳定至关重要。未经抵押的中央银行合格抵押品相当于潜在的中央银行货币,因为银行可以通过其他操作框架,将其或多或少地转化为中央银行存款。如果中央银行操作主要采取现券买卖方式,而且它的信贷操作存在污名效应且成本较高,那么抵押品框架的作用就比较有限。然而,如果中央银行在目标利率附近开展大量借贷操作,并且没有污名效应,那么抵押品几乎等同于中央银行货币。Bindseil 和 Papadia(2006)、Chailloux 等(2008)都曾对中央银行抵押品框架中的经济学理论进行了探讨。Gonzalez 和 Molitor(2009)提出了一个中央银行信贷操作风险控制框架的研究方法。Chapman 等(2010)、Ashcraft 等(2011)、Bindseil 和 Jablecki(2013),以及 Bindseil(2013)对中央银行的抵押品和风险控制框架在金融稳定和货币政策传导中的作用进行了建模。Chailloux 等(2008)、Tabakis 和 Weller(2009)、Cheun(2009)等、欧央行(European Central Bank,2013b)、国际清算银行市场委员会(Markets Committee,2013)对抵押品框架进行了概述。

(一)获得中央银行信贷的抵押品约束

假设一家银行拥有不同种类的资产,如表 9.1 所示。例如,资产 1 是 AAA 级的主权债券且一年内到期,资产 n 是剩余期限超过三年的某一区域企

业的不良贷款，等等。对于每项资产，中央银行决定其是否有资格作为抵押品，而对于符合条件的资产，中央银行可确定其折扣率。设中央银行的抵押率为向量 $H = \{h_1, h_2, \cdots, h_n\}$，对于每一个 i 都有 $0 \leq h_i \leq 1$。采用不同的折扣率是为了使不同抵押品折价后"风险等价"（见第九章第三点）。折扣率是 1，相当于不合格的质押资产。中央银行对银行总的潜在借款是折扣后的抵押品价值（Collateral Value Post-Haircut，CVPH），$CVPH = \sum a_i(1 - h_i)$。中央银行借款不能超过 CVPH，也就是 $\sum a_i - D + RR \leq CVPH$ 或 $D - RR > \sum a_i h_i$。差值 $CVPH - (\sum a_i - D + RR) = D - RR - \sum a_i h_i$ 为对中央银行信贷的潜在追索权。

表 9.1 用于说明中央银行抵押品框架作用的金融账户

银行			
资产类型 1	a_1	存款/市场资金	D
资产类型 2	a_2	中央银行授信	$\sum a_i - D + RR$
……	……		
资产类型 n	a_n		
在中央银行的存款	RR		

（二）以欧元区为例

以欧元体系为例，欧央行网站显示，2012 年末欧元区的合格证券规模达 14 万亿欧元（见本章末的表 9.5）。欧元区银行的资产负债表总规模大概为 32 万亿欧元，其中折价后的合格资产（CVPH）大约为 5 万亿欧元。欧元区银行系统通过与中央银行直接操作而获得的流动性缺口大概为 0.5 万亿欧元（也就是通过信贷抵押操作覆盖的流动性缺口）。所以从总量上看，对于中央银行来说合格抵押品足够覆盖银行系统的流动性赤字。然而，我们还可以得到这样的结论：平均而言对于单个银行，只有资产负债表的一小部分可以通过欧元系统的信贷操作进行融资（平均为 $\frac{5}{32}$），也就是说，无法通过资本市场融资和存款流失将随着时间的推移导致资金缺口，而由于抵押品的缺乏，银行将无法通过欧元系统的信贷操作融资。从这个意义上讲,中央银行抵押品的稀缺性将始终是银行流动性管理策略考虑的一个关键因素。

(三) 连续折扣率函数

银行流动性最强资产的折扣率往往接近零(如主权债券),而流动性较差的资产是完全不合格的(在一定意义上等同于折扣率为1)。现在假设银行总资产为1,从清算价值不确定性最低的资产(高质量抵押品)到清算价值不确定性最高的资产(低质量抵押品),且该过程是连续的,那么可将资产集 x 的折扣率设成一个连续函数 x→h(x),资产 x 和折扣率水平 h 都在[0,1]区间。需要特别指出的是,可以假设为幂函数的形式:

$$h(x) = x^{\delta}, \delta > 0 \tag{9.1}$$

如果 δ 接近0,则折扣率快速增加且收敛于1;相反,如果 δ 的值很大(如 δ=10),则折扣率会在很长一段时间保持在接近0水平,且只有在接近流动性最低的资产时才会开始呈现上凸性的增长。总的折扣率(和平均折扣率)是 $1/(\delta+1)$,所以 CVPH 是 $\delta/(\delta+1)$。这可从数学上的积分规则 $\int x^{\delta} dx = x^{\delta+1}/(\delta+1)$ 得到。图9.1说明了在不同 δ 值下的折扣率方程 h(x)。

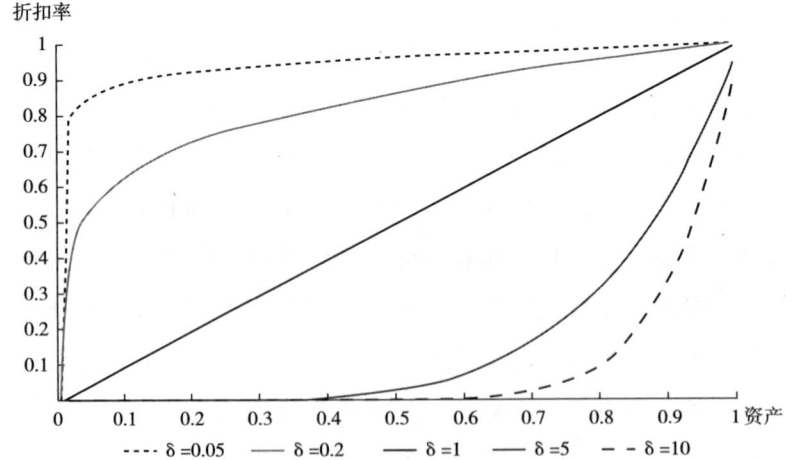

图9.1 折扣率方程是不同参数的简单幂函数方程。

折扣率方程 $h(x) = x^{\delta}$,x 在 [0,1] 区间,对各种参数 δ 的值

当参数 δ 的值为 0.05、0.2、1、5 和 10 时，中央银行设定的折扣率的平均值分别为 0.95、0.84、0.51、0.17 和 0.05。以欧元系统为例，总共 32 万亿欧元的银行资产经过折扣后可得到 5 万亿欧元的合格抵押品，这意味着欧元系统对银行资产的平均折扣率大约为 84%，中央银行再融资能力为银行资产的 16%，这大致意味着 δ=0.2。我们将在本书的第二部分再次使用折扣率的幂函数。

在实际中，抵押品框架更为复杂，很难用一个参数 δ 和一个简单的函数方程 $hx = x^\delta$ 的形式来确定。可以说，中央银行本质上是"两条腿走路"：(1) 基础货币发行，(2) 购买相关资产或者提供抵押信贷。前者是同质的；但后者通常是异质的、复杂的，且管理上存在风险。确实，欧央行关于货币政策操作的"一般文件"用 $\frac{2}{3}$ 的篇幅来描述合格抵押品及其风险控制。类似地，在历史上，中央银行也致力于抵押品问题，参见德意志帝国银行（Reichsbank，1900/1910）或 Bagehot（1873）。到现在为止，本书介绍的关于货币政策操作的所有模型都隐含地假设抵押品的可得性不会成为银行向中央银行借款的约束。一旦放弃了这一假设，所有的基础模型都需要改进（在第十二章第二点将进一步特别阐明）。

（四）不存在中央银行抵押品稀缺的情况

如之前隐含的假设一样，假如中央银行抵押品稀缺不再是一个问题，那么考虑两个假设情景是非常有用的。

首先，假如中央银行拥有完美的抵押品分析和管理技术，那么它将可以接受银行的所有资产作为抵押品，不需要进行折价。这就使抵押品约束不再是真正的束缚，因为从理论上来说每一个银行都可以利用他们的所有资产从中央银行获得信贷融资。理论上，中央银行可以不断完美地测量出资产的公允价值，而且由于其不受流动性风险的影响，因而不用担心由于市场流动性不足而导致的清算延迟。但是中央银行依然可能面临损失，由于以下三点共同导致：第一，完美的资产估价不意味着真实的资产价值不会在评估之后随机波动；第二，交易对手方违约后的资产清偿花费的时间也和法律程序有关；

第三，当交易对手方违约而需要抵押品清偿时，利润和损失存在根本性的不对称——当清算价值超过对交易对手方的债权时，超额部分必须移交给违约银行的管理人；如果资金不足，则中央银行将承受损失。所以，完美的资产估价不能充分地说明违约后预期损失为零。相反地，在抵押品价值上加以折扣率仍然是接近零预期损失的必要条件。

其次，理论上可行且更激进的消除中央银行抵押品稀缺的方法，就是直接给银行提供无担保中央银行信贷。但是，有很多原因可以解释中央银行不会在没有抵押品的情况下借贷。第一，在技术领域，中央银行的作用是执行货币政策来维持币值稳定，而不是管理信用风险（提供无抵押授信将遭受高信用风险）。第二，获得中央银行信贷应该依据透明和平等的原则，而无担保贷款是风险行为，需要斟酌行事，这与中央银行的原则以及责任都是不相容的。第三，中央银行需要在货币政策操作方面迅速采取行动，尤其是旨在维持金融稳定的操作，而无担保贷款则需要特定的环境以及仔细且费时间地进行分析。第四，中央银行需要和大量银行打交道，其中可能包括那些信用评级较低的银行。第五，为了反映交易对手方在无抵押贷款中不同程度的风险，银行支付不同的利率；而与此相反的是，中央银行必须采取统一的政策性利率，所以不能够补偿不同程度的信用风险。

由于以上两条不存在抵押品不足的假设都不成立，因而必须承认抵押品往往是稀缺的，抵押品框架必须在许多因素之间达到最优平衡，如中央银行风险保护、银行可能的道德风险、拥有足够的抵押品以保证货币政策顺利实施及金融稳定。本书的第二部分将会进一步论述抵押品在中央银行关于风险承担、道德风险和在市场低迷情况下金融稳定等方面的作用。

二、建立抵押品框架的逻辑

（一）抵押品的理想特性

考虑一下中央银行接受的抵押品应该拥有哪些理想特征。

法律确定性。在交易对手方违约后，中央银行应毫无疑问有能力和合法权利回收并清算抵押品。如果事实证明（如通过法院的决定）并非如此，那么对违约交易对手方的全部索赔都可能丧失。任何风险控制方法都无法解决这种不确定性。

信用质量。中央银行通常会为抵押品设置一个最低信用质量。认为信用质量反映在价格上，因此合理的估值充分反映了不同的信用质量的观点是错误的，原因在于以下两点：（1）评级较低的抵押违约概率更高，甚至信用质量向下迁移的概率更高。信用迁移能够通过折扣率解决（以欧央行为例，对BBB级抵押品进行额外5%的扣减），但是如何通过折扣率解决违约风险并不明确。（2）低评级证券信息集中度更高，流动性较差，更难评估；因此，中央银行可能花更长的时间卖出资产（说明市场风险更大），并且更有可能成为逆向选择的受害者（如银行提交了隐藏问题的资产）。

简单性。一些证券相对简单（如大型机构发行的子弹式债券①），但是其他债权都更加复杂［如多层的担保债务凭证（CDO）］。复杂性本身不一定是问题，但是它要求中央银行投入资源进行尽职调查，以确保了解这种复杂性，并且在抵押品清算时不会导致损失。如果中央银行不愿意花费这些资源，就不应该接受复杂的抵押品。

市场透明度/价格可获得性。一些证券在拥有完善规则的市场上交易，这些规则可以确保交易的透明度和有约束力的报价。另外的一些证券只在场外市场交易且没有规章制度规范价格的透明度。市场真实价格的不可得性意味着需要从理论上估值，这就需要资源投入，即便有充足的资源，估值的精确度依然低于那些能观察到的市场交易。

抵押品的市场流动性。一些种类的资产经常交易（政府债券），一些只偶尔交易（如ABS），另外的一些永远不交易（如信贷债权，被欧央行接受）。显然，抵押品应具有流动性：第一，它能保证价格的可获得性；第二，这意味着万一对手方违约，这种抵押品很容易售出（快速，且不会压低价格）。

处理和结算成本。抵押品种类不同，结算成本（包括银行和中央银行）

---

① 即一次性到期还本付息的最普通债券。——译者

也不同。例如，一些结算和证券登记系统收费比其他的系统要低，并且对于用户来说一些系统可能比其他系统更智能。特别是跨国结算更贵且费力。

抵押品的计价货币。在实际中，一般中央银行倾向于将抵押品限制在本国且以本国货币计价的范围内。在危机情况下，中央银行对放松该约束的意愿可能会增加，因此会出现以下情况：（1）额外的结算成本会增加；（2）货币错配通常需要通过对抵押品加以一些额外的折扣率来解决。

（二）建立抵押品框架的五步法

建立中央银行的抵押品和相关的风险控制框架必须考虑到作为中央银行抵押品的金融资产具有的不均匀的适应性以及事前风险的异质性。下面的五个步骤可以做到这一点。

第一，应该列举出一张关于中央银行信用操作中可能作为中央银行合格抵押品的所有资产类型名单。所有抵押品都必须满足最低要求，如法律确定性。

第二，风险缓释措施的具体目标是将不同种类资产风险保持在相同水平，也就是中央银行准备接受的水平。将不同抵押品类型之间的剩余风险等同（折扣后的风险）的想法被称为抵押品框架的风险等价原则。事实上，风险缓释措施可以降低一种既定资产的剩余风险至理想水平，但这不足以认定该资产就应该是合格抵押品。这还要求风险缓释措施和处理这种类型抵押品的方法是低成本的，正如以下两个步骤指出的。

第三，潜在的抵押品种类应该以每单位潜在中央银行信贷的成本（处置、尽职调查、应用风险控制措施、分析）递增顺序排列。

第四，中央银行必须在综合成本效益分析的基础上，为排名资产划定一个边界，以使中央银行抵押品边际社会效益与其不断增加的边际成本相匹配。扩大抵押品篮子的社会效益在最开始时非常高，因为太小的抵押品篮子会干扰货币政策顺利实施，而潜在的中央银行借贷形式的流动性缓冲缺乏，将会对金融稳定产生负面影响。当合格抵押品篮子增加的时候，抵押品篮子越大，流动性吸收冲击单家银行或者整个银行系统而耗尽抵押品缓冲的可能性就越小，因此进一步增加抵押品缓冲的边际价值就越来越低。从另一方面说，抵押品类型在实操中按照是否有较好的变现能力进行划分，当然越容易变现价格越低（有一些不易于风险管理和处置的价格较高，所以也就需要采用更高的抵扣率）。考虑到抵押品篮子扩大的过程中，边际社会效益的下降与社会成本的增加之间，理论上能够确定唯一的最优解。

第五，中央银行必须监督交易对手方如何利用抵押品框架所提供的机会，特别是它们会选择使用哪一种抵押品，以及这一选择可能造成的集中风险。虽然很难预测交易对手方对抵押品的实际使用，但这决定了中央银行承担的剩余信贷风险。如果由于未预期的抵押品使用而使实际风险明显偏离预期，则需要对抵押品框架进行相应的修改。对使用抵押品框架的监管还涉及限制的问题（本章第三点）以及抵押品池子的隔离问题（本章第五点）。

在实践中，抵押品框架是非常多样的（Chailloux 等，2008；Cheun 等，2009；Tabakis 和 Weller，2019）。人们可能疑惑既然框架确实由相似的逻辑引出，而又为什么会提出不同的框架？Cheun 等（2009）考察了大量外部因素和一些框架背后潜在原则的变化，他们特别考虑了法律约束和不同的金融市场结构。Cheun 等（2009）指出法律约束对欧元系统和美联储的操作和抵押品框架有很直接的影响。欧元系统有义务不给予公共部门抵押品提供者更多的优待（相较于私人部门），除非考虑一些客观因素，如信用等级或者是流动性风险。这些法律的要求使欧元系统可以接受更广泛的资产，不仅是在最后贷款人的职责内，更是在货币政策的执行过程中。就美联储而言，作为最后贷款人给存款类金融机构发放贷款和执行公开市场操作以实现货币政策被看作非常不同的动作，甚至由不同的机构来管理，即分别由美联储理事会（Board of Governors）和联邦公开市场委员会（FOMC）管理。《联邦储备法》（Federal Reserve Act，FRA）限制了银行的再贴现窗口，除非是处于"不常见或者是紧急情况"，但允许多种类的合格抵押品以实现安全阀的功能。相比之下，合格抵押品在公开市场操作中被联邦储备法严格限制，只可接受国库券、机构债券以及机构抵押支持债券（Mortgage-backed Securities，MBSs）。当然，此类法律限定在最优抵押品框架设计中并不能完全被当作外生变量，因为可以说服立法机构，使其认为修改相关法律与条款是有益的。

三、风险管理策略

正如任何经济主体都有资产负债表一样，中央银行并不能（也不应该）完全不承担风险。中央银行必须选择风险容忍度，并在此基础上确定风险缓释措施。在应用信用风险缓释措施之前，由于抵押操作的风险主要源于抵押品种类，风险缓释措施需要根据抵押品的种类而有所不同，以保证始终服从中央银行风险容忍度。下面的几种风险缓释措施主要是用于抵押借款操作。[①]

限制性措施可直接避免过度集中的风险。限制主要采用以下形式之一：（1）对单个交易对手方的信用风险敞口的限制；（2）对单个交易对手方使用特定抵押品的限制，例如，每个发行方或每类资产的比例限制或绝对值限制。抵押品限制的例子有"一家银行提交的抵押品池中，资产支持证券（ABS）不能超过20%""一家银行提交的抵押品池中，任何单家发行方所发行的债券不能超过5%""一家银行提交的抵押品池中，任何单家发行方所发行的债券（主权债券除外）不能超过一亿欧元"等。

估值与保证金头寸要求。抵押品必须被精确评估以保证中央银行为交易对手方提供的信贷不超过抵押品价值。随着资产价格的波动，抵押品必须被定期再评估，而且当达到特定警戒水平时，需要催缴新的抵押品。在没有监管成本和手续费的情况下，抵押品估值可以随时进行，因而追加保证金通知的触发水平将无限近乎于零。实际中，成本需要权衡。例如，与市场惯例一致，欧元系统每天对抵押品进行估值，并设有一个对称的警戒线0.5%，如果在折算后抵押品的价值下降至原来价值的99.5%以下，就会触发追加保证金通知，或者超过100.5%，那么一些抵押品将要退还给交易对手方。

折扣率。当交易对手方违约时，这个交易对手方提交的抵押品将被出售。这将花费时间，并且在流动性较差的市场中，在最短时间内进行销售可能对

[①] 很多中央银行（包括欧央行）最近都将风险管理作为一个独立于市场操作的职能，以确保决策机构对中央银行资产风险具有独立且无偏见的观点。这也反映了在金融危机中，中央银行风险承担显著增加的认识（见本书第二部分第15章）。

价格产生负面影响。为了降低流动性带来损失的可能性，在接受抵押品时，将会扣除一定比例（h）来确定抵押品交易中可以提供的授信额。折扣率应取决于相关资产的价格波动和预期的变现时间。例如，欧央行（European Central Bank，2004）称，欧元系统按照各个资产种类设想的有序变现时间设定了折扣率，并且它覆盖了99%的价格波动。额外的折扣率可以解决资产初始价值的不确定性。

为说明校准折扣率可以实现风险等价，我们考虑两种资产：资产1和资产2。假设资产1在市场上经常以透明的价格交易，如每天会获得一个真实的市场价格，这可认为是不存在估值不确定性的价格。进一步假设交易对手方违约的情况且该资产的信用风险可以忽略（接近无风险信用资产），那么该资产可以在市场上流动，在一周内不存在未到期的负面影响。假设资产2不在市场上经常交易，所以理论上它的价值需要每天在一些理论估值方法的基础上进行计算（如用一个合适的收益率曲线折算资产的未来现金流）。此外，假设资产2的有序变现时间为四周。最后，资产2的特殊风险因素，即利差和信用风险，会在清算期间对价格产生负面影响。这样的风险因素对资产1来说几乎可以忽略不计。

资产1清算价值的不确定性仅受一个因素影响，即在一周变现期内，无风险收益率曲线的波动导致的一般市场价格风险。假设这个风险服从正态分布，并且一周价格变化服从 $N(0,\sigma_{M,1}^2)$，其中"M"代表"市场风险"，"1"代表资产1。资产2的流动性估值不确定性主要来源于3个因素，我们假设3个因素全部服从正态分布并且相互独立。假设资产2有四周的有序变现时间，由于市场风险导致的四周价格变化服从 $N(0,\sigma_{M,2}^2)$；在评估时真实资产价格的不确定性服从 $N(0,\sigma_{V,2}^2)$，V代表"估值"；在清算期内风险扩散和转移导致的价值不确定性服从 $N(0,\sigma_{S,2}^2)$，S代表"风险转移和扩散"。假设风险因素之间是非相关的，资产1变现估值的总不确定性服从 $N(0,\sigma_{M,1}^2)$，资产2的总不确定性服从 $N(0,\sigma_{M,2}^2+\sigma_{V,2}^2+\sigma_{S,2}^2)$。资产i的变现评估不确定性总量的方差为 $G_{T,i}^2$。如果中央银行的风险容忍度被定义为"以99%的概率防止资产清算价格低于最新折扣后的估值",那么每个资产的折扣率需要是 $\sigma_{T,i}$ $\Phi^{-1}(0.01)$,Φ 代表累积标准正态分布。举例,如果 $\sigma_{M,1}^2 = 1\%$,$\sigma_{M,2}^2 = 4\%$,$\sigma_{V,2}^2 = 2\%$,$\sigma_{S,2}^2 = 2\%$,则建立风险等价的折扣率矩阵为 H = $\{h_1; h_2\}$ = $\{2.33\%; 6.60\%\}$。在这个例子中所有方法的一些潜在假设在实际应用中都会进行细微改进:(1)关于不确定性对最终清算估值的影响服从正态分布的假设;(2)关于不同因素是独立分布的假设;(3)关于当交易对手方发生违约后,过去一系列参数可以提供这些风险因素影响的精确场景的假设。

表 9.2 展现了欧央行折扣表的摘要,仅显示了 5 种剩余期限区间中的 2 种。欧央行的折扣表是将每个证券的 3 个特征反映在折扣率上(见欧央行 2013 年 7 月 18 日的新闻稿;European Central Bank,2009):

表 9.2 欧央行对剩余期限为 0~1 年的以及 3~5 年的资产

根据发行人类型确定流动性种类,据此对资产进行分类并赋予折扣率

剩余期限	评级	发行人类型					
		种类Ⅰ	种类Ⅱ	种类Ⅲ	种类Ⅳ	种类Ⅴ	种类Ⅵ
		中央政府债务	地方政府债务;大型资产担保债券	担保债券;公司债券	无担保银行债务工具	ABS	对企业的债权
0~1 年	A~AAA 级	0.5	1.0	1.0	6.5	10.0	12.0
3~5 年	A~AAA 级	1.5	2.5	3.0	11.0	10.0	21.0
0~1 年	BBB 级	6.0	7.0	8.0	13.0	22.0	19.0
3~5 年	BBB 级	9.0	15.5	22.5	32.5	22.0	46.0

注:欧央行在 2013 年 7 月 28 日公布(当天新闻稿附件)。

评级:BBB 级资产比 A~AAA 级资产的折扣率高;

剩余期限:债券的剩余期限越长,价格的波动越大,折扣率越高;

资产的机构流动性类别:欧央行建立了六组类别,把流动性属于同类的资产归为一组。当然任何归类都会简单化。例如,拥有较少债务的欧洲小国的政府债券(如斯洛伐克被分在种类Ⅰ里)将会比一些相对规模较大的政府相关机构发行的债券的流动性差〔如德国发展银行(KfW),属于种类Ⅱ〕。

采用这种方法反映了需要建立一个充分简单、透明和可管理的框架。

英格兰银行和美联储的折扣率也是高度透明化的。参见英格兰银行官网文章"英镑货币框架——具有银行贷款资格的证券的折扣率总结（2012年10月2日）"与美联储官网文章"联邦储备再贴现窗口和支付系统风险抵押品保证金表格1（生效期：2009年10月19日，2011年1月3日更新）"。

在中央银行设计和评估抵押品框架及设定折扣率时，中央银行作为抵押品的接受者这一关键特征不容忽视。如果信用风险是不对称的，并且抵押品的提供者（回购借款人）比现金投资者（回购贷款人）信用风险更大，那么折扣率是一个强大的风险缓释工具。如果现金持有者和现金借出者拥有相等的信用风险，则折扣率的用处是有限的。折扣率保护现金提供者，但它使现金提供者承受了无担保的信用风险，这种风险将随折扣率的上升而上升（Ewerhart 和 Tapking，2008）。也有证据表明，具有相似信用等级的银行之间，债券回购协议估值的折扣率比较低，而不受限制的其他市场参与者的折扣率往往比较高，如对冲基金。相同原因，银行永远不会质疑中央银行施加的折扣率，因为中央银行不会违约。从这个角度来看，中央银行接受流动性较差的抵押品，但使用较高的折扣率是明智的选择，即便这样的抵押品不在银行间市场使用。

四、抵押品框架和抵押品作为货币政策工具的市场影响

假设有三种资产 A、B、C，其中资产 A 可以作为中央银行合格的抵押品，资产 B 和资产 C 不能作为合格抵押品。当其他条件相同时，资产 A 的交易会形成一个溢价，溢价反映了资产 A 持有主体所获得的收益，因为它可以在任何时间以资产为抵押向中央银行借得资金。现在，假设资产 B 被纳入合格抵押品。由于降低了抵押品的稀缺性，持有合格抵押品的边际收益下降，这会降低合格抵押品属性所产生的平均溢价。因此，中央银行将资产 B 列为合格抵押品的决定会降低资产 A 的市场价格，同时提高资产 B 的市场价格。

有些时候，中央银行关于调整抵押品的决定对于资产价格的影响被认为是一种"扭曲"。例如，在欧元区两种不同的资产同时被看作合格抵押品（如

政府债券和资产支持证券),由此所产生的对于两种资产收益率差异的人为压缩被认为是有问题的,因为两种资产的相对价格不再真实地反映它们之间流动性风险的差异。

假设中央银行的确执行了以下三个方面政策,不能事前就认为抵押品对价格影响会造成扭曲:(1)中央银行正确地采用了五步法建立起了第九章第二点所描述的抵押品框架;(2)采取特殊的风险控制措施以保证从中央银行的角度来看,抵押品的价值可以覆盖借贷资金的风险;(3)中央银行让交易对手方承担评估、操作和抵押资产风险控制的成本,例如,如果复杂的资产支持证券被接受作为合格抵押品,那么就应该对这些资产赋予一个更高的折扣率,同时,对持有上述复杂资产的银行征收一定的费用,以进行必要的分析和风险控制。另外,由于中央银行的特殊性(不存在流动性风险,因此即使是在危机时也不用担心资产的流动性问题;在信贷风险不对等的机构主体间的抵押交易中,抵押资产的折扣率是一个有效的风险缓释工具),这些复杂的资产支持证券可能用于中央银行操作,而不是银行间操作。如果对复杂资产支持证券的折扣率相对较高并且让资产持有主体承担操作和评估成本,那么很显然这种资产支持证券的合理溢价会低于国债。那么,对于资产价格剩余影响并非一种扭曲,而是一个更大的特殊主体(如中央银行)参与市场交易的结果。相反,如果中央银行不能秉持这些原则并实施这些措施,那么合格资产对资产价格的影响的确会造成一些程度的"扭曲"。但在任何情况下,只接受政府债券作为中央银行合格抵押品并非化解这种"扭曲"的解决办法。这有可能意味着实际中的合格抵押品范围低于社会最优水平,同时使政府债券相对于其他票据具有一个很高的合格性溢价,进而使相对资产价格偏离最优合格抵押品组合下的合理水平。这种情况甚至可以被看作一种金融抑制(强迫金融机构持有主权债券,以确保当局可以完成债务发行)。

Buiter 和 Sibert(2005)指出,中央银行对于折扣率差异化不足,会导致资产价格的扭曲,他们认为,由于没有在抵押资产折扣中充分反映欧元区各主体经济体信贷风险的差异,欧元体系削弱了对于遵守财政纪律的正向激励。但是,Bindseil 和 Papadia(2006)对这些结论提出了质疑。

（一）如果折扣率是有效的杠杆约束

Ashcraft 等（2011）运用代际重叠模型，从杠杆限制的角度研究抵押品约束条件的影响，以及有效资金成本对潜在经济活动和一般经济均衡的影响。他们发现，"降低资产的折扣率必然会降低该资产的预期回报率，同时会缓解所有资产面临的融资约束"。从经验上看，在最近的危机中，通过借贷工具来调低抵押资产的折扣率显著降低了资产的预期回报率，同时作者的独立调查证据也表明，市场相对于折扣有着较高的需求弹性。在这里，我们只考虑一个简单的资产套利条件，不同资产适用于不同的折扣率，同时，假设所有资产总规模等于1，各种资产按照其占比从多到少排序，数值介于 [0,1]（见图 9.1）。如果折扣率可以对融资杠杆施加有效的约束，[0,1] 内资产 x 的有效融资成本 $i(x)$ 的值从根本上取决于股权的影子成本 i_e，也就是获得中央银行信贷的利率 i^* 和由中央银行对抵押资产的折扣率 $h(x)$ 所决定杠杆水平。可以说，任何一种资产都可以部分通过股权、部分通过中央银行信贷的方式进行融资，前者的比重是 $h(x)$，后者的比重是 $1-h(x)$：

$$i(x) = h(x)i_e + (1 - h(x))i^* \qquad (9.2)$$

如果折扣率的计算采用幂函数公式，即对于 x 属于 [0,1]，折扣率 $h(x) = x^\delta$，则 $i(x) = x^\delta i_e + (1 - x^\delta)i^*$。由此可以得到经济的平均融资成本 $i\#$：

$$i\# = \int i(x)dx = i_e[1/(\delta + 1)] + i^*[\delta/(\delta + 1)] \qquad (9.3)$$

在这种意义上，正如 Ashcraft 等（2011）在论文标题中所提出的，货币政策条件的有效性一方面基于中央银行的政策利率 i^*，另一方面也是基于中央银行设定的折扣率，就如上文的参数 δ 所示。图 9.2 展示在不同的参数值 δ 的情况下，有效平均融资成本与货币政策利率的函数关系情况。图 9.2（以及函数关系式）表明如果要将平均的融资成本控制在 3%，可以通过以下的参数组合来实现：$(i^*, \delta) = (1.6\%, 5)$ 或 $(i^*, \delta) = (2.3\%, 10)$ 或 $(i^*, \delta) = (2.93\%, 100)$。但是，从微观经济学角度，这三组参数组合并不是等价的，因为第一组参数组合更有利于流动性资产，而最后一组参数组合更有利于非流动性资产,这一点在图9.3中有清楚的描述。根据以上模型分析得出的结论,应该说,中央银行关于折扣率的决定不仅会显著影响实际的货币政策环境(体现在实体经济的实际融资成本方面),同时也会对资金配置产生影响。甚至,折扣表的变化将意味着需要在项目之间跨部门重新分配资源。

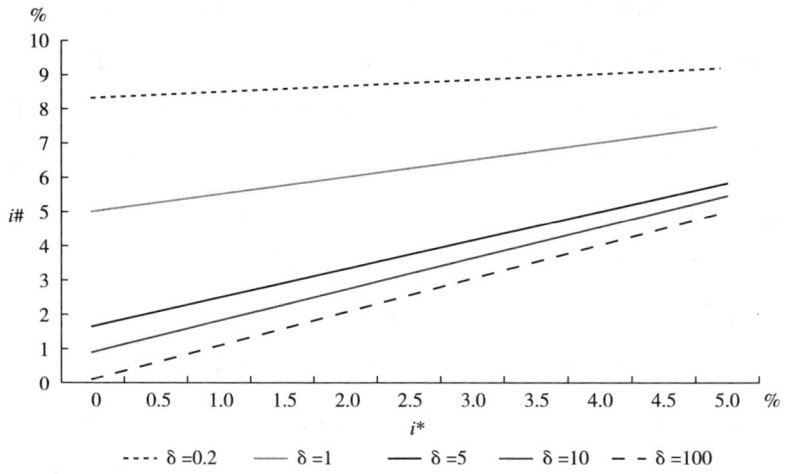

注:图中不同曲线代表了不同的 δ 值,如 $\delta=0.02$、$\delta=1$ 等。

图9.2　经济的有效融资成本取决于中央银行信贷利率 i^* 和描述折扣率设定的参数 δ

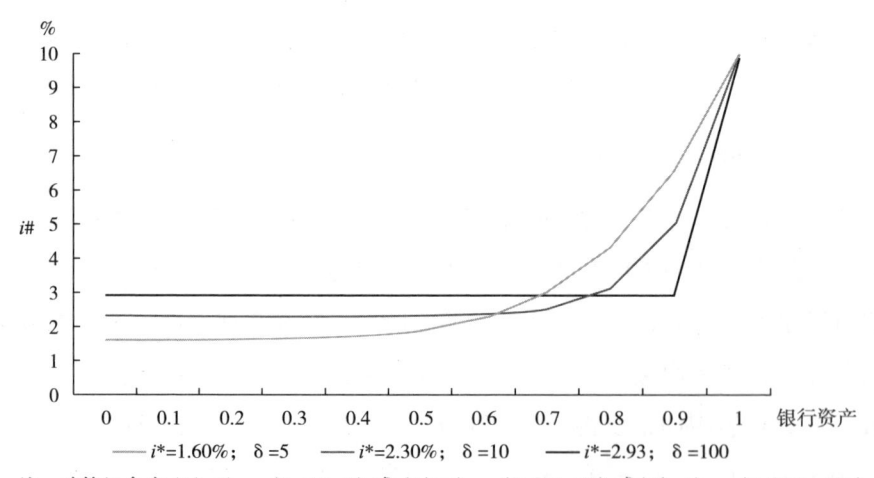

注:政策组合为 $(i^*,\delta)=(1.6\%,5)$ 或 $(i^*,\delta)=(2.3\%,10)$ 或 $(i^*,\delta)=(2.93\%,100)$。

图9.3　在三种不同政策组合下各种资产的融资成本情况(三种政策组合下的平均融资成本均为3%)

无论是从理论还是实证角度,这个简单的模型似乎在现实中并没有直接的适用性。首先,并不是所有的资产都用来抵押给中央银行再融资。中央银行可以选择直接持有这些资产,这样银行体系对于中央银行信贷的实际依赖会很小,甚至为零或为负。尽管流动中的全部纸币都有相应的中央银行信贷相对应,但是只有一小部分银行资产可以抵押给中央银行融资(以欧元区为例,银行全部资产约为 32 万亿欧元,但流通的纸币约为 1 万亿欧元)。那么,模型中的套利条件是否具有约束性就不太清楚了。其次,从经验上看,欧元体系折扣率函数中参数 δ 值约为 0.2 左右,在其他中央银行中这个参数值甚至更小。但是,这也意味着在上述的简单模型中,实践中所有资产收益率与股权影子成本接近的结论并不合理。

本书通过建立一个经济体的金融账户,论证上述模型的逻辑,如表 9.3 所示。假设:(1)家庭部门将一单位资产多元化地投资于从实物资产到金融资产的各种资产形式上,但是金融资产仅包含纸币现金和银行股权。(2)股权的收益率 $i_e>0$,而且家庭部门在该收益率下接受任何类型的资产配置;因此,中央银行折扣参数 δ 能够决定两种类型的金融资产之间收益率差异。(3)银行直接持有实物资产(或者公司是简单的传递结构)。显然,所有的这些假设都是对现实世界的高度简化。

表 9.3 一个简单的金融账户体系

家庭部门/投资者			
实物资产	E-1	家庭持有股权	E
银行股权	$\delta/(1+\delta)$		
纸钞	$1/(1+\delta)$		
商业银行体系			
实物资产	1	股权	$\delta/(1+\delta)$
		从中央银行获得的信贷	$1/(1+\delta)$
中央银行			
与商业银行间的信贷操作	$1/(1+\delta)$	银行券	$1/(1+\delta)$

注:在该体系下中央银行的折扣率是有效的杠杆约束并因此决定了收益。

在该模型中,家庭部门之外的实物资产全部是通过股权和中央银行信贷方式融资。在竞争性均衡中,银行的资产结构和折扣率是各式各样的,因此负债结构也会不同,因此银行主要依据式(9.2)进行资产交易,以此形成价格从而确定收益。

为克服以上模型存在的缺陷和不足,下面的模型将放弃以下假设:银行会系统性地向中央银行进行融资以达到中央银行折扣率所允许的最大杠杆比例。

(二) 考虑中央银行信贷实际需求情况的简单模型

下面的模型应该会得到更加符合实际的结论,因为该模型考虑到了大多银行并不向中央银行申请融资支持的这一事实(例如,在欧元区向中央银行申请资金支持的银行仅占2%)。考虑表9.4中所示的一个简单模型(抵押品合格性的价格影响),假设相同银行面临的存款转移冲击为k。

表9.4 通过两个银行的资产负债表来描述抵押品合格性对资产价格的影响

银行1			
资产 A	1	家庭储蓄/债务	1.5 − k
资产 B	1	从中央银行的借贷	1.5 + k
资产 C	1		
银行2			
资产 A	1	家庭储蓄/债务	1.5 + k
资产 B	1	从中央银行的借贷	1.5 − k
资产 C	1		

假设中央银行折扣率的矩阵是 $H = (h_A, h_B, h_C)$,其中,折扣率介于区间 $[0, 1]$,那么全部合格抵押品在进行折扣后的价值是

$$CVPH = 3 - h_A - h_B - h_C \tag{9.4}$$

假设资产 A 是无风险资产,其他两种资产的交易价格相对于资产 A 存在一个收益率溢价。假设在 $H^0 = (0, 0, 0)$ 的前提下,其他两种资产相对于资产 A 的收益率溢价为 S_B 和 S_C。折扣率为零意味着银行不存在融资风险,因为它

们可以随时根据需要向中央银行进行追索。那么折扣率数组 H 相对于 H^0 的变化是怎样影响收益溢价 S_B 和 S_C 的变化的？要了解这种变化，我们需要明确两点：（1）k 值的概率分布 $f(k)$；（2）抵押品消耗的边际成本函数。我们将合格抵押品折扣后价值与实际向中央银行融资需求规模（银行 1 的融资需求规模是 $1.5 + k$）之间的差值定义为抵押品缺口（CG）。因此，对于银行 1 来说：

$$CG = \max(0, 1.5 + k - (3 - h_A - h_B - h_C)) \tag{9.5}$$

将抵押品消耗的边际成本函数设定为 $q(CG)$，且 $q(0) = 0$；如果 $CG > 0$，那么有 $q(CG) > 0$ 和 $dq/d(CG) > 0$。潜在实际成本 q 有多种可能：实际成本可能是其他银行提供银行间的融资供给，或者通过资本市场寻求融资；实际成本也可能是向中央银行申请紧急流动性援助的成本，或者是对资产进行紧急出售时的成本。在有些情况下，如果 q 值很大的话，银行可能破产。

抵押品耗尽的预期成本 Q 将为：

$$\begin{aligned} Q &= \int_{CVPH-1.5}^{+\infty} f(k) q(1.5 + k - CVPH) \mathrm{d}k \\ &= \int_{1.5-h_A-h_B-h_C}^{+\infty} f(k) q(-1.5 + h_A + h_B + h_C + k) \mathrm{d}k \end{aligned} \tag{9.6}$$

由抵押品的合格程度或者中央银行确定的折扣率所致的资产之间的收益率差异，可以通过以下方式进行近似的计算。假设银行 1 可以将其持有的资产 B 减少 1 单位，同时将持有的资产 A 增加 1 单位，因此，我们假设 $h_A < h_B$（假设资产是不可分的，如银行只能持有 1 单位资产或无资产）。那么抵押品消耗的预期成本下降的程度为

$$\begin{aligned} &\int_{1.5-h_A-h_B-h_C}^{+\infty} f(k) q(-1.5 + h_A + h_B + h_C + k) \mathrm{d}k \\ &- \int_{1.5-2h_A-h_C}^{+\infty} f(k) q(-1.5 + 2h_A + h_C + k) \mathrm{d}k \end{aligned} \tag{9.7}$$

抵押品消耗时预期成本的下降，是资产 A 和资产 B 收益率差的额外利差组成部分的上限，而这种利差部分来自不同 H^0 的折扣数组。在其他（非杠杆化）

投资者的资产需求相对于利率是有弹性的情况下,如果折扣率向量从 H^0 调整为另外一个向量且 $h_A<h_B$,那么价格溢价上升的幅度会降低。如果资产 B 与资产 A 交易的唯一方式在银行间进行,那么折扣率向量由 H^0 调整为另外一个向量 H 对于价格溢价所产生的影响由式(9.7)决定。从该模型中我们可以很容易地得出结论,价格溢价会随着以下几个值的增大而增大:(1) $h_A - h_B$;(2) h_C;(3) k 的方差;(4)银行对中央银行资金的结构性依赖。

例如,假设冲击 k 是正态分布的,且期望为 0,标准差为 1。同时假设抵押品消耗时的边际成本是常数且等于 1,上文的资产负债表适用,H = (0,0.2,0.5)。那么针对 A、B、C 三种资产,如果上述三种资产的配置由(1,1,1)调整为(2,0,1),那么抵押品耗尽时的预期成本下降幅度是

$$\int_{0.8}^{+\infty} \varphi(k)(k-0.8)\mathrm{d}k - \int_{1}^{+\infty} \varphi(k)(k-1)\mathrm{d}k = 0.12 - 0.083 = 0.037$$

(9.8)

因此,如果没有其他投资者参与资产 A 和资产 B 的交易(除了另外一家银行),会产生一个 0.037 的额外溢价,这个溢价反映了中央银行对资产 A 和资产 B 实施折扣率的差异。

(三)更多关于抵押品在货币政策中作用的近期文献

最近很多文章讨论中央银行抵押品作为货币政策工具的作用。Koulischer 和 Struyven(2013)将抵押品的质量定义为抵押品接收者评估抵押品的能力,这意味着较低质量的抵押品应该被赋予更高的折扣率。在这个模型中,对借款人的担保条款会对贷款人具有有利的激励作用,但是同时,由于不完美的担保条款和隐含的低估值(在这个模型中等同于高折价),提供担保的代价高,也导致了资产负担的问题。Koulischer 和 Struyven(2013)的模型表明,即使中央银行政策利率不变,对银行可用抵押品的数量或质量的外生性冲击也会提高经济中的利率。因此,放松中央银行抵押品政策可以带来更宽松的货币环境,并且有助于减少信用恐慌,增加产出(特别是在名义利率为零的

下限条件下)。

Bindseil（2013）利用银行模拟得出相同的结论。文章分析了银行资产拍卖和求助中央银行信贷对确保银行资金流和偿付能力的潜在作用。资金稳定性被认为是一个存款人之间基于纯策略的策略性银行挤兑博弈。资产的流动性、中央银行的抵押品框架和监管共同决定了银行系统的交付期限转换和金融稳定。这个模型也解释了为什么银行倾向使用最少量的流动性合格资产作为中央银行的抵押品，以及为什么突然的、未预测到的资产流动性下降或者紧缩的抵押品框架会让银行的短期负债不稳定。正如 Koulischer 和 Struyven（2013）所提到的 [Ashcraft 等 （2011） 和 Chapman 等 （2010）也提到了]，中央银行抵押品政策表明其与有效的货币环境有关。

Majnoni d'Intignano（2013）也提出一个关于抵押品限制影响有效货币条件的模型，使用了与本书所用的类似金融账户框架。他建立了一个信贷乘数模型，将银行安全资金来源与实体经济的信贷供应联系起来，发现该乘数"对不同自然状态下利率的敏感性发生了显著变化，而这导致了多重条件状态均衡，并呼吁制定状态依赖的货币与信贷稳定政策。根据这个框架，通常被认为是'非常规'的货币政策可以被解释为'常规'货币政策的特殊情况"。

最后，Singh（2013）也"试图强调抵押品在货币政策问题中的重要性"并且还特别将抵押品融合在教科书式的 IS – LM 模型中。

五、抵押品组合的隔离、抵押品使用的逆向选择和定价

原则上，中央银行有理由通过事前设定的限制来接收更为广泛的抵押品组合，并主要通过对抵押资产折价方式实现事后的风险等价。正如前文提出的，这至少要求对抵押品的使用进行仔细监督，以发现抵押品是否过度集中于部分类型的资产。如果抵押品过度集中于部分类型资产，需要分析这种情况发生的原因，以及这种情况是否造成中央银行承担了未被充分计量的风险或者市场扭曲。一般来说，中央银行总是会遭遇双重逆向选择问题（双重格雷欣法则，Double Gresham's Law）：越是脆弱的银行越是过度依赖中央银行，

而这些银行倾向于运用流动性较差的资产作为抵押品，因为流动性最好的抵押品依然可以在银行间市场使用，或在没有价格折扣的情况下售出。如果中央银行不愿意抵押品的使用过度集中于某些资产，一般情况下，可以考虑以下四种措施。

第一，如果发现某些资产被过度地用作抵押品，中央银行可以提高这些资产在用作抵押品时的折扣率。这反映了中央银行对所承担风险的关注，会降低金融机构将上述资产用作抵押品的激励。但是，这种方法也被认为存在缺点，即这种方法运用了折扣率这一个限制性因素，而折扣率本来是基于防止抵押品过度集中于某些资产或基于反套利目的而被用来对冲潜在风险的工具。

第二，中央银行可以对特定资产设定条件。例如，中央银行可以要求抵押品的资产池中低流动性资产的占比不高于25%（如非标准的ABS）。英格兰银行对抵押品资产池中单一发行方所发行资产的规模规定了上限，上限为2.5亿英镑或全部抵押品资产市场价值的25%（Bank of England，2010）。上述限制对于解决抵押资产过度集中问题非常有效。但是，该种方法同样存在缺点，即以一种粗略的方式降低了对手方的灵活性。

第三，中央银行可以对流动性较差和过度使用的抵押品资产进行全面的独立分析，并要求开户银行承担此项分析工作的成本。这样可以解决风险承担和逆向选择问题，同时鼓励银行避免过度使用这些资产。

第四，中央银行可以通过操作将不同业务的资产池隔离开来，并通过不同机制对流动性较差的资产池的信贷操作数量进行限制［具体请参见Chailloux等（2008），更为详细的论述请参见Cheun等（2009）］。许多中央银行已经采用了这种隔离方法。

美联储在2001年贴现窗口改革之后，依然将可用于公开市场操作的合格资产与用于申请再贴现的资产相分离。后者的资产范围非常广泛（甚至包括评级较低的信贷索取权），前者的资产范围非常窄，而且是严格既定的且只能在危机发生前使用，资产主要包括美国国库券、美国获得AAA级评级的机构债券和住房抵押贷款支持证券（RMBS）。根据Chailloux等（2008），2007年在美联储的回购操作所接受的抵押资产中，大约55%的资产是美国国库券，其余的资产是比例相等的机构债券和住房抵押贷款支持证券。但是，在一级再贷款工具（贴现窗口）的合格抵押资产中，73%是信贷资产债权（如向公司发放的贷款），ABS占比为15%，公司债券占比为7%，其他资产占比为5%。2008年3月引入的定期拍卖工具（Term Auction Facility，TAF）则合并了上述两类抵押资产池，暂时降低了污名效应并解决了抵押品稀缺的问题。

为了扩大公开市场操作中的抵押品范围，英格兰银行将再贷款公开市场操作的合格抵押资产分为两个资产池，甚至再提出了"流动性保险"（并非货币政策）的概念（Bank of England，2012a）。同时，尽管特别借贷工具（贴现窗口）不支持更为广泛的抵押品资产，但是在实际操作中可以通过资产互换的方式实现扩大抵押品资产的目的（银行的非流动性资产与金边债券进行互换，如英国政府证券）。英格兰银行（Bank of England，2012a）解释说，实际上，可将公开市场操作的抵押品潜在地划分为五种不同类型的资产池，但在2011年的实践操作中，实际上有三种操作（日间操作、普通借贷工具和短期公开市场操作）接收相同的抵押资产，尽管名义上规定只接受高质量的主权债券。第四种操作（指数化长期公开市场操作）还允许将B档的资产作为抵押品，如流动性较高的按揭贷款和公司债券。第五种操作——贴现窗口工具，额外接受C档和D档资产作为抵押品，如"流动性较差的可转换证券化贷款和按揭贷款"，以及"自定义的证券化资产、担保债券和贷款"。同时，英格兰银行还会在季度公报中详细披露不同抵押资产池的公开市场操作规模和价格差异等信息。

综观欧元体系公开市场操作中所接受的不同流动性抵押品资产，考虑到欧元体系将不同流动性抵押品完全混合，考察这种方法在多大程度上导致使用的抵押品集中于流动性最差资产，这是有意义的。表9.5中截至2010年末的数据为这种分析提供了证据（尽管仅限于市场化的债务工具，如证券，但不含信贷索取权）。

针对表9.5，很重要的一点是表中所列示的合格抵押品，并不意味着持有这些合格抵押品的对手方一定会申请和得到再贷款支持。例如，一些银行可能不会向欧元体系申请信贷支持,但是会提前将持有的合格抵押品在相关国家的中央银行账户上予以披露,这种提前的披露被认为是合适的。

表9.5 欧元体系合格的市场化债务工具（截至2010年）

市场化债务工具	合格抵押品资产		公布资产		使用比例
	(i) 名义价值（10亿欧元）	占比（%）	(ii) 折价后市场价值（10亿欧元）	占比（%）	(ii)/(i)（%）
政府债券	6492	47	404	25	6
担保银行债券	1413	10	249	16	18
公司债券	1516	11	110	7	7
无担保银行债券	2646	19	329	21	12
资产支持证券（ABS）	1272	9	480	30	38
其他市场化资产	626	4	31	2	5
总计	13965	—	1603	—	11

合格抵押品的使用比例介于6%（政府债券）和38%（ABS）之间,总体来看,相关数据的确表明合格抵押品的使用比例与资产本身的流动性之间存在负相关关系。这种关系是否会引发问题另当别论。正如本章提到的,从抵押品在使用中可能面临较大的折扣率来说,中央银行可能是比任何其他机构更为适合接受流动性差的抵押品的资金供给主体,因此,用于中央银行信贷业务的抵押品池的平均流动性可能低于合格的抵押品资产池,也是很自然的。

第十章 正常时期的最优货币政策操作框架

一、实施货币政策的方法多种多样

本章将简要讨论在金融市场正常运行情况下实施"最优"货币政策的技术,这些操作在 2007 年以前的几十年里十分盛行。从调控短期利率方面来看,有许多不同的货币政策操作方式,正如 Borio（2001）[①] 提到的:"解决棘手问题的方法有很多种,同样地,实施货币政策的方法也千差万别……这种差别融合了单纯的历史因素与权衡各方案利弊得失的不同观点。然而,归根结底,菜好不好吃还是得尝尝才知道。"

Borio 认为,从货币政策的角度来看,如果政策信号传递和短期利率目标都得以实现,那么货币政策的实施细节可能并非如此重要。不过,这些目标实现起来相对简单一些。政策信号传递可以通过公布短期利率目标水平的方式实现。例如,可以通过使市场利率盯住常备便利利率的方法来调控短期利率。然而,货币政策操作还有超出纯粹货币政策视角之外的作用和含义,如对银行流动性管理的成本效率、银行经营和融资模式、金融市场和金融稳定。

二、货币政策操作框架设计和使用的潜在目标

除了有效调控隔夜利率外,设计和使用货币政策操作框架还需关注以下

[①] 关于操作框架的概述.参见 Borio（1997）,市场委员会（Markets Committee, 2009）,Sellin 和 Sommar（2013）。

目标：

（1）精简高效。如果运用少量货币政策工具和仅靠标准化的简单操作就能够实现特定的政策效果（有效调控隔夜利率），那么就无须尝试运用更复杂的货币政策操作框架（从该意义上讲，"精简"的同义词是"节俭"）。复杂和不透明的货币政策操作框架将是低效的，因为它不仅可能导致利率调控失败，而且对中央银行和银行而言都会浪费资源。如果货币政策操作复杂且由于不透明经常产生意想不到的结果，那么银行就必须时刻准备应对突发事件，并耗费资源来试图预测中央银行的政策行为。与1920—1990年相比，2007年之前的货币政策实施更有针对性，也更透明，尤其体现在以下方面：一是致力于实现明确的操作目标（通常是隔夜利率）；二是货币政策操作并不包含货币政策立场的信号；三是法定准备金率保持稳定，即不再将其作为吸收或投放基础货币的频繁使用的工具。不过直至2006年，个别大型货币区的中央银行仍"奢侈"地保留着一些复杂的工具。首先，使用日均准备金要求以吸收流动性冲击的做法，引发了较大的跨期流动性需求。其次，在实施公开市场操作时存在明显的相机抉择（参见下一点）。

（2）遵循规则。基于规则是以深入理解当下的经济关系为前提的。相机抉择有时是难免的，但通常情况下表明中央银行未能准确掌握中央银行和市场之间的互动，或者至少未能建立较大程度反映互动关系的模型。总之，实施货币政策不必如此复杂，至少在很大程度上来说是可以遵循规则的。举例来说，2007年以前中央银行经常使用分配决策包含相机抉择因素的招标程序。当在该招标程序中投标时，银行不得不猜测中央银行将配给的数量（以及最低成功竞标利率是多少）。中央银行依赖自动分配机制似乎是更好的选择，如固定利率全额配给或固定金额可变利率招标。

（3）在实现既定政策目标的前提下，确保中央银行通常持有的大量金融资源（与货币发行、准备金要求和资本相关）获得足够的财务收益。如果两种货币政策操作框架能同等程度地实现政策目标，但第一种框架比第二种框架获得的财务收益更高，那么第二种框架就不是有效的。

（4）尽量降低货币政策操作框架对银行现金管理成本的影响。例如，中

第十章　正常时期的最优货币政策操作框架

央银行要求银行每日准确执行存款准备金要求，银行需管理日终账户资金以避免高成本使用常备便利，这增加了银行的成本。

（5）货币政策操作框架应有助于实现金融稳定，包括激励银行稳健安全经营，促进各金融市场各部门正常运转等。在金融危机期间，该目标备受关注，凸显了中央银行在短期和长期内如何充当中介解决部分金融市场运行失效的问题。为了实现该目标，中央银行再融资操作的三个方面尤为重要：一是合格抵押品范围和适用的折扣率；二是再融资操作交易对手方的数量；三是中央银行向银行提供再融资操作的规模和频率。

（6）与上一点密切相关的是，货币政策框架不应削弱银行间市场和资本市场的活跃程度。当中央银行资产负债表相对简单且只通过市场交易向对手方提供基础货币时，达成这个目的不成问题。如果中央银行买入大量资产，导致银行体系流动性过剩（如2012年主要中央银行采取的措施），那么所有银行都会倾向于使用中央银行存款便利进行日常流动性边际管理，从而导致银行间市场交易稀少。退一步说，如果对任何一家银行而言，中央银行的流动性供给都是非常有弹性的（也因为广泛的抵押品范畴），那么银行就会更大程度上通过增加或减少中央银行贷款来调节流动性，而不总是通过银行间市场或资本市场来调节。还需要考虑的是，要想建立从银行间市场和资本市场获得流动性的稳定通道并非一蹴而就，因为投资者和其他银行往往需要时间来了解一个机构的信誉并愿意与之交易。在正常时期，促进银行间市场和资本市场有效运行尤为重要。在危机时期，主要依靠市场获得流动性的强大压力（通过限制从中央银行获得流动性以及设置惩罚性利率）也许会造成适得其反的后果，因为可能存在污名效应并引发对部分银行的挤兑风潮（见本书第二部分）。

（7）市场中性。选择货币政策实施技术时应避免其对金融资产的相对价格产生扭曲效应。鉴于中央银行庞大的资产规模，买断或卖断操作都可能潜在地影响相关的资产价格。有两种潜在的方式来定义"中性"，当然同时也取决于中央银行在多大程度上独立于政府。一种方式是，中央银行应将政府视为普通的发行方，不在现券交易或抵押品框架中承担过多责任。另一种方式是，假定中央银行和政府应当统一，中央银行致力于精简国家的资产负债表，这意味着中央银行更易于产生对政府的风险暴露。

（8）普适性，即在不同的金融和宏观经济环境中，都能够对操作目标进行有效调控。普适性的可取之处在于避免货币政策操作框架随时变动，因为中央银行和银行学习与掌握新框架的运作模式通常需要花费高昂的成本。中央银行常常声称一种方法无法适合所有情况，需要因时因地制宜，并以此为货币政策框架的变化或与其他国家框架不同之处进行辩护。但是，这种观点并不总是具有充分的说服力。

三、中央银行关于其目标和原则的声明

在某些情况下，中央银行已经明确了制定货币政策操作框架的原则。我们考察以下三个例子。美联储（Federal Reserve System，2002）报告了其某一庞大研究团队的研究成果，在假设美国主权债务余额持续缩减并引发对美联储质疑的前提下，该研究团队的目标是制订备选的货币政策实施方案，阐述了实施货币政策的四项基本原则（称为"管理美联储公开市场账户结构和操作的系列原则"）：

> 开发系列原则的出发点是《联邦储备法》，该法律赋予了中央银行实现价格稳定和促进经济可持续增长的目标。为了实现这一长期目标，美联储应遵循以下原则：（1）有效调控高能货币存量和美联储资产负债表规模……（2）在确定资产组合结构和实施操作时，应最小化对资产相对价格和私人部门信贷配置的影响。（3）管理资产组合，以充分补偿风险并维持充足的流动性，并可在必要时立即采取大规模操作。（4）高度重视货币政策操作的透明度和问责制度。

第（1）点在谈到调控货币政策操作目标的有效性时，提到了调控"高能货币存量"而非利率水平，这可能让人吃惊，因为事实上自1994年起，美联储已经宣布将联邦基金目标利率作为货币政策的操作目标。

英格兰银行（Bank of England，2008）建立了两个核心原则以及两项扩展原则作为其货币政策操作框架的依据：

> 英格兰银行作为英国中央银行，肩负着实施货币政策和维持金融稳定的职责，其市场操作的两大目标如下：一是在货币政策委员会下次决策之前，通过使隔夜市场利率水平与基准利率水平保持一致来实施货币政策，以形成平坦的货币市场无风险收益率曲线，同时保持日常货币市场利率的稳定。二是降低因银行流动性和支付服务中断而产生的成本。要达到上述目的，英格兰银行既要提供必要的流动性，又要防止流动性过多激励银行承担过大风险，还要避免让自身资产负债表承担风险。在设计长期操作框架时，英格兰银行还需考虑另外两个因素：一是在正常环境下，市场操作对相关资产价格的影响应大致为中性；二是希望培育有竞争力且公平的英镑货币市场。单个银行不仅可以直接通过与中央银行的操作渠道获得流动性，还可以间接通过货币市场交易渠道获得流动性。因此，市场的有效性至关重要，因为流动性的有效分配不仅影响隔夜市场利率的稳定，还会影响银行的日常流动性管理能力。

上述第一个目标所强调的依然是对货币政策操作目标的有效调控，尽管这次是以更现代化的方式加以表述。

欧央行（European Central Bank，2011a）阐释了其操作框架的目标和主要原则。欧央行主要遵循以下原则：

（1）最重要的原则是操作效率。这可以被定义为通过操作框架，将货币决策尽可能精准快速地体现在货币市场短端利率的能力。

（2）操作框架需要与市场经济的基本原则保持一致，即通过市场竞争确保资源的有效配置。

（3）其他重要的原则包括平等对待欧元区内的金融机构，并遵守统一的规则和程序。在欧元区范围内，不同规模和地域的信贷机构都应被同等对待。

(4)操作框架还需符合简单、透明、连续、安全和成本有效的原则。简单性和透明性可以确保金融市场参与者了解货币政策的意图。连续性可以避免货币政策工具和程序频繁和大幅调整,从而使中央银行及其交易对手方可以依靠过去的经验参与货币政策操作。安全性是指确保欧元区的金融和操作风险最小化,而成本有效性是指确保整个欧央行体系及其交易对手方在操作框架下进行低成本操作。

四、货币政策操作框架的四个例子

Sellin 和 Sommar(2013)系统性地调查了主要中央银行在正常时期和危机时期调控短期利率的情况。下文主要介绍四个中央银行在正常时期的操作框架,其中不含对抵押品的分析。

澳大利亚储备银行。澳大利亚储备银行围绕隔夜目标利率建立了 ±25 个基点的对称走廊框架,实施日常公开市场信贷操作,没有法定准备金要求。加拿大央行和新西兰央行也建立了类似的操作框架。澳大利亚储备银行通过该操作框架几近完美地调控了货币市场隔夜利率(见图 10.1)。具体做法是,在货币市场开市后根据目标利率实施每日公开市场操作,从而在市场开市期间所有银行均可依赖具有充分弹性的央行隔夜信贷供给。该模式获得了很高评价,其优势在于简便且有效。此外,因为既定目标利率下的日常公开市场操作是单向的,在银行间市场交易已经调整了银行体系内的相对流动性错配之后,公开市场操作仅需调整银行体系的总净流动性头寸,因此没有任何理由预期公开市场操作可能削弱市场行为。

英格兰银行(2001—2006 年)。2001—2006 年,英格兰银行设定了一个隐含的隔夜目标利率,但没有准备金平滑要求,且每日进行公开市场信贷操作。与澳大利亚储备银行相比,英镑隔夜拆借平均利率(SONIA)在常备便利利率走廊内的波动较大(见图 10.2)。下面是 Tucker(2004)对 2006 年之前的机制和问题的阐释。当时每日根据政策利率实施期限为两周的公开市场操作。

第十章　正常时期的最优货币政策操作框架

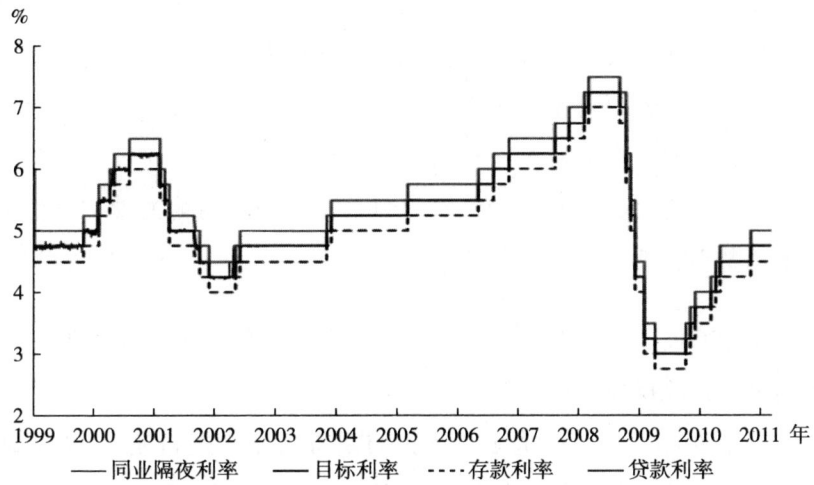

图 10.1　澳大利亚储备银行对隔夜利率的调控（1999—2011 年）

（资料来源：Sellin 和 Sommar，2013）

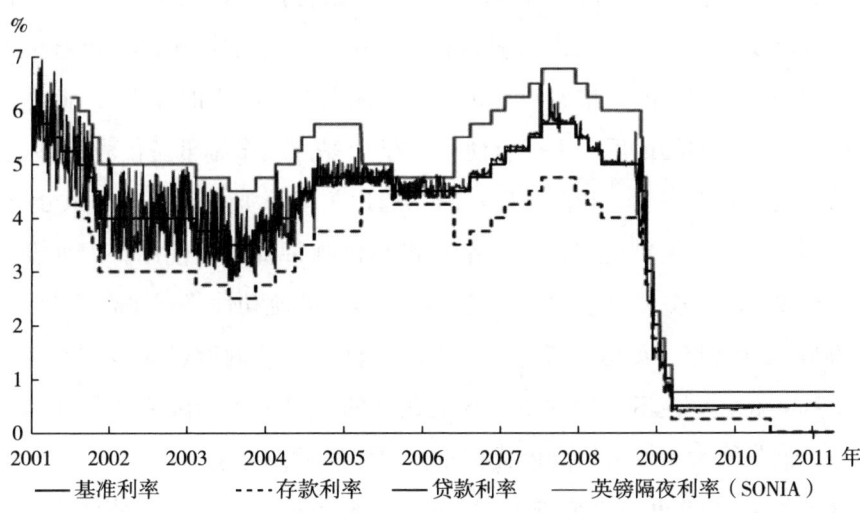

图 10.2　英格兰银行对隔夜利率的调控（2001—2011 年）

（资料来源：Sellin 和 Sommar，2013）

现有的操作框架存在三种问题：第一，它过于复杂，这套机制每日可以提供四轮操作，大多数时间每天至少进行两轮操作。而每日最后一轮操作安排尤其复杂。第二，由于既定频率进行的期限为两周的公开市场操作覆盖了货币政策委员会的会议时间，因此，当市场预期货币政策委员会将调整利率时，超短期限的利率结构会出现异常波动。第三，从国际标准来看，英镑隔夜拆借平均利率日间和日内的波动都非常大，这一情况曾困扰英格兰银行多年。

Tucker（2004）进一步指出，当时市场是非竞争性的，实力雄厚的货币市场参与者往往能操控市场。

2006年，英格兰银行引进了"事前自愿准备金平滑机制"，大幅减少了市场的波动性。这一改革的目的是"确保货币政策有效实施，即在隔夜市场利率和中央银行基准利率之间形成密切且稳定的关系"（Clews等，2010）。新的操作框架包含一个走廊机制，银行每月设定自己的准备金目标。月均准备金余额需维持在相对狭窄的目标区间内，中央银行按目标利率对准备金付息。准备金要求设定在目标区间内为银行提供了额外的流动性缓冲，也避免了准备金考核期期末利率的大幅波动（正如欧元体系曾经经历的那样）。此外，在每个准备金考核期的最后一天还可使用±25个基点的窄幅常备便利走廊机制，这与加拿大、澳大利亚、新西兰建立的"通道"体系下的走廊机制十分类似。但不同的是，在澳大利亚等国家，窄幅走廊机制每日均可使用，因为没有准备金平滑要求，中央银行必须每日管理银行体系的流动性（Clews，2005）。

2006—2010年，英格兰银行对货币政策操作框架的改进颇具创新性，设计精良且有效。它在不影响货币市场活跃度的情况下大幅降低了隔夜利率的波动性。但与澳大利亚央行的模式相比，它仍然更为复杂。

欧元体系（1999—2006年）。欧元体系操作框架包含了考核期为1个月的准备金平滑机制和每周公开市场信贷操作，同时将隔夜利率作为隐含的操作目标，常备便利利率设置为隔夜利率±100个基点。2007年以前，欧央行对市场隔夜利率的调控都是比较精准的，但在准备金考核期的最后一天，市场波动还是相当明显，呈现周期性峰值（见图10.3）。2004年，为了消除在准备金考核期内因中央银行调整操作目标而产生的短期影响（影响公开市场操作投标价和履行准备金要求的路径），欧央行调整了月度准备金考核期的具体时点。此外，欧央行还将每周主要再融资操作的期限由两周缩短为一周，这样无论何时仅存在一个未到期操作而非两个。总体而言，欧央行的货币政策体系是有效的且充分透明，不会损害货币市场（参见European Central Bank，2005a）。但是，准备金考核期最后一日市场出现异常峰值的情况仍然存在，这一问题其实可以通过类似2006年英格兰银行操作框架改革得以解决。

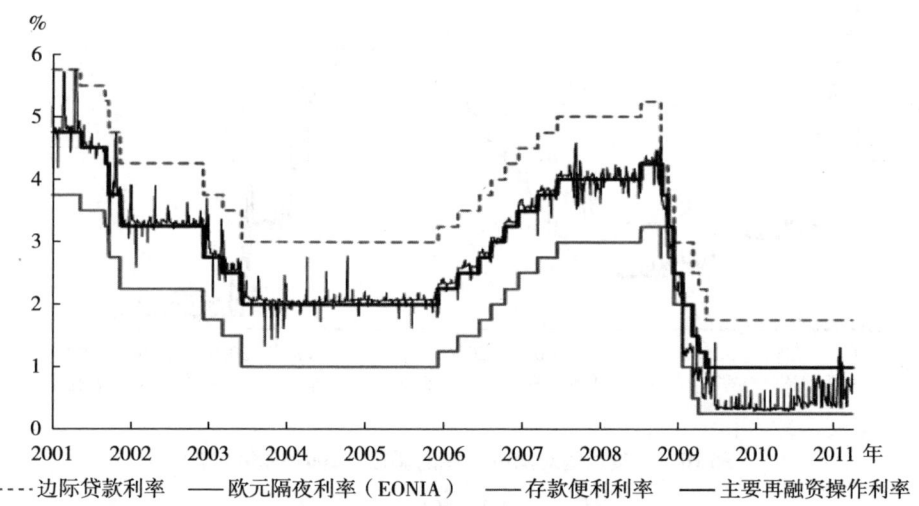

图10.3　欧央行对隔夜利率的调控（2001—2011年）

（资料来源：Sellin和Sommar，2013）

美联储。美联储对隔夜利率的调控情况如图10.4所示。美联储在引入常备便利方面滞后于其他中央银行（原因在第三章第三点已有阐述）。美联储自2002年起才引入常规借款便利，直到2009年才以对超额准备金付息的形式引进存款便利。美联储的准备金平滑机制对准备金的要求相对较低，且每周有数次公开市场信贷操作。正如Tucker（2004）所论述的，美联储的这种单向机制与英格兰银行在1890—1970年使用的"经典"操作体系类似。与非对称走廊机制不同的是，美联储一旦改变其隔夜利率目标，还需要调整其准备金供应，即在这种情况下仅调整中央银行基准利率是不够的，因为任何目标利率的变化都会改变利率走廊的实际非对称状况（因为利率走廊下限通常接近于0）。此外，由于利率走廊的非对称性，美联储原则上还需关注自发性因素冲击概率分布的高阶矩，以更加精准地调控短期利率（这在第四章第二点的框架模型中能够很容易地反映出来）。

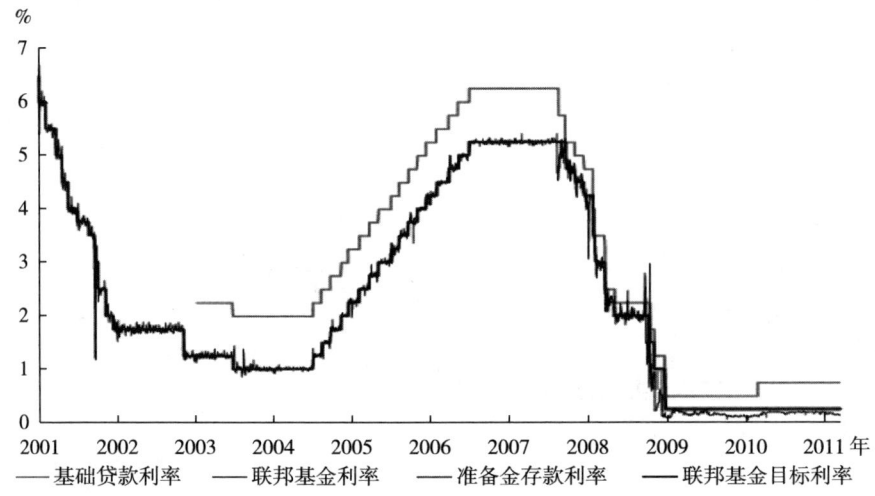

图10.4 美联储对隔夜利率的调控（2001—2011年）

（资料来源：Sellin 和 Sommar，2013）

表10.1（Sellin 和 Sommar，2013）简要总结了四个中央银行调控隔夜利率的精准度情况。从中可以得出以下结论：（1）所有中央银行都设法使平均隔夜利率非常接近其目标利率；（2）2001—2004年英格兰银行调控的隔夜拆借利率高度波动属于异常情况；（3）3个月期利率的波动在很大程度上独立于隔夜利率的波动，前者的标准差在7~19个基点范围内。澳大利亚储备银行和美联储对隔夜利率的调控最精准，但其3个月期利率有相对较高的波动性。总之，这些中央银行均通过充分调控短期利率作为货币政策传导的起点，这是不容置疑的。

表 10.1 金融危机前银行间市场利率和目标利率的息差

国家	隔夜利率	1 周利率	1 个月利率	3 个月利率
澳大利亚（2001—2007 年）	0.00% (0.02)	0.01% (0.07)	0.03% (0.10)	0.08% (0.17)
英国（2001—2004 年）	-0.05% (0.46)	-0.02% (0.20)	0.04% (0.10)	0.10% (0.16)
英国（2005—2006 年）	0.01% (0.14)	0.07% (0.05)	0.09% (0.04)	0.11% (0.07)
英国（2006—2007 年）	0.07% (0.10)	0.13% (0.06)	0.19% (0.06)	0.30% (0.08)
欧元区（2004—2007 年）	0.07% (0.07)	0.10% (0.05)	0.14% (0.07)	0.22% (0.11)
美国（2001—2007 年）	0.00% (0.10)	0.08% (0.08)	0.10% (0.11)	0.16% (0.19)

注：括号内是息差标准差。
资料来源：Sellin 和 Sommar，2013。

五、结论

总体来说，目前我们仅对中央银行最优货币政策操作框架有部分了解，而评估中央银行不同调控模式的优缺点为时尚早。我们所能确定的是，所有这些操作框架都易于调控短期利率，即可以调控常规的货币政策操作目标。我们也可以总结一些过去操作框架的经验教训，并形成避免失误的一系列最优实践经验。尽管在某些方面我们仍然不确定什么是最优措施，也不知道如何在最优框架中设置环境参数（如关于一国金融体系架构的参数）。我们尝试性地进行如下总结：

第一，在成熟有效的金融市场中，中央银行的操作框架应该精简并专注于实现单一货币政策操作目标。该观点不同于 20 世纪 60 年代许多中央银行采用的多目标和多工具操作框架。因为在复杂的操作框架下，中央银行可能无法明了该如何行动及准确的目标是什么；银行和金融市场也不可能理解，这使中央银行和市场之间的沟通进一步复杂化。在正常时期，中央银行应该运用分离原则（"两分法"），一方面进行宏观经济分析和操作目标设定，另一方面通过货币政策操作实现目标。对于金融市场欠发达的新兴经济体中央银行来说，上述结论并不够明确，实际上本书第二部分的很多内容将涉及在不完善市场中的运用。

第二，似乎存在三种调控短期利率的合理框架：

基于单向常备便利的模式，银行系统性地使用常备便利，常备便利利率基本上决定了银行间市场短期利率。丹麦和挪威在危机前已经运用了这种体系，目前（如2009—2013年）英格兰银行和美联储也采用了此模式。该模式原则上非常简单有效。只要银行体系对中央银行的结构性依赖程度不大，该模式就不会导致中央银行的过度干预（勿将该模式与零宽度的常备便利走廊混淆）。

对称窄幅（如±25个基点）常备便利走廊，围绕目标利率开展日常公开市场操作（每日操作时刻不宜过早），以引导银行间市场利率。该模式也相当简单有效，其在澳大利亚、加拿大、新西兰的实践中均得到证明。如果日常公开市场操作采取固定利率全额供给方式提供流动性，那么该模式与前一个模式类似。

准备金平滑要求、相对更宽的对称走廊（±100个基点），2006年英格兰银行的改革（准备金走廊和考核期末窄幅利率走廊机制）以及2004年欧央行的改革（通常在准备金考核期内不会进行调息决策）均采用此模式。这种机制明显比之前的两种更复杂（因为存款准备金体系不可避免地创造了复杂的跨期结构）。但是基于某些原因，相对于之前更为简单的框架，有较多货币市场参与者的大型货币区更偏好使用这个框架。

第三，基于最优实践经验的进一步结论。常备便利走廊的宽度设置应避免使中央银行成为货币市场的中介，并相应地避免扩大中央银行的资产负债表。在正常环境下，对没有准备金要求和平滑机制的中央银行而言，设定±25个基点的利率走廊是合适的，而对于有准备金平滑机制的中央银行而言，则应设定±100个基点的利率走廊。如果有准备金要求，应以接近目标利率（即接近市场利率）的水平对准备金付息，同时在准备金考核期内按准备金的平均水平进行考核。上述方法主要适用于外汇储备有限且银行体系相对于中央银行保持流动性缺口的工业化国家。对于拥有大量外汇储备的新兴市场经济体中央银行而言，（没有利息补偿的）存款准备金要求的货币控制功能可能仍然比较重要。公开市场操作招标程序在分配流动性时不应有相机抉择因素，即应该是自动分配的。这类招标程序有两种类型：预先宣布数量的可变利率招标和全额配给的固定利率招标。中央银行公开市场信贷操作应该是精简的，即应限制在两个或者最多三个期限品种，同时任一时点的未到期余额规模也应有所限制。例如，很难理解为什么中央银行每天都实施一个为期两周的操作（这意味着任何时点上都有十个互相重叠的未到期操作），正如英格兰银行在 2006 年以前的操作那样。

第四，以下两个问题仍未有清晰的答案：一是关于如何发挥公开市场操作中现券买卖与信贷操作的相对作用，仍存在差距巨大的不同模式。尽管目前的共识是，公开市场操作调控短期利率在边际上应该是信贷操作，但尚不明确中央银行持有的现券买卖资产比例应维持在什么水平。例如，在危机前，美联储以公开市场操作账户（SOMA）的直接资产组合形式持有约 95% 的货币政策资产，以与银行进行信贷操作形式持有的资产不足 5%，而欧元体系的货币政策资产全部以信贷操作的形式持有。对于金融市场和银行融资来说，两个方案差异明显，但是这两种方法孰优孰劣，仍然无法明确作出结论。二是在中央银行资产组合（直接持有和抵押品形式）是选择主权债务还是私人资产的问题上，一直存在两种不同的观点，这两种观点各具优点，但导致了截然相反的结论：一个结论是，合并后的国家部门应当有一个精简的资产负债表，因此中央银行倾向于对政府部门而不是对私人部门拥有风险敞口。另一个结论是，相对于私人部门，中央银行不应该给予政府部门特殊待遇。这两种观点源于不同的哲学：一方面，鉴于不同政策之间的相互关联，政府部门应协同行动，同时国家作为一个整体应理性行动且不存在"人为"分隔；另一方面，许多国家，特别是欧洲大陆国家和拉丁美洲国家，都曾有过如下的糟糕经历即当国家各部门间的分隔很弱时，国家目光短浅地滥用货币政策，最终损害了社会福利。

第二部分

危机时期的货币政策操作

第十一章　流动性危机机制

一、引言

金融危机通常伴随着流动性危机，而流动性危机一般又分为融资流动性危机和市场流动性危机。在融资流动性危机中，投资者持有实体经济债务敞口的意愿发生动摇，致使那些依靠外部再融资的经济主体面临资金枯竭。在市场流动性危机中，证券市场交易量减少，买卖价差扩大，出售资产的贴现率上升，特别是卖方由于急需现金试图迅速完成交易，且交易量很大的时候，流动性稀缺可能导致债务人无法履行合同义务，进而导致其违约并造成额外经济损失。

很多金融危机的研究者都强调，资产价格的大幅下降是流动性危机的诱因（Bagehot，1873；Kindleberger 和 Aliber，2005；Adrian 和 Shin，2009）。始于 2007 年 8 月的国际金融危机，其诱因则是美国房地产及相关证券化资产价格上涨趋势的逆转（以及相关的欺诈行为）。资产价格的大幅缩水对各类经济主体产生了多种负面影响。对于加杠杆的主体，资产价值缩水则可能意味着破产（资不抵债），或者至少也意味着资本缓冲下降，使其融资能力削弱，开展新的风险项目的意愿和能力降低。即使是没有承担杠杆的家庭，资产缩水的财富效应也意味着消费的减少。就银行而言，还有一个负面影响：资本的减少会带来资本监管要求的压力，迫使其不得不收缩贷款或贱卖资产来去杠杆。

大量历史文献阐述了流动性危机的机制。Thornton（1802）注意到了流动性囤积和银行挤兑问题,认为这些现象与缺乏信任有关。

> 不信任导致了(英国)基尼①流通速度减慢,毋庸置疑,这种情况下为了维持等量的货币支付需要增加大量货币。……当特别的预警信号出现,该国货币(基尼)多少会消失一部分,即通常所说的货币被囤积。

> 如果一家银行倒闭,周围其他银行很可能也会遭遇挤兑;如果在挤兑开始时不及时投入大量黄金去抑制挤兑的蔓延,将会带来严重的后果。

Bagehot(1873)认为,流动性危机可能由不同的外部事件所导致,但其结果相似。以下内容摘自第六章"为何伦巴第街通常很沉闷,但有时异常兴奋":

> 任何会产生大量实际现金需求的事件,都可能给一国带来恐慌,人们更加吝惜现金,需要即期支付的债务大增……这样的偶然事件各种各样:可能是农业歉收、外敌入侵、大公司突然倒闭或者其他类似事件,共同的结果就是突然产生大量现金需求。有的作者试图根据诱发事件的性质对恐慌进行分类,但对信用体系而言这样或那样的起因并无差异。对各种事件,我们必须以不变应万变——准备充足的现金。

Bagehot 还强调了流动性危机的系统性本质:

> 很多人开始思考这一问题时总是对事件的开端感到迷惑。他们听到很多关于"好时机"和"坏时机"的案例,"好时机"时大家都很幸运,而"坏时机"时大家相对都比较差。首先很自然地会问,为何是所有人或几乎所有人的境况都好?为何会有产业的崛起,随之带来普遍利润增长以及对利润的普遍追求?或者是产业的衰退为何总是伴随着普遍的亏损?

---

① 英国的旧金币,值一镑一先令。——译者注

本章提出了一套流动性危机的简单局部模型。要理解中央银行在抑制流动性危机升级和危机事后处理方面发挥的作用，必须要理解流动性危机的逻辑。本章第二点至第六点各阐述了一个流动性危机机制中的关键因素，第七点详细论述了各种效应间的相互影响，阐述了恶性循环的后果，并从最近这次金融危机得到了印证。第八点简要回顾了中央银行在防止流动性危机扩散和危机事后救助后果方面的作用。本章还讨论了学术文献中更为复杂的模型（多为一般均衡模型）。

二、信贷风险上升、逆向选择及融资市场崩溃

（一）信贷风险上升

借款人的违约风险并不透明，评估和管理信贷风险是银行业的核心能力。金融危机中，当贷款人持有的资产价值下跌或不稳定性加剧时，信贷风险就会上升。表11.1为加杠杆企业或金融机构的资产负债表，其中 ε 代表影响资产价值的随机变量。

表11.1　加杠杆企业的资产负债表

资产		负债	
资产	$A+\varepsilon$	债务	D
		股权	$E+\varepsilon$

当债务规模给定时，资产价值受各种不确定事件的随机冲击影响。假定 ε 是均值为0、标准差为 σ_ε 的正态分布随机变量，那么公司违约的概率（Probability of Default，PD），或者说公司资不抵债的概率，可以估算如下 [$\Phi(\ )$ 为累积标准正态分布]：

$$PD = P(E + \varepsilon < 0) = P(A + \varepsilon < D) = \Phi\left(-\frac{A-D}{\sigma_\varepsilon}\right) \quad (11.1)$$

由于种种原因，这是一个高度简化的模型。第一，资产价值实际上并不服从正态分布。第二，σ_ε 等变量并不能直接观测。第三，时间是连续的，没

有其他独特的考虑维度。第四，当 $A+\varepsilon$ 达到 D 时并不确定违约会发生，事实上违约最终由流动性不足触发。考虑上述所有因素后构建违约风险模型，已经被 Crosbie 等学者采用，Bohn（2003）则运用了 Merton（1974）的结构化信贷模型。

当违约发生时，考虑债务人的损失也很重要。假设违约点恰好发生在 $A+\varepsilon=D$ 时，且违约事件本身并无破坏性，那么投资者的违约损失率（LGD = 1 − 回收率）应为 0。但实际上评级机构通常根据它们的经验提出 40%~50% 的平均违约损失率（如穆迪 2008 年的操作），这表明上述 2 个假设不能同时成立。确实，通常只有当 A 已经明显低于 D 时违约才会发生（因为贷款人经常不会及时发现公司存在清偿问题）。同时，违约事件本身往往具有破坏性，因为违约意味着组织机构和人力资本的丧失，以及有形资产需要贱卖变现（例如，精密机械可能不得不以原材料的价格贱卖）。在关于公司金融的文献中，违约成本的估计值在 10%~44%（Glover，2011；Davydenko 等，2012）。违约的代价高昂事实上是评估中央银行是否采取行动来防止因流动性不足而违约的一个关键方面。下面我们会看到，在充满不确定性和信息不对称的金融危机环境下，信贷市场会崩溃，以至于即使 $A>D$ 仍会发生违约。在这些情况下，中央银行如能确保融资流动性，那么有关中央银行能够促进社会福利的看法就是合理的。

银行监管和银行处置的作用将在下文进行阐述。有效的银行监管在任何时候都应对银行资产的价值和未来绩效作出较为准确的判断。必要时监管人员可以适时要求银行：（1）银行资产重组；（2）改变管理模式和经营模式；（3）关闭银行，以降低银行违约概率以及违约的严重后果（以违约时资产和负债之间的差值衡量）。良好的银行处置框架，意味着高效地关闭银行并将资产重新分配到新的实体中去，且债权人在资产分配方面的意外情况越少越好。这有助于使违约和重组造成的额外损失最小化，降低事前风险溢价。

一段时间以来，在有关"信贷渠道"的文献中，由于资本减少而导致的较高信贷风险已被确定为货币政策传导的一个问题。公司的资本金不足，意味着银行和借款人之间较高的代理成本。较低的银行资本金意味着银行债权人和银行间较高的代理成本。较低的资本水平可能破坏债务人和股权人激励的一致性,从而产生较高的代理成本(Jensen 和 Meckling,1976;Bernanke 和 Gertler,1989;Holmstrom 和 Tirole,1997;Jimenez 等,2012)。而且,负债企业和银行会一致通过去杠杆的方式来克服评估债务方面的潜在摩擦,由此引起经济收缩。

(二)逆向选择和市场崩溃

信息不对称对金融市场的负面影响,从而可能损害实体经济的融资,是经济学文献经常提到的一个关键问题(Stiglitz 和 Weiss,1981;Glosten 和 Milgrom,1985;Bernanke 和 Gertler,1989;Mishkin,1991;Bernanke 等,1996;Stein,1998;Morris 和 Shin,2004;Bolton 和 Freixas,2006;Acharya 和 Yorulmazer,2008)。下面的简单模型是 Flannery(1996)模型的变体。假设只有单一期限,有许多潜在借款人,其中有优质的也有劣质的。从而产生了阿克罗夫(Akerlof,1970)提出的逆向选择问题。模型假设项目需要一个货币单位投资,企业家需通过银行贷款获得该货币单位贷款。在项目期末,优质贷款申请人的项目价值为 $V_G > 1$,只要贷款合同利率不超过 $V_G - 1$,项目价值就足以偿还贷款本息。劣质申请人将不会偿还任何货币单位。借款人的数量及其质量是外生的:优质借款人所占比例为 δ,劣质借款人所占比例为 $1 - \delta$。银行在评估贷款申请人信用方面拥有不完备但无成本的技术。假设评估技术以 S_G 或者 S_B 表示。如果是优质借款人,会以 $p > \delta$ 的概率得到评价 S_G,且能得到信贷;以 $1 - p$ 的概率得到评价 S_B,且不能得到信贷。反之,如果是劣质借款人,其获取差评的概率为 p,获得好评的概率为 $(1 - p)$。上述假设满足贝叶斯法则:

$$P(S_G | G) = \frac{P(S_G \cap G)}{P(G)} \Rightarrow P(S_G \cap G) = p\delta \quad (11.2)$$

$$P(S_B | B) = \frac{P(S_B \cap B)}{P(B)} \Rightarrow P(S_B \cap B) = p(1 - \delta) \quad (11.3)$$

$$P(S_G | B) = \frac{P(S_G \cap B)}{P(B)} \Rightarrow P(S_G \cap B) = (1 - p)(1 - \delta) \quad (11.4)$$

$$P(S_B|G) = \frac{P(S_B \cap G)}{P(G)} \Rightarrow P(S_B \cap G) = (1-p)\delta \qquad (11.5)$$

完备的评估技术应满足 $p=1$，表 11.2 概括了四种情形的概率。

表 11.2　阿克罗夫模型概率矩阵

借款人类型	好评标志	差评标志
优质借款人	δp	$\delta(1-p)$
劣质借款人	$(1-\delta)(1-p)$	$(1-\delta)p$

在竞争均衡的情况下，银行需要实现无损失的约束条件，或者说达到均衡时回报率，其贷款给优质借款人得到的利润必须能够弥补劣质借款人造成的损失。定义银行实现无亏损的最低利率为 i^*，因为只有当借款人获得好评时才能获得贷款，银行仅在两种情形下可以得到非零的清偿赔付（见表 11.3 "好评标志"一栏），所以无损失约束条件可以表示为（再假定银行自身融资利率为 0）

$$i\delta p + (-1)(1-\delta)(1-p) \geqslant 0 \Rightarrow i^* = (1-\delta)(1-p)/\delta p \qquad (11.6)$$

例如，对于 $\delta=0.5$，如果 $p=0.5$（无用信号），那么利率 i^* 需达到 100%；如果 $p=0.8$，利率需达到 25%；如果 $p=0.95$，利率则需达到 5.3%；如果 $p=1$，利率则为 0（假定银行确实非常有效）。只要满足 $V_G - 1 \geqslant i^*$，银行就会发放贷款（否则，优质借款人也无利可图）。

模型能够帮助识别出可能导致借贷崩溃的三种触发条件：(1) 人群中优质借款人的比例 δ 降低；(2) 优质借款人的偿还能力 V_G 减弱；(3) 银行评价技术的有效性 p 变小。在经济遭遇重大负面冲击时，三种情况都可能发生，如资产泡沫破裂及其导致的借贷冻结。所以，逆向选择模型解释了为何负面经济冲击引发了流动性危机，以及为何这些效应可能是强烈并且突然的。

在经济条件恶化但尚未导致融资市场完全崩溃之前，如发生条件（1）和发生条件（3），对于融资成本给定（假设为 0）的银行而言，均衡利率 i^* 上升已经反映了环境的恶化。某种程度上这会影响到货币政策传导机制，因为按照未改变的中央银行政策利率（未改变的货币政策操作目标值），实体经济的融资成本突然提高了。就此而言，货币政策传导机制的改变导致了有效货币条件的收紧。

（三）银行间市场的不借贷次优均衡

以上论述表明，由于存在信息不对称和逆向选择，市场可能崩溃。一旦爆发流动性危机，每个人都开始囤积流动性，这种"可怕的状态"（Bagehot，1873）可能形成一个难以打破的次优均衡。现在有必要分析在两个银行的简单策略博弈中，一个有弹性的银行间市场，是如何转向一个没有银行间借贷的"囤积"均衡的。对于社会而言，最理想的是两家银行都愿意给对方贷款（例如，双方互相给予大额同业授信额度）。在这种情况下，如果遇到非预期的资金流出和资本市场约束，银行不必担心融资流动性约束，可以投入更多的盈利性（有利于提升社会福利的）商业机会。现在考虑能够描述货币市场任何状态的三个策略博弈。

1. 稳定的单一借贷均衡。银行愿意在其他银行需要时给予融资（如给予对方大额同业授信敞口），并且不论其他银行是否愿意融资，对该银行而言，贷款都比不贷更有利，因此银行的行为不会发生偏离。这反映了由其他融资渠道（如资本市场、中央银行融资无抵押障碍等）带来的充足信心。策略博弈如表11.3所示。

表11.3　策略博弈矩阵：稳定的银行间市场

银行		银行2	
		贷	不贷
银行1	贷	1 / 1	0.8 / 0.6
	不贷	0.6 / 0.8	0 / 0

2. 双重均衡：一个最优均衡（两个银行都愿意借款给对方），一个次优均衡（两个银行都囤积现金，不愿借款给对方）。如果银行1放贷款、银行2不贷，那么银行1就会处于特别不利的境地，因为它也许已经将流动性缓冲给了银行2，一旦遭遇不利的流动性冲击，它可能因无法从银行间市场融资而违约。通常情况下，情况并非如此极端，但银行可能要付出较高的代价来避

免违约。但是在市场环境不佳的情况下，流动性风险会变得非常突出。所以，在流动性不足的环境下，不贷款给同业也会成为一个稳定均衡。具体如表11.4所示。

表11.4　策略博弈矩阵：多重均衡问题下的银行间市场崩溃

银行		银行2	
		贷	不贷
银行1	贷	1　　　1	0.5 −0.5
	不贷	−0.5 0.5	0 0

3. 囚徒困境下的单一次优均衡：可以想象，在严重的危机环境下，不考虑其他银行的行为，不贷款给其他银行是一家银行自保的最佳选择。此时的策略博弈如表11.5所示。

表11.5　策略博弈矩阵：囚徒困境下的银行间市场崩溃

银行		银行2	
		贷	不贷
银行1	贷	1　　　1	2 −2
	不贷	−2 2	0 0

本书后面的内容中，我们会用简单策略博弈模型来代表更多的经济基础结构，用于分析银行融资的多重均衡问题以及在单一最优均衡状态下中央银行的作用。关于融资市场的多重均衡，有大量文献可供参考（Morris 和 Shin，2001；Caballero 和 Krishnamurthy，2008；Heideret 等，2009；Acharya 等，2012）。

Furfine（2002）分析了1998年危机时美国货币市场上的反应，并指出当时市场有充分的弹性，不会崩溃。但2007年爆发的危机并非如此。

为便于进一步阐述，表11.6展示了活跃于欧元区货币市场约100家银行的银行间有担保和无担保货币市场借贷数量的情况（有关数据收集方法的详细信息，请参阅 European Central Bank, 2012）。

表 11.6 描述了无担保市场萎缩，并表明危机期间担保市场更高的弹性。危机后，除了隔夜期限，其他期限融资都以有担保的逆回购占据主导地位。

表 11.6 欧元区货币市场担保和无担保借贷情况

单位：10 亿欧元

期限	交易量		余额		变化幅度
	2007Q2	2012Q2	2007Q2	2012Q2	
无担保存款					
隔夜	55.0	26.7	55.0	26.7	-51%
1 个月以内	24.3	5.1	364.2	75.9	-79%
1~3 个月	1.5	0.3	88.4	16.5	-81%
3 个月~1 年	0.9	0.2	163.4	38.0	-77%
1 年以上	0.1	0.1	30.3	54.7	80%
合计	81.8	32.4	701.4	211.8	-70%
担保存款（逆回购）					
隔夜	33.2	26.6	33.2	26.6	-20%
1 个月以内	151.3	145.0	2270.2	2174.0	-4%
1~3 个月	6.6	4.0	397.2	244.0	-39%
3 个月~1 年	2.9	2.5	528.4	445.6	-16%
1 年以上	0.2	0.2	113.2	105.3	-7%
合计	194.4	178.4	3342.2	2995.5	-10%

注：假定平均期限中列数：3-12 个月，6 个月，或 1 年以上期限，15 个月。
资料来源：European Central Bank, 2012。

三、银行挤兑和投资者赎回

（一）零售存款人银行挤兑

Laeven 和 Valencia（2008）认为，银行挤兑是银行业危机的普遍特征，62% 的危机中都出现了存款的大幅下降。2007 年英国的零售存款类机构北岩银行（Northern Rock）发生挤兑，表明即使是发达国家也很难避免银行挤兑事件。英国议会下议院（House of Commons，2008）描述北岩银行的挤兑是"自维多利亚时期以来英格兰零售存款类机构首次发生挤兑"，并详细记录了发生挤兑原因、后果及其教训（Shin，2009）。一个有限的整体性挤兑事实表现为许多发达国家的现金需求量在2008年雷曼事件后达到顶峰。例如，2007年10月至2008年10月，欧元现金量增长了13%，高于之前8%的增长趋势。2011—2012年，特别是在担心希腊会退出欧元区的2012年，希腊银行业经历了严重的挤兑：2010年底，希腊前16大银行的居民和企业存款为2030亿欧元，2011年底为1610亿欧元，2012年底为1510亿欧元，2013年7月中旬恢复到1660亿欧元。这次挤兑表现为通过电子转账将存款转移到希腊以外欧元区银行，也就是说，银行门口任何时候都没有排队提款存款的情况。20世纪30年代早期，大量的银行挤兑导致存款保险制度的诞生（Wicker，1996；Priester，1932）。

已有很多学者对银行挤兑问题进行建模，如 Diamond 和 Dybvig（1983）、Cooper 和 Ross（1998）、Chen（1999）、Rochet 和 Vives（2004）、Ennis 和 Keister（2006）、Chen 和 Hasan（2006）。更为一般性的是在全球博弈文献中建立的金融市场多重均衡模型，如 Morris 和 Shin（1998，2001）、Angeletos 等（2006）、Heinemann 等（2004）、Heinemann 和 Illing（2002）。下面讨论的是最简单的银行挤兑和融资市场多重均衡模型。尽管如此，这个模型还是能说明资产流动性、融资结构、中央银行抵押品、最后贷款人政策和金融稳定之间的基本关系。

银行挤兑的特殊性在于自我实现性：一旦银行发生挤兑，将会导致银行违约，这就印证了第一个排队提款人的智慧。银行挤兑问题可以用一个简单的策略博弈模型来表示。假设银行资产负债表如表11.7所示，只有两个存款人，每个存款人的存款为1个货币单位，银行权益为 E，流动性资产比例为 Λ，完全不可流动的资产比例则为 $1-\Lambda$，$0 \leq \Lambda \leq 1$。[①]

[①] 将资产区分为完全流动性资产与完全不可流动的资产是对现实情况的高度简化。或者可以将银行资产的流动性描述为连续函数。参见 Bindseil（2013）。

表 11.7　一个因挤兑风险而面临流动性短缺的银行

资产		负债	
流动性资产	$\Lambda(2+E)$	存款人 1	1
非流动性资产	$(1-\Lambda)(2+E)$	存款人 2	1
		权益	E

假设没有中央银行的信贷支持（在第十二章中这个假设会改变），存款是隔夜存款，存款人既可以不提款，也可以在银行流动性许可的条件下尽可能多提款。再假设无序违约事件的成本为 C，C>0。现在银行挤兑的策略博弈就取决于变量的相对值。在 $\Lambda=1$ 的极端情况下，所有银行资产都具有流动性，这时就不存在流动性风险。由于银行可能有偿付问题，因此仍然存在银行挤兑，这样最后一个存款人将会遭受损失。我们假设银行的偿债能力在博弈最后才揭晓，这样可能产生的负权益将会按比例分配到存款还在银行中的存款人身上。银行破产的时间轴如下：

（1）起初，银行的资产负债结构如表 11.7 所示。

（2）短期存款人有两种选择：挤兑或者不挤兑。挤兑是指提款并转移到其他账户。如果成功的话，这意味着存款的最终价值等于其初始价值减去提款的交易成本 ε。

（3）由于银行能否偿付取决于其出售流动性资产的能力，因此存款人不一定能够全部提款。如果不能满足存款人的提款需求，银行因为流动性短缺而违约，并带来额外损失。

（4）即使银行没有因为上阶段的流动性短缺倒闭，还需要分析其偿付能力，如果资本为负，那么银行将解散，负的权益值导致债权人按比例承受损失。

模型的时间轴总结如图 11.1 所示。

假设无序违约成本 C 大于 E（当然 C>0），也就是说，一旦发生无序违约，银行的权益就为负。

存款人 i 的决定 $D_i(i=1,2)$ 的约束条件为 $\{K_i, R_i\}$，K 代表不提款，R 代表提款。存款人 i 的偿付方程为 $U_i = U_i(D_1, D_2)$。注意策略博弈是对称的，也就是说 $U_1(K_1, K_2) = U_2(K_1, K_2)$，$U_1(K_1, R_2) = U_2(R_1, K_2)$，$U_1(R_1, K_2) =$

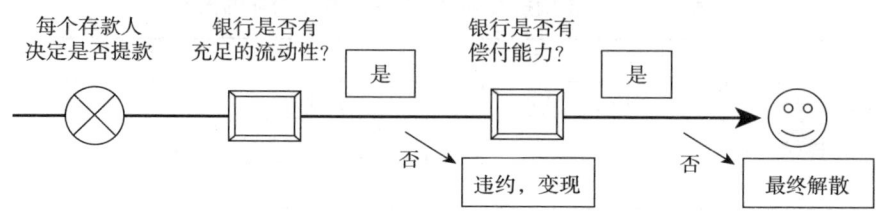

图 11.1　银行挤兑模型的时间轴

$U_2(K_1,R_2)$，$U_1(R_1,R_2) = U_2(R_1,R_2)$。有鉴于此，我们只需说明其中一个参与者的情况。严格的纳什均衡（Strict Nash Equilibrium），是指每一个参与者的策略是对其他参与者策略的最优反应（见 Fudenberg 和 Tirole，1911）。此处银行挤兑博弈中严格的纳什不提款均衡（Strict Nash No‑Run Equilibrium，SNNR），是指无论另一个参与者做出什么决定，该参与者的不提款决定都好于提款决定。SNNR 均衡定义如下：

$$U_1(K_1,K_2) > U_1(R_1,K_2) \cap U_1(K_1,R_2) > U_1(R_1,R_2) \quad (11.7)$$

考虑导致不同策略博弈的三种变量组合。我们忽略 $\Lambda(2+E) \geqslant 2$ 的情况（由于有足够的流动性资产用于偿付，两个存款人都能在任何时候提款，因此不存在由于挤兑引起违约的情况）。

情况 A：假设 $1 \leqslant \Lambda(2+E) < 2, E > 0$。当两个存款人都提款时将会发生违约，只有一个存款人提款则不会发生。表 11.8 显示了这种情况。在表 11.8 及以下的表格中，灰色阴影表示发生了违约，违约是社会次优的，流动性短缺引起的无序违约会导致社会成本 C；而如果保持充足的流动性维持有序经营，这种结果本是可以避免的（不管权益为正还是为负）。

表 11.8　银行流动性只够一个存款人退出并且权益为正的博弈

存款人		存款人 2	
		不提款	提款
存款人 1	不提款	1 1	$1-\varepsilon$ 1
	提款	1 $1-\varepsilon$	$1-(C-E)/2$ $1-(C-E)/2$

在这种情况下，两个参与者都不提款是单一占优均衡策略，并会实现社会最优，这个结果可通过证明方程式 $U_1(K_1,K_2) > U_1(R_1,K_2) \cap U_1(K_1,R_2) > U_1(R_1,R_2)$ 来验证。

情况 B：现在考虑 $\Lambda(2+E) < 1$，$E > 0$ 的情况，那么任何一个存款人提款都会导致银行违约，相关损失 $C > E$，剩下的存款人将按比例承担损失。为了理解偿付过程，注意如果一个存款人提款，他的提款额为 $\Lambda(2+E)$，当银行违约时其在银行的存款还剩 $1-\Lambda(2+E)$。银行剩下的总资产为 $(1-\Lambda)(2+E)$，也就是说，银行违约时剩余的都是非流动性资产。如果两个存款人同时提款，两人的提款额都为 $\Lambda(2+E)/2$，在银行违约时都剩下 $1-\Lambda(2+E)/2$ 未取出。此时剩余存款的恢复率为

$$rr = [(1-\Lambda)(2+E) - C]/[2 - \Lambda(2+E)] < 1 \qquad (11.8)$$

恢复率（Recovery Ratio，RR）是指扣除违约成本后银行剩余资产的价值与剩余存款（当所有者权益减少到 0 的时候）之比。表 11.9 显示了策略博弈下的不同结果。

表 11.9　银行流动性不够任何一个存款人退出且权益为正的博弈

存款人		存款人 2	
		不提款	提款
存款人 1	不提款	1 1	$\Lambda(2+E) + rr(\Lambda(2+E))$ rr
	提款	rr $\Lambda(2+E) + rr(\Lambda(2+E))$	$\Lambda(2+E)/2 + rr(1-\Lambda(2+E)/2)$ $\Lambda(2+E)/2 + rr(1-\Lambda(2+E)/2)$

这种情况下有两种均衡，一种是最优的，两个存款人都不提款；另一种是次优的，两个存款人都提款。由于 $U_1(K_1,R_2) < U_1(R_1,R_2)$，不提款不再是单一的均衡。

情况 C：考虑银行权益为负，但有足够的流动性缓冲来应付其中一个存款人提款的情况，也就是说 $1 \le \Lambda(2+E) \le 2$，$E < 0$。假设在这种情况下，挤兑博弈开始后才发现权益为负，银行以有序的方式清算。那么，一方面流动性短缺引起的违约将产生违约成本 C，另一方面监管者由于负权益而关闭银行将同样产生违约成本。这种策略博弈见表 11.10。

表 11.10　银行流动性仅够一个存款人退出且权益为负的博弈

存款人		存款人2	
		不提款	提款
存款人1	不提款	$1-(C-E)/2$ $1-(C-E)/2$	$1-\varepsilon$ $1-(C-E)$
	提款	$1-(C-E)$ $1-\varepsilon$	$1-(C-E)/2$ $1-(C-E)/2$

不提款不再是一种稳定的均衡，因为提款使存款人有可能规避由于负权益而最终要承担的损失，由此产生一个单一的次优均衡（提款—提款）。无论另一个存款人做什么，提款都是最佳策略，也就是说，$U_1(R_1,K_2) > U_1(K_1,K_2) \cap U_1(R_1,R_2) > U_1(K_1,R_2)$。策略博弈表现为囚徒困境的形式。

总而言之，我们可以得出以下结论：只有当银行权益为正，且有足够流动性满足至少一名存款人的提款需求时（$E \geqslant 0$，$\Lambda(2+E) \geqslant 1$），才能实现社会最优。原则上，银行是有意愿满足这一限制条件来保证存款稳定性的。但是，竞争将会迫使银行将资产负债结构配置到极端，也就是说，银行会选择将流动资产刚好等于1，而不持有更多的流动性资产，也不持有超过维持单一不提款均衡状态所必需的权益。这是因为，从融资渠道角度看，权益的成本高于存款，而流动性资产产生的收益小于非流动性资产。如果银行在给定的流动性前提下追求利润最大化的资产负债结构，一旦流动性恶化，即一部分原本具有流动性的资产丧失流动性（具体原因将在本章第五点中解释），原本稳定的不提款均衡将突然转变为具有两种均衡的不稳定状态，银行有极大可能性发生挤兑。资产价值损失和隐含的权益 E 减少有着同样的效应［推动 $\Lambda(2+E)$ 小于1，即使 E 本身仍然是正的］。

总之，银行挤兑问题为传播和加剧流动性危机提供了另一个重要渠道，也为流动性和资本充足性监管提供了依据：监管机构可以用一些诸如 Λ'、E' 的指标对银行进行约束，这样小规模的资产流动性恶化（Λ 减少）或资产价值损失（E 下降），不会导致单一不提款均衡状态转变为多重均衡（或单一次优均衡）状态。当然，具有前瞻性的银行自身也有动力确保其不会轻易陷入短期存款不稳定的问题。但是，银行可能是短视的，或者由于银行流动性问题和银行违约的负外部性而产生次优的冲动。这个问题将在第十三章中讨论。

从模型中很容易看出额外的公共信息越多，存款人越有可能挤兑，有时候少一些公共信息反而会带来更高的社会福利，这与一般逆向选择模型中的行为刚好相反。例如，若在某家银行存款的替代选择是在另一家银行存款，那么从第一家银行提款的理性认识，应该是第一家银行的流动性或权益比第二家更差。Chen 和 Hasan（2006）及 Allenspach（2009）的模型表明了信息越多，银行挤兑的可能性越大，从而降低了社会福利。全球博弈文献也得出了同样的结论（Morris 和 Shin，2001）。管理者有时候会面临这样的权衡：提高透明度有利于加强市场纪律，但同时也可能会增加负债的不稳定性。也有人认为更多的信息会降低银行挤兑的可能性，如 Schotter 和 Yorulmazer（2009），并通过实验进行了验证（Heinemann 等，2004）。直觉表明，弱小的银行总归要倒闭，强化披露可能会防止挤兑蔓延到实力雄厚的银行，从而提高福利预期。

（二）已发行的债券展期和投资者赎回

原则上，即使作用机制不同，银行挤兑的逻辑同样适用于已发行的债券展期，如果债务的到期日足够分散且平均久期很长，这种情况将受限。事实上，应对这类挤兑［有时候称为"投资者赎回"（Investor Strikes）］，最好的方式是发行较长期的债务证券。2007 年以前，特殊目的实体（Special Purpose Vehicles，SPV）走向了另一个极端，即持有长期资产、发行短期（3 个月）资产支持商业票据（Asset Backed Commercial Papers，ABCP），成为 2007—2008 年流动性危机的导火索之一。上述简单的银行挤兑模型及其揭示的资产流动性和融资不稳定之间的关系，同样能够很好地解释 2007 年危机爆发时资产和融资流动性之间的溢出效应，如 Acharya 和 Viswanathan（2011）就对此进行过阐述，并以此构建了更加复杂的模型。

从2007年9月开始，次贷危机席卷金融部门……事实上，从2007年初，抵押资产质量恶化的消息就反复冲击市场……引起金融市场作出剧烈反应的一个重要因素，是匹配资产的债务期限超短期性以及扩张的资产负债表……之后几个月，随着融资形势趋于紧张、短期债务展期受到限制，这种现象变得日益明朗……资产支持商业票据的发行成本由最初联邦基金利率加10～15个基点，飙升至2007年8月9日后的数月间加100多个基点……

这一时期的流动性风险大幅攀升，尤其是在被迫贱卖资产的情形下，成交价格远远谈不上"公允"或者"正常时期"估值，因为这些资产的购买者本身也遭遇了资产质量的重创。

从2007年起，全球的中央银行不得不作为最后贷款人帮助银行，这些银行要么是融资期限太短，要么向严重的期限错配的工具提供流动性（如ABCP或其他SPV）。尽管北岩银行（见Shin，2009）是发达国家中唯一在危机期间出现零售存款人挤兑的银行，但同时有大量的银行也面临紧急流动性压力，急需中央银行通过紧急流动性援助[①]（Emergency Liquidity Assistance，ELA，见第十四章第四点）进行救助。也有学者对批发融资市场流动性和展期风险及其系统性后果进行了建模，如Cifuentes等（2005）、Acharya等（2011）、Acharya和Viswanathan（2011）、Huang和Ratnovski（2011）。

（三）因投资者赎回而遭受损害的主权国家

主权国家是否也受投资者赎回的自我实现性制约，是一个更有争议的问题。在讨论2007—2009年的金融市场和银行危机是如何转化为欧元区2011年的主权债务危机时，一个经常被提及的论点是，受制于欧盟条约第123条禁止货币融资的规定，欧元区缺乏最后贷款人（Lender of Last Resort，LOLR）。

---

① 紧急流动性支持，是指欧元区成员国中央银行向暂时面临流动性问题而有偿付能力的银行提供资金的支持。——译者注

在德国，欧央行经常被指责没有严格遵守这一条款，而世界其他地区则刚好相反。让我们简要回顾一下当时的实际情况，与欧元体系相比，市场时刻都在关注美国、英国、日本等国的中央银行购买了多少主权债务。尽管债务购买计划更多的是一种货币政策工具，而非最后贷款人的职责，但其确实压低了主权债务的收益率，至少间接降低了政府的融资成本，并为市场准入带来便利，从而提高了主权国家的偿债能力。

政府和银行及其他私人负债主体间的区别主要包括：（1）为获得融资，政府能够用来回购或者出售的流动性资产少于银行；（2）尽管可能受到民主制度限制，但政府仍可以通过提高税负来确保流动性；（3）作为政府最后贷款人的中央银行，其独立性更加容易受到损害。

也可以这样表述：在给定的资产规模下，银行和政府都会追求可持续的最高杠杆率。而这个最大化的杠杆率究竟多高，取决于是否有最后贷款人支持。如果没有最后贷款人，考虑到投资者可能突然停止提供资金，最佳杠杆率会低一些。理论上讲，较低的杠杆率可能是次优的，因为杠杆会带来经济价值。

不管怎样，许多发达国家主权债务水平已经过高了，从步入老龄化社会、平庸的经济增长等角度来看，已经不太可能是最优水平了。从这个意义上讲，中央银行不受约束地扮演最后贷款人角色，是确保现有的高负债水平不会崩溃的前提条件。换个角度，也可以说中央银行为推迟必要的调整提供了便利，并导致未来更高的调整成本。

Reinhart 和 Rogoff（2009）证明，政府债务的可持续性取决于债务是以本币还是外币发行，一般情况下两种债务涉及不同的法律框架。他们的统计显示，超过一半新兴市场国家的外部违约，发生在外部债务与 GDP 比值低于 60% 的时候。这与美国、英国、日本等国的情况明显不同，虽然它们的内债很多，但这些国家的中央银行能够不受限制地履行最后贷款人职责，以确保其政府债务的可持续性，这与新兴市场国家形成鲜明对比。

De Grauwe（2011）、Buiter 和 Rahbari（2012a）进一步分析了主权国家对设立最后贷款人制度的需求，并针对欧元区案例讨论给出了类似的结论，即政府需要最后贷款人。之前，Calvo（1998）、Cole 和 Kehoe（2000）已经对主权融资中预期的作用和多重均衡问题进行了建模。在第十七章第一点中，我们将简单对固定汇率机制下的银行挤兑进行建模。

四、增加保证金

金融债权抵押是金融市场交易中广泛使用的一种技术，常规的操作方式有三种：

- 银行间回购操作（如有抵押的银行间借贷，参考 European Central Bank，2012）。
- 银行向非银行部门的贷款，如提供给住宅或商业地产开发商的按揭贷款、以机器设备或应收账款作为抵押的企业贷款、以对冲基金的投资作为抵押品对其提供的贷款等；
- 衍生品交易价值的抵押，包括在场外衍生品市场或中央对手清算系统进行的衍生品交易。对于场外衍生品市场交易中抵押品的使用情况，可以参阅国际掉期与衍生品协会（ISDA）的保证金调查报告。根据国际掉期与衍生品协会在 2013 年 2 月提供的数据，截至 2012 年底，美国未清算的场外衍生品市场中流动的抵押品价值总计达 3.7 万亿美元，用于满足未清算的场外衍生品交易而达成的主动抵押协议有 118853 笔，其中 87% 是 ISDA 协议。这些抵押品中，大约 80% 是现金（现金作为抵押品显然对于前文所提及的资本运作而言毫无意义），其次是主权债务。

Geanakoplos（2009）认为，保证金限制了杠杆的使用，因而在预防流动性危机和避免大规模降价抛售导致资产贬值等方面发挥积极作用。

> 在华尔街交易的秘密资产……保证金（杠杆率）的变化可能更大。普遍的利好消息，以及未出现较为明显的风险迹象，会降低对保证金的要求，提高杠杆率。正面的新闻事件本身会直接促使资产价格提高，但与此同时，出现好消息也会降低保证金要求，进而刺激借贷规模的扩大，而这又会进一步导致资产价格的快速上升。类似地，资产价格会因为负面消息而下降，但此时如果提高保证金要求，会导致资产价格的进一步下跌，那些通过大

第十一章　流动性危机机制

规模借贷来购买资产的交易者，此时往往不得不降价出售。

Kiyotaki 和 Moore（1997）、Adrian 和 Shin（2009）、Acharya 等（2011）以及 Ashcraft 等（2011）通过构建模型解释了保证金在杠杆周期中的作用。Ashcraft 等（2011）和 Chapman 等（2010）也分析了中央银行抵押品政策在金融危机中的作用。

国际货币基金组织在 2008 年 11 月的《全球金融稳定报告》中指出，在雷曼兄弟公司破产倒闭之前，保证金数量就已经在不断增加了（同时表明了降低杠杆率的必要性，见表 11.11）。值得注意的是，不同债券保证金增加的幅度并不相同，这也反映出在危机期间不同交易方对不同资产价值的评价存在差异，尤其是债务抵押债券（CDO）甚至不再被接受为抵押品。

表 11.11　抵押品折扣率比较　　　　　　　　　单位:%

种类	2007 年 4 月	2008 年 8 月
美国国债	0.25	3
投资级债券	2	10
高收益债券	13	33
股票	15	20
AAA 级债务抵押债券	3	95
AA 级债务抵押债券	6	95
A 级债务抵押债券	12	95
AAA 级贷款抵押证券	4	15
AAA 级优质住房贷款抵押债券	3	15

资料来源：International Monetary Fund, 2008。

危机期间，抵押品折扣率会大幅度提升的原因显而易见。假设某个现金投资者希望将因交易对手方违约而造成损失的概率维持在一个特定的置信水平之上，如发生损失的概率不能超过 β（假设 $\beta=1\%$）。因此，投资者要把折扣率设定在风险价值（VaR）对抵押品的暴露为 1 单位的水平上。风险价值的计算是在考虑以下几个方面因素的基础上进行的（将资产划分为完全流动和完全不流动的显然是对现实的一个很强的简化，参见 Bindseil, 2013）：

- 交易对手方违约情况下的资产持有期 T，即在对市场价格不产生负面影响的前提下,对某一类资产进行清算需要的时间。

• 在某段时间(如一天)内的资产价格波动幅度。如果价格变化是独立的并且服从正态分布,则在持有期 T 内的资产价格波动为 $\sigma\sqrt{T}$。

• 风险价值(VaR)限额(假设没有损耗)的置信水平,也就是不超过风险价值的概率。对于服从正态分布的资产价格变化,利用逆累积标准正态分布,可将置信水平 β 转换为波动乘数,即 $\Phi^{-1}(\beta)$。例如,$\Phi^{-1}(0.1\%) = -3.1$,$\Phi^{-1}(1\%) = -2.33$,$\Phi^{-1}(5\%) = -1.64$。

风险价值反映了包括日间价格波动 σ、清算时间 T 以及置信水平 β 等要素,并可以表示为

$$VaR = \Phi^{-1}(\beta)\sigma\sqrt{T} \tag{11.9}$$

举例:假设现在有一批大众汽车公司的三年期企业债券,每天的价格波动幅度为 1%(以交易对手方违约为条件),有序清算时间为 4 个工作日。此外,投资者希望将交易对手方违约对自己造成的损失保持在 5% 的置信水平上。如果投资者接受这批企业债券作为抵押品,则会将抵押品的折扣率设置如下:

$$h = VaR = \Phi^{-1}(5\%)1\%\sqrt{4} = -1.64 \times 2\% = -3.28\%$$

但不幸的是,在金融危机期间,所有用来计算抵押品折扣率的因素都会朝着一个方向变化,即更高的折扣率要求。首先,由于投资者希望节约资本,因而会提高置信水平;其次,资产价格的波动加大了(反映了对信用和流动性风险的不确定性);最后,由于资产质量恶化了,导致有序清算时间变长。例如,若置信水平从原先的 5% 降为 1%,资产价格波动幅度从 1% 增加到 2%,有序清偿时间也从 4 个工作日延长至 16 个工作日。于是在新的置信水平下能够覆盖损失的抵押品折扣率应该重新设定为

$$h' = VaR' = \Phi^{-1}(1\%)2\%\sqrt{16} = -2.33 \times 8\% = -18.64\%$$

所以,在多方面因素的共同作用下,抵押品折扣率与危机前相比几乎提升了 5 倍。这种变化对于抵押品提供者的杠杆运用具有非常大的影响。如果在危机发生前,某个交易方提供 1 个单位价值的抵押品资产,理论上能支撑 1/3.28% = 30 倍的资产负债表,但在危机发生后仅能够支撑 1/18.64% = 5.4

倍的资产负债表。换句话说，该交易方不得不大幅缩减其资产负债表规模，被迫降价抛售资产。

值得注意的是，由于增加保证金往往会导致流动性紧张，因而这也是银行破产倒闭的一个起因。雷曼兄弟公司的破产即这种情况［详情参见2009年1月6日的英国《金融时报》）文章"雷曼兄弟陨落的两面性"（"The Two Faces of Lehman's Fall"），以及Ashcraft（2011）］：

> 9月11日，摩根大通使雷曼兄弟公司的努力更显脆弱。作为雷曼兄弟公司及其客户的中间人，摩根大通比绝大多数局外人都更清楚雷曼兄弟所面临的困境。摩根大通要求雷曼兄弟提供50亿美元的额外抵押品，主要是高流动性债券。但熟悉内情的人坦言，虽然这个要求在一周前就已经反复提出，却一直未得到满足。追加50亿美元抵押品的要求，加上对冲基金客户不断地抽出资金，形成了对雷曼兄弟的一次致命打击。四天后，这个在美国华尔街屹立了158年的公司不得不寻求破产保护。

五、做市商模型中的资产流动性

（一）引入内部知情者的简单模型

在交易商市场，交易商会针对特定的交易量报出买卖价格，这种买卖价差能够很好地体现资产的流动性。在金融危机期间，买卖价差会急剧扩大，这意味着出售资产的成本增加，甚至让人难以接受。大量的文献分析了这一现象产生的原因。Kyle（1985）、Glosten和Milgrom（1985）通过建模分析了一个信息对称交易商市场中的买卖价差。下面本文就利用一个简单的模型来分析，为什么在金融危机期间，通过买卖价差衡量的资产流动性会出现恶化。该模型有一系列的假设条件：

1. 资产的真实价值v_t每天都会发生变化，并且满足$v_t = v_{t-1} + \varepsilon_t$，其中$\varepsilon_t$服从概率分布函数$f_\varepsilon(\ )$。

2. 买卖价差 z，每天由做市商根据其估计的资产真实价值来设定。但是，做市商只知道前一天的资产真实价值，所以在交易日当天 t，买卖价差介于 $[v_{t-1} - z/2, v_{t-1} + z/2]$。假设做市商之间充分竞争，并且提供的服务没有操作成本。做市商根据买卖报价进行交易，达成的交易量价值为 q。

3. 噪声交易者（也就是不知情交易者）每天的交易量为 W，$W = W(z) \geq 0$ 且 $W(0) > 0$、$dW/dz < 0$，买卖量趋于相等。

4. 内部知情者（Insider）知道交易当天的资产真实价值 v_t。每当资产真实价值在买卖价差之外时，即 $v_t < v_{t-1} - z/2$ 或者 $v_t > v_{t-1} + z/2$，内部知情者都会利用交易者的交易承诺来获利。假设只有当做市商发现供给与需求之间不平衡时才会察觉存在内部交易，而此时内部知情者已经完成了交易量 q。于是，做市商会停止当天的交易，在次日会根据新的真实资产价值来确定买卖差价，并开始新一天的交易。

基于以上这些假设，不难看出买卖价差和交易量是如何反映内部信息的存在的（由于内部知情者能够提前一期获悉资产的真实价值，在这里价格波动等同于内部信息）。充分竞争条件下的交易商会将买卖差价 z 设定在预期利润为零的水平上。预期利润包含两方面要素：

首先，由噪声交易者产生的利润（EPN）为

$$EPN = zW(z) \quad (11.10)$$

其次，做市商因为内部知情者交易所遭受的预期损失为

$$ELI = [\int_{-\infty}^{-z/2}(x+z/2)f_\varepsilon(x)dx + \int_{z/2}^{\infty}(x-z/2)f_\varepsilon(x)dx]q \quad (11.11)$$

在达到竞争均衡时，z 值的设定应使预期利润为零，第一部分利润能够刚好弥补第二部分的损失，即 EPN − ELI = 0。举个例子，假设 $W(z) = 1/(1+z)$，$q = 3$，ε_t 服从 $N(0,1)$ 的正态分布，于是竞争性的买卖价差为 0.5；当 ε_t 服从 $N(0,5)$ 的正态分布时，价差为 3.6。引入内部知情者的做市商模型，能够在一定程度上解释资产信息强度与通过买卖价差衡量的资产流动性间的反向关系。该模型还能够说明，为什么在金融动荡期间，资产买卖价差会迅速扩大，并导致市场流动性的整体恶化。

(二) 引入风险约束的做市商模型

在一个不存在内部知情者的做市商模型中,如果做市商受到自身风险承受能力的约束,那么更大的资产价格波动会造成买卖价差变大。假设只有一个做市商,且该做市商的风险承受能力可以表示为一个交易日内在99%的置信水平上的风险价值VaR,对模型做如下的修正:

1. 资产的真实价值v_t每天都会发生变化,并且满足$v_t = v_{t-1} + \varepsilon_t$,其中$\varepsilon_t$服从$N(0,\delta_\varepsilon^2)$的正态分布。

2. 当天早些时候,做市商可以在没有成本的情况下,根据价格v_{t-1}出清库存。基于该假设我们可以将模型设为单日模型。

3. 同上,买卖价差z,每天由做市商根据其估计的真实资产价值来设定。这里假设只要噪声交易者提出需求,做市商就会交易,但是会通过买卖价差来避免过大的交易量(过大的交易量可能超出其风险承受能力)。

4. 噪声交易者每天的交易量为W,$W = W(z) \geq 0$,$W(0) > 0$,$dW/dz < 0$。如果W在某天代表了所有的需求量,则在另一天代表所有的供应量。

5. 在每个交易日结束的时候,市场会公布资产的真实价值,做市商据此核算其利润或损失。

做市商承受的风险是W的函数,而W又是关于z和δ_ε^2的函数,z可以由做市商进行控制。那么做市商的风险价值VaR可表示为$W(z) \times \Phi^{-1}(0.01)\delta_\varepsilon^2$,并且风险价值不能超过风险预算$\Omega$。于是可以根据VaR约束对买卖价差作如下的推导:

$$W(z) \times \Phi^{-1}(0.01)\delta_\varepsilon = \Omega \Rightarrow z = W^{-1}[\Omega/(\Phi^{-1}(0.01)\delta_\varepsilon)] \quad (11.12)$$

买卖价差是一个关于风险预算Ω的单调减函数,是关于资产价格波动的单调增函数。在金融危机期间,做市商可能面临更多的资本约束,同时资产价格波动会更加剧烈。于是,即便不存在内部知情者,危机期间的资产质量也会恶化。

图11.2呈现了德国和西班牙国债在2006—2012年期间的买卖价差变化情况,可以明显看出危机导致买卖价差不断扩大。在主权债务危机爆发之前,这

两个国家的主权债务买卖价差基本类似，都是在 1 个基点左右。而到了 2011 年初，西班牙国债的买卖价差（与德国）分离，相对德国增幅很大，且波动很大。

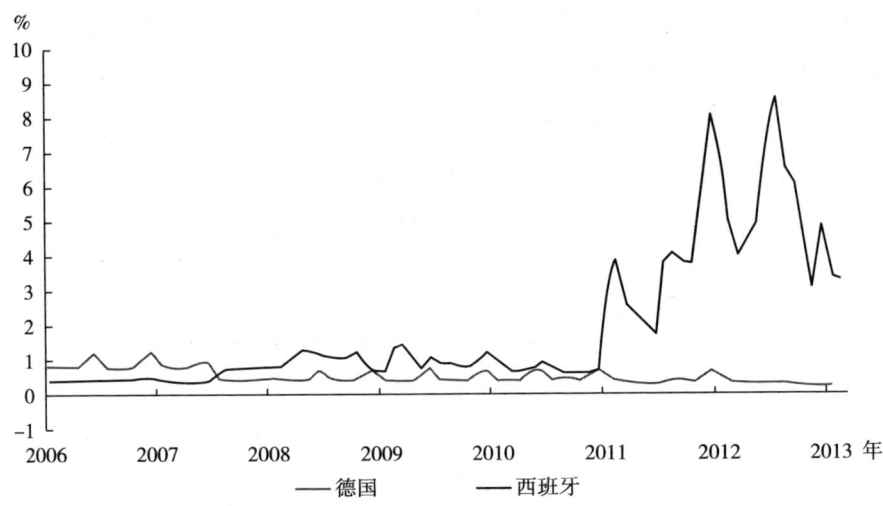

图 11.2　2006—2013 年德国和西班牙国债买卖价差变化情况

六、贱卖资产

如前文所述，在金融危机中，资产流动性会下降①，在银行间市场或资本市场，无论有无抵押，杠杆部门都必须要缩减资产负债表②。这就陷入了一个潜在的恶性循环：为获得流动性而贱卖资产会进一步压低价格，留在资产负债表上的资产价值降低，偿付和流动性问题进一步加剧，需要贱卖更多的资产。此外，一个机构贱卖资产也会影响其他机构的资产价值，因此具有负的外部性。Cifuentes 等（2005）建立模型并模拟了贱卖资产效应的系统性蔓延及其负外部性。他们还分析了对于给定的投资组合，按市值计价规则下，一个相互关联的银行体系中，资本和流动性监管对特定资产组合的稳定效应。Duarte 和 Eisenbach（2013）运用美国银行业的资产负债表和回购市场数据进

---

① 见第十一章第五点。
② 第十一章第二点和第三点讨论了无抵押情形，第四点讨论了有抵押情形。

行了量化分析，发现贱卖资产负的外部性可能非常大。

图11.3显示了以美国三类ABS资产为例，贱卖资产的螺旋效应。资产互换利差（对利率掉期的利差）从2007年9月开始扩大，到2008年9月雷曼兄弟倒闭后泡沫破裂时，利差高达25%，这意味着，久期2年以上资产的价值折价率超过50%。资产价格在2009年第二至第四季度快速反弹的速度几乎与价格下跌一样快，2010年之后，互换利差基本回到危机前的水平。必须基于这些ABS产品从未发生过显著减值的事实，来看上述价格的变化过程。也就是说，回头来看，信贷质量恶化从来不是低价格的理由。

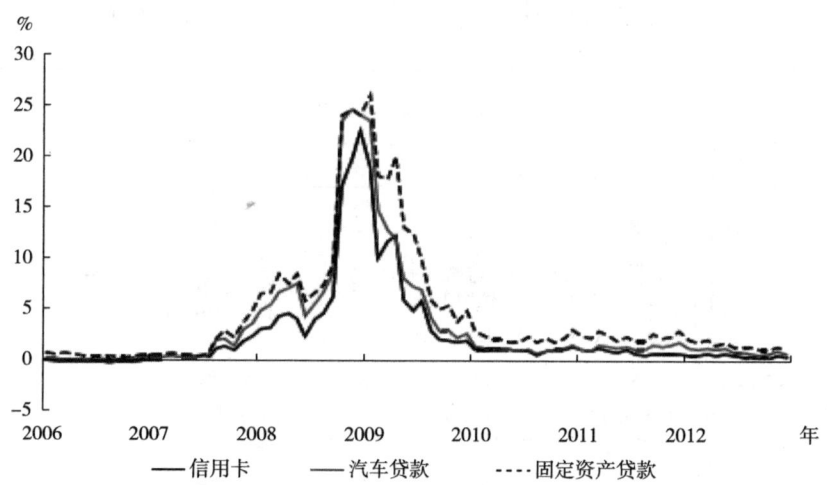

图11.3　美国ABS资产互换利差：信用卡、汽车贷款和固定资产贷款

（资料来源：摩根大通）

七、危机传导机制的相互作用

在金融危机中，突发的各种流动性和偿付能力问题会相互强化，并可能导致状况不断恶化。此外，一旦给实体经济的贷款变得稀缺和昂贵，很可能会发生经济衰退，进而导致资产价格下降和贷款组合的损失（如违约频率增加）。由这些损失造成的银行（包括其他借贷主体）不良资产，进一步提高了信用风险程度，加速了流动性危机的恶性循环。由此产生的经济和金融演变

进程可能是致命的，需要建立外部熔断机制，特别是政府部门、监管机构和中央银行的熔断干预。从理论上说，中央银行可以通过自由借贷向商业银行提供无限的流动性，平息任何恶性循环危机中的流动性问题，这使得中央银行（不情愿地）成为决定银行和其他杠杆部门命运的重要角色。在这种情况下，中央银行在作决策时需要权衡到底是提供流动性防止危机进一步加剧，还是限制金融机构承担风险从而防止发生道德风险，这部分内容在第十六章中讨论。中央银行面临的一个更为基本的权衡是，在修复金融市场受损的中介功能与避免激励私人部门成为资金中介之间作出选择。此外，直接购买金融资产可能会阻断贱卖资产引发资产价值进一步下降的恶性循环。图 11.4 旨

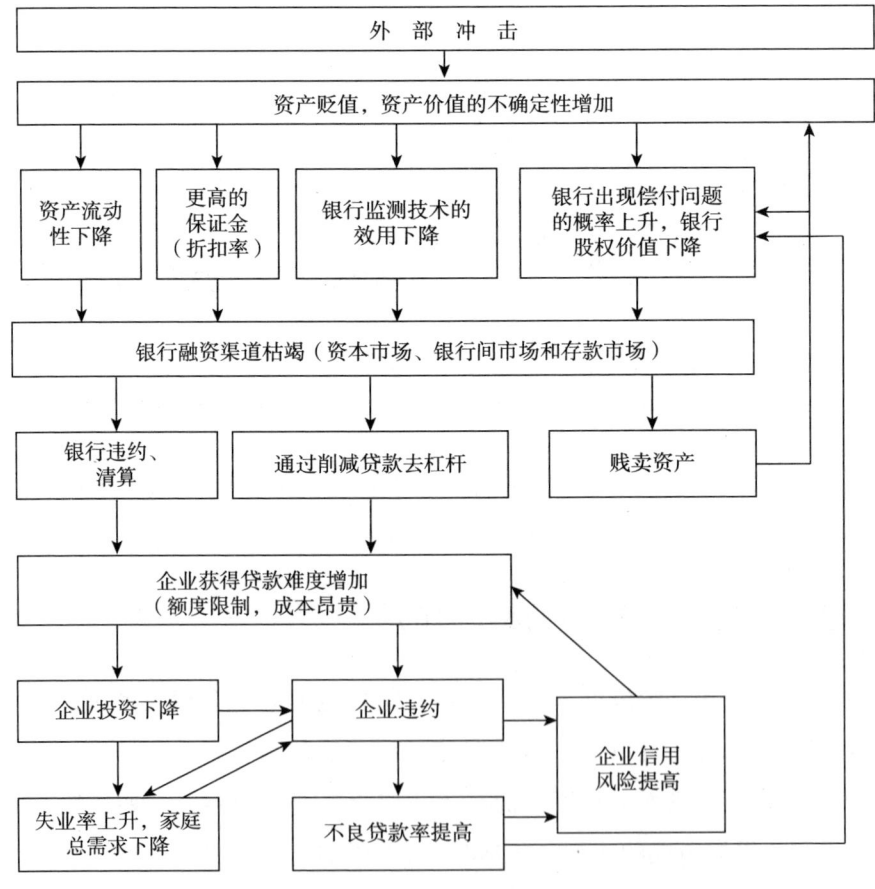

图 11.4 流动性危机的反馈回路和传导机制

在刻画本章所描述的各种风险传染路径,包括危机的内生强化和灾难预期的自我实现。这些危机的演进也解释了为什么金融体系能够如此轻易地从稳定的、流动性充裕的状态,变成囤积流动性、担心资金短缺、贱卖资产、违约并产生严重经济后果的状态。

八、中央银行的角色:货币政策与最后贷款人

(一)危机时期的货币政策

中央银行被授权制定货币政策来实现特定经济目标。例如,美国联邦储备法案规定,联邦储备委员会和联邦公开市场委员会应致力于实现充分就业、物价稳定和适度长期利率水平等目标;对于欧元体系来说,维持物价稳定是货币政策的首要目标,正如《欧盟运作模式条约》(Treaty on the Functioning of the European Union, TFEU)第127条第1款提及"在不妨碍物价稳定目标的条件下",欧元体系同时应支持欧盟统一的经济政策,以推动包括充分就业和均衡经济增长在内的欧盟目标的实现。通常情况下,正如本书第一章所述,中央银行在掌握货币政策传导机制和相关外生变量预测的基础上,通过调控某一具体的操作目标(多为短期银行间市场利率)就可以实现最终目标。当然,归根结底,对于通货膨胀水平和经济活动来说,最关键的并非如何调控操作目标,而是政策传导结果,如居民、企业等实体经济部门信贷资金的实际成本及其可得性。

实体经济的融资利率,可以通过融资利率的加权平均进行估计,其中权重为该项融资在融资总量中的占比。以欧元区为例,欧央行月报附表4.5详细统计了分期限贷款(包括新增和存量贷款)利率,并按照居民消费贷款、按揭贷款、非金融企业贷款进行了分类,而企业债券和国债收益率则可以通过路透(Reuters)和彭博(Bloomberg)信息系统获取。实体经济的加权平均实际利率反映出以下三个主要因素:

(1)货币政策操作目标:短期的近似无风险的银行间拆借利率,中央银

行可以通过传统的操作工具对此加以调控,详见第四章。

(2)无风险基准收益率曲线的斜率,中央银行可以通过提高政策透明度、预先承诺和前瞻指引等来影响央行基准利率走势来对此实现部分控制。实际上,除了风险溢价之外,收益率曲线斜率更多反映市场对短期利率的预期情况(Rudebusch,1995)。例如,在危机期间美联储充分运用前瞻指引工具,对于维持超低利率政策,联储的基调依次演变:2008年12月16日宣布将维持"一段时间",2009年3月18日宣布继续"延长一段时间",2011年8月9日宣布"至少到2013年上半年",2012年9月23日宣布"要在经济复苏企稳的相当长时间之后",2012年12月12日宣布"只要失业率维持在6.5%以上,1~2年内预期通货膨胀率不超出2%长期目标的0.5个百分点"。

(3)各种融资产品的流动性和信用风险溢价水平,它们随着时间变化,主要体现金融系统的稳定性和有效性。中央银行可以通过非常规货币政策工具和最后贷款人机制对其产生部分影响。

回顾 Wicksell(1898)的自然利率理论,应当维持货币利率(Money Interest)等于实际利率与预期通货膨胀率之和,从而确保物价稳定(见第三章)。应该看到,流动性和信用风险溢价存在显著的关系,且随时间而变化,中央银行面临的挑战不再局限于估计实际均衡利率,而应当有效调控社会实际融资成本与相同久期无风险利率之间的息差波动。如果实际均衡利率很低(如金融危机时期),同时中央银行操作目标利率与同期限的社会融资成本之间的息差很高(如金融危机时期),那么中央银行可能很快触及操作目标利率的零利率下限,进而无法推动货币政策进一步宽松。为规范表述上述关系,令

i = 短期操作利率,中央银行能够控制;

j = 期限风险溢价,代表收益率曲线的斜率,如平均久期(如5年)贷款的无风险利率与无风险收益率曲线短端(近似等于 i)的息差;

k = 实体经济加权平均融资成本与相同久期的无风险利率之间的息差,表示流动性和信用风险溢价;

r = 实际利率,实物资本的实际回报率,在萧条的经济环境中趋于下降;

$E(\pi)$ = 预期通货膨胀率。

在第三章图 3.1 中，不考虑 j 和 k，中性的[1]短期中央银行操作利率 i^* 等于实际利率与预期通货膨胀率之和，即 $i^* = r + E(\pi)$。引入 j 和 k，中性的短期操作利率可表示为

$$i^* = r + E(\pi) - j - k \qquad (11.13)$$

这时，中央银行的政策重心变为关注 $r - k$ 的走势，而不仅仅局限于 r（如第三章所述），这意味着需要大量的数据来对 $r - k$ 进行估计，此外如果 r 下降、k 上升，甚至会引发通货紧缩风险。假设 $j = 0$，若 $E(\pi) = 2\%$，$r = 2\%$，$k = 1\%$，那么 $i^* = 3\%$。如果经济冲击使 r 降为 0、金融危机使 k 上升至 4%，那么操作目标利率应当立即降至 −2%。而这将无法实现，因为中央银行需无限量地发行纸币，而这项负债的回报率为零[2]。Clouse 等（1999）和 Hamilton 和 Wu（2012）等探讨了零利率下限时中央银行的利率政策。

为缓冲零利率下限风险，一方面，在事前，一种应对策略就是设定一个大于零的通货膨胀目标 π。多数中央银行都选择将通货膨胀目标设定在 2% 左右，Blanchard 等（2010）则建议设为 4%；另一方面，在事后，如果中央银行陷入通货紧缩困境，重点应当直接调控 j（通过事先承诺 i^* 长期维持在 0 附近，并购买长期无风险债券）和 k（通过购买低信用评级债券和低流动性债券，或者允许银行以这些资产为抵押向中央银行融资）。当负面冲击同时使 r 下降、k 上升时，上述两个方面的策略就显得尤为重要，金融危机以来，主要中央银行也正是这样做的。

需要强调的是，实体经济融资不单单包括利率问题。正如本章第二点的模型表明，由于不确定性增加或借贷双方信息不对称加剧，融资市场可能完

---

[1] 沿用 Wicksell（1898）的理论基础，自然利率是对商品价格中性的，既不会使之上涨，也不会使之下跌的利率。——译者

[2] 第一家（也是迄今为止唯一一家）试图将负利率付诸实施的银行是丹麦国家银行，Jorgensen 和 Risbjerg（2012）对此进行过描述。截至 2012 年 7 月，丹麦国家银行的货币政策对手方必须为流动性存款凭证支付 20 个基点。正如 Jorgensen 和 Risbjerg（2012）指出的，负利率政策能够在货币市场中得以实施，并且实现了阻止丹麦克朗相对欧元升值的目标。银行间成交额下降，但是没有对市场造成特别的混乱。其中一个问题是，银行并没有真正地将负利率转嫁给存款人以形成长期盈利来源（2013 年 1 月，丹麦国家银行就已经再次上调了短期利率水平）。

全瘫痪。因此，市场融资规模的限制也成为中央银行实施货币政策需要考虑的条件，许多中央银行已经系统性地开展数据收集，密切监测货币政策传导中面临的这一问题。例如，欧央行按季度统计定量和定性的银行借贷数据（European Central Bank，2013d）以及中小企业融资数据（European Central Bank，2013c）。

在学术和应用研究中，测度实体经济的融资环境以及影响实体经济货币金融环境的综合指标体系已经较为成熟，如 Hatzius 等（2010）、Hollo 等（2012）、Citi（2013）。其中，某些指标（可称为货币条件指数）主要衡量的是 $i+j+k$，有些指标（可称为金融压力指数）近似衡量 k，还有些指标预测货币条件对实体经济发展的影响，因此可看作衡量实际货币条件与中性操作利率的息差。金融危机爆发后，学术界又重新激发了将信贷利差嵌入宏观经济模型的研究热情，如 Woodford（2010）、Curdia 和 Woodford（2010）、Friedman（2013）等。

表 11.12 列出了一些关键的时间序列，这些时间序列有助于识别影响欧元区实际货币状况的主要因素。列（Ⅰ）显示了欧洲央行的主要再融资操作（MRO）利率，可近似看作货币政策短期利率操作目标（即使在金融危机期间货币市场利率比其要低）。列（Ⅱ）显示了欧洲央行在其月度公报表 4.7 中发布的 5 年期 AAA 级政府债券曲线，这可近似作为实体经济平均融资期限的无风险收益率。列（Ⅲ）显示了欧洲央行计算的非金融公司（NFCs）的名义融资成本综合指标（European Central Bank，2005b）。非金融公司的融资总成本是银行贷款成本、市场基础债务成本和股本成本的加权平均值，这些成本基于欧元区账户中各自的余额计算得出。资本市场融资指标的期限在 4～6 年之间波动。列（Ⅲ）可以被认为是 NFCs 部门最终感受到的"总体"货币条件（"总体"在这里意味着还没有将名义融资成本与实际利率相匹配）。列（Ⅳ）等于列（Ⅲ）与列（Ⅱ）之差，表示由于信用风险、流动性较低、金融市场功能不完善带来的融资短缺等因素影响，实体经济所面临的融资利率加成。这反映了之前引入的变量 k。

表11.12 2004—2012年欧元区利率变化及影响货币条件的主要因素

单位:%

年末	欧央行核心再融资操作利率 (i) (Ⅰ)	5年期AAA级国债收益率 ($i+j$) (Ⅱ)	非金融企业外部融资总体成本 ($i+j+k$) (Ⅲ)	由于风险溢价和市场不完备导致的融资成本加成 (k) (Ⅳ) = (Ⅲ) - (Ⅱ)
2004	2.00	3.06	5.56	2.50
2005	2.25	2.93	5.50	2.57
2006	3.50	3.83	6.02	2.19
2007	4.00	4.11	6.52	2.41
2008	2.52	2.95	6.55	3.60
2009	1.00	2.64	5.01	2.37
2010	1.00	2.15	5.78	3.63
2011	1.00	1.56	5.82	4.26
2012	0.75	0.58	5.12	4.55

资料来源：欧央行，彭博社。

从变化趋势来看，2004—2007年末以及2009年末，融资成本加成[（Ⅲ）-（Ⅱ）]总体上处于2%~2.5%之间，2008年末和2010年末升至3.5%以上，2011年和2012年末进一步升至4%以上，说明即使其间欧央行实行强有力的量化宽松政策，货币政策传导渠道仍然受损极为严重。

表11.3揭示了金融危机对货币政策的挑战。当经济低增长或负增长使得降息等货币政策措施无法通过受损的金融体系顺利传导时，即使政策利率降至零利率下限，依然无法遏制通货紧缩风险迅速显现。Woodford（2010）认为，即使在逼近零利率下限约束之前，也应当注意：

> 制定利率政策应当考虑到金融环境的变化，尤其是息差的变化趋势，它在任何时候都由两个因素决定：（Ⅰ）名义利率，即当期的"自然利率"与预期通货膨胀率之和，前者又等于在不存在金融摩擦条件下，使产出增长率等于自然增长率的实际利率水平；（Ⅱ）当期息差水平，其中信用风险溢价是调控联邦基金利率的重要指示器，在其他条件不变的情

况下，如果信用风险溢价越高，操作目标利率则应当相应更低些。

图 11.5 从量的维度对表 11.12 进行了补充。图 11.5 绘制了 2006—2012 年德国和西班牙两国银行对非金融企业和居民家庭信贷增速变化情况，它不仅仅由利率成本等代表的货币条件决定，还受不同地区不同时间信贷可得性的影响。

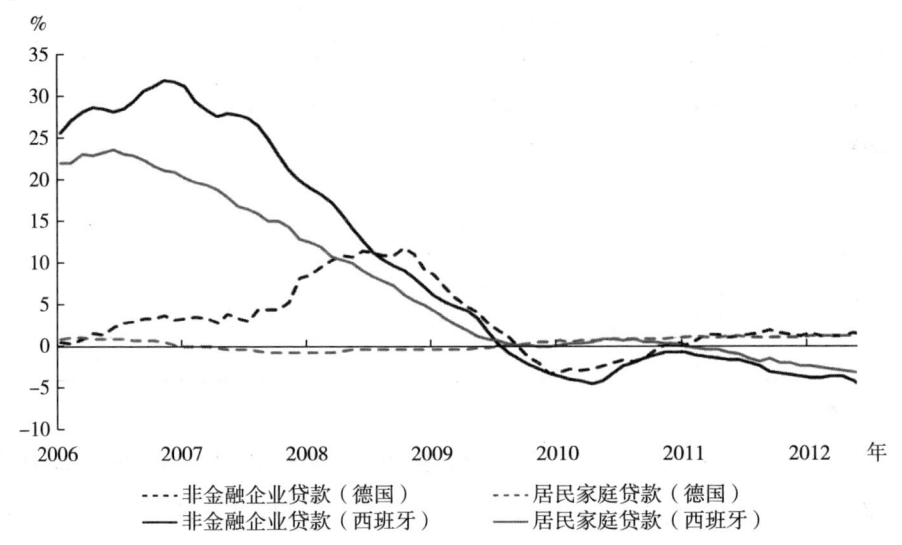

图 11.5　2006—2012 年德国和西班牙银行贷款增速

（资料来源：欧央行）

如图 11.5 所示，金融危机爆发前，西班牙银行信贷增速较快，并于 2006 年末达到峰值，随后贷款增速趋缓，其中非金融企业贷款于 2009 年中期变为负增长 [Jimenez 等（2012）对金融危机期间西班牙贷款增速进行了深入的实证研究]。直至 2011 年初，西班牙贷款增速才出现短暂回升，但随后欧元区主权债务危机引发银行贷款新的困境，再次导致银行贷款增速重新由正转负。相比之下，德国银行贷款增速较为平稳，尤其是居民家庭贷款增速几乎持平。而德国非金融企业贷款增速波动较大，由雷曼危机爆发前 10% 左右的高速增长迅速降为雷曼危机后的 −5%，之后又维持小幅正增长。比较发现，2011—2012 年西班牙爆发主权债务危机可能是其与德国实体经济贷款增速显著分化的主要原因。2006年西班牙非金融企业贷款增速如此之高，隐含着危机前西班牙经济实际上是不可持续的非均衡增长。从这个角度而言，2009年之后西班牙的经济表现也就可视为对此前非均衡偏高的良性修正，而那些认为必须出台政策避免贷款出现负增长的观点就是错误的。当然，毫无疑问的是，如果没有欧央行对西班牙银行体系的融资支持（主要包括欧央行增加再贷款，以弥补银行间市场和资本市场融资瘫痪），信贷萎缩将会更为严峻。

本书将在第十四章至第十七章中探讨中央银行的最后贷款人（LOLR）职责。最后贷款人理论通常被认为与货币政策关系较小，虽然正如前文所述，融资问题直接与货币政策相关。在金融危机期间，如果没有中央银行积极行使最后贷款人职责，金融危机可能升级为通货紧缩和经济衰退，或者至少像1914年之前的美国那样，经历经济活动低效浪费和物价剧烈波动。除货币政策之外，第十四章第二点将从六个角度来诠释中央银行最后贷款人角色。

（二）危机时期货币政策逻辑的结构图

图11.6归纳了金融危机时期实施货币政策的逻辑框架，它是在图1.1基础上的拓展，图1.1刻画了常规时期货币政策实施的逻辑，那时宏观经济分析与货币政策实施之间遵循隔离原则。但在危机时期，隔离原则不再适用，经济分析部门也不再将操作目标局限于单一变量（如隔夜银行间市场拆借利率），而应设定不同的目标集，因为此前单一目标变量与各种利率和金融交易量等反映实体经济货币环境之间的关系不再稳定可靠。

一般而言，经济分析部门要全面掌握并分析有关利率矩阵I和交易量矩阵Q的各种信息，并提出相应操作变量的目标值I^*和Q^*（通常，这也包括I和Q组成的联合矩阵的子集）。金融市场部门在致力于实现此前的单一操作目标（通常是短期银行间市场拆借利率）的同时，也会通过直接购买金融资产或调整抵押品框架等直接参与金融市场，来影响利率期限结构、金融产品组成和信贷规模，进而实现目标值I^*和Q^*。公开市场操作也可以直接向实体经济投放信贷，或购买非金融企业发行的债券。与此同时，金融市场部门也可以参与向货币政策决策委员会建议操作变量的目标值。实际上，要直接影响矩阵I

货币政策操作与金融体系

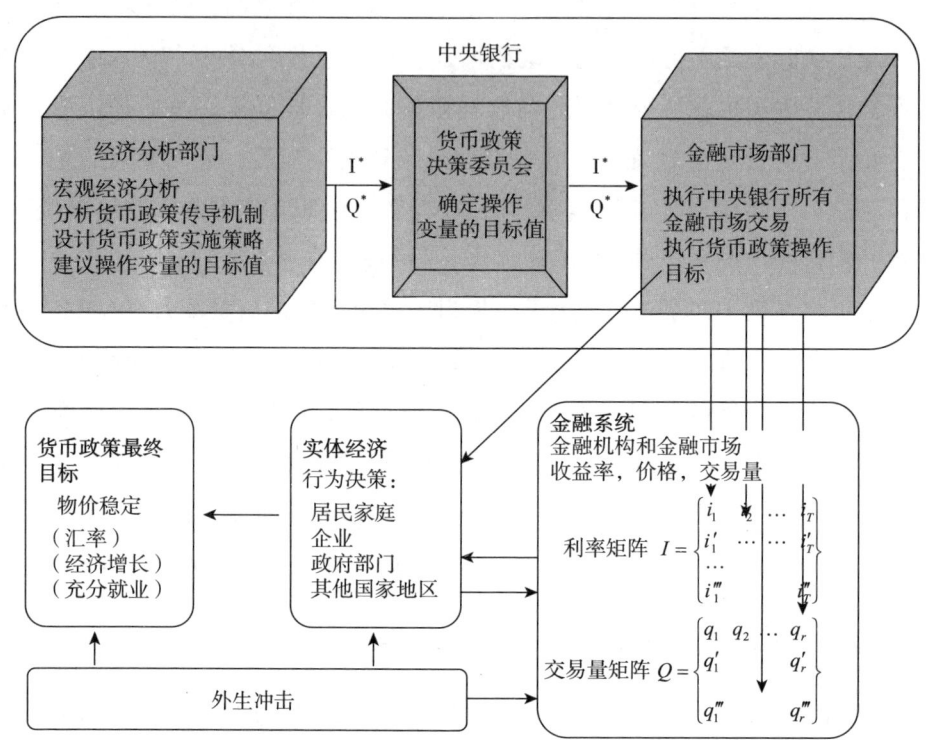

图 11.6 危机时期货币政策操作图解

和矩阵 Q 的各种元素具有一定的挑战性,而来自金融市场和机构的知识将对评估不同政策想法的可行性以及最大化成功可能性的实施规范至关重要。因此,在危机期间,经济分析部门和金融市场部门在设定货币政策操作目标 I^* 和 Q^* 时,应当暂停隔离原则,紧密协作。

第十二章　抵押品可得性与货币政策

国际金融危机期间，不少中央银行对其抵押品框架进行了调整，其中以拓展可用抵押品为主要措施。例如，美联储主要通过定期拍卖便利（Term Auction Facility，TAF）扩大了公开市场操作的抵押品范围，接受了通常仅在贴现窗口操作中接受的更广泛的抵押品（参见 Armantier 等，2008）。欧央行也在金融危机期间数次扩大抵押品范围，不过其在某些特定方面也收紧了抵押品条件，并导致这些抵押品因降级和更低的市场估值而失效。实际上，欧央行在危机期间对抵押品采取的调整措施非常多（参见 European Central Bank，2013a）。国际清算银行市场委员会（Markets Committee，2013）对危机期间各中央银行抵押品措施进行了专项调查。本章我们主要分析抵押品可得性对货币政策传导的影响。在第十四章至第十七章讨论中央银行最后贷款人（Lender of Last Resort，LOLR）作用的部分，抵押品约束将再次扮演重要角色。本章仅用局部均衡模型展现简单的效应。Ritz（2012）构建了一个更为复杂的模型，展现出对于风险规避型的银行而言，融资不确定性上升是如何导致银行贷款规模和利润的减少，又是如何抑制中央银行政策利率向商业银行贷款利率传导的。Ritz（2012）还注意到，融资的不确定性"对银行在贷款和存款市场中的盈利能力和消费者福利产生了令人惊讶的强烈影响"。上述研究成果也为中央银行在金融危机期间调整其信贷操作的合格抵押品范围提供了理论支撑，因为中央银行的抵押品缓冲是降低商业银行融资风险的一个关键因素。

一、抵押品不足和银行实际融资成本

这部分讨论金融危机期间抵押品短缺是如何导致货币条件收紧的。

（一）如果折扣率是有效的杠杆约束条件

根据第九章第四点中关于中央银行抵押品折扣率直接决定杠杆率的模型[式（9.2）、式（9.3），图9.2、图9.3、表9.3；同时参见Ashcraft等，2011]，中央银行折扣率直接决定了整个经济的平均融资成本。特别是根据式（9.2），一项资产的融资成本应为股权影子成本和中央银行信贷操作利率的加权平均值，权重由中央银行的折扣率决定。由此推导出一个由股权影子成本、中央银行信贷操作利率和中央银行折扣率系数 δ 构建得到的经济平均融资成本的简单函数。这也解释了为什么一旦触及零利率下限，中央银行希望接受的折扣率就不再单纯取决于中央银行的金融风险偏好，而是同时也取决于货币政策目标。例如，假设符合维克塞尔（Wicksell）思想的资本实际回报率为 r（参见第三章和第十一章第八点），预期（可接受的）通货膨胀率为 $E(\pi)$，那么式（9.3）中的 $i\#$ 应该等于 $r + E(\pi)$，因此有（i_e 为股权影子成本，i^* 为中央银行信贷操作利率）

$$r + E(\pi) = i_e[1/(\delta+1)] + i^*[\delta/(\delta+1)] \qquad (12.1)$$

同时，假设折扣率系数 δ^* 是严格按照某些风险经验法得到的 δ 值，只要没有触及零利率下限就必须遵守，那么合理的中央银行信贷操作利率 i^* 为

$$i^* = [r + E(\pi)](\delta^* + 1)/\delta^* - i_e/\delta^* \qquad (12.2)$$

假设 $E(\pi) = 2\%$，$i_e = 10\%$，图12.1描绘了 δ^* 取三种不同值时上述关于 r 的函数图。

图12.1表明，在给定实际利率 r 时，折扣率越低（δ^* 越大），意味着中央银行信贷操作的中性利率越高。这也说明当由于外部冲击导致实际利率下跌时，鉴于零利率下限约束的存在，如果不降低折扣率（提高 δ）可能就无法设定合适的央行信贷操作利率。例如，假设 $\delta^* = 1$，实际利率 $r = 4\%$，那

么合适的央行信贷操作利率应为2%。现在，由于受到冲击，r下降到2%，这意味着新的中性中央银行信贷操作利率为－2%。但中央银行信贷操作利率不可能降到负值，仅将中央银行利率降为0%又无助于摆脱通缩陷阱对经济造成的负面影响。因此，中央银行可以考虑的合适做法是，降低折扣率，即将δ提高到5。这样1%的中央银行信贷操作利率就可以重新帮助中央银行恢复中性的货币政策立场。

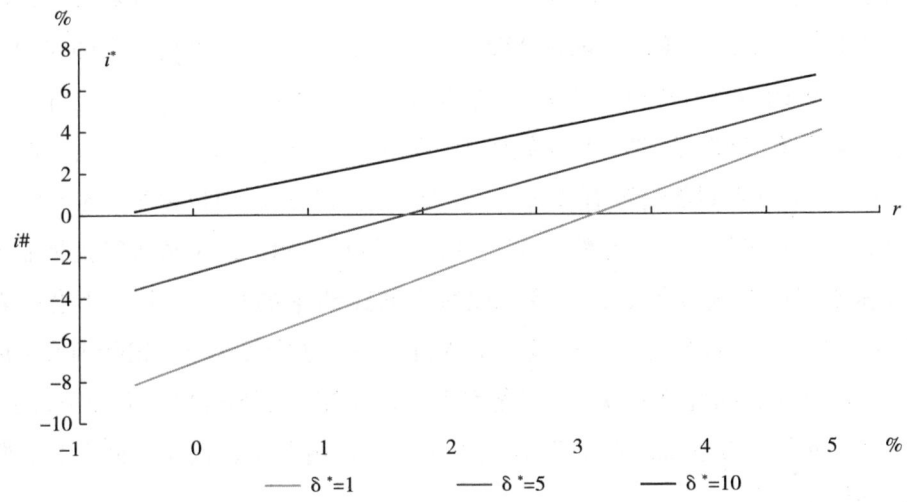

注：假定$E(\pi)=2\%$，$i_e=10\%$，折扣率系数δ^*分别取三种不同值。

图12.1　以实际资本回报率为变量的中性中央银行信贷操作利率i^*的函数

鉴于第九章第四点阐述的原因，商业银行资产并不是系统性地通过中央银行信贷融资，因此这个模型虽然相关，但与实际并不完全相符。下面的模型将转而关注触发抵押品约束条件时的预期情况。

（二）流动性短缺导致的违约概率中隐含的信用风险溢价

假设商业银行的资产为1，初始存款为D，$1>D>0$，剩余部分资金$1-D$主要通过中央银行融资。同时，假设存在外部存款冲击k，那么银行存款将变为$D-k$，来自中央银行的融资为$D+k$。回顾第九章中介绍的观点，假设资产是连续的，并按照流动性从低到高的顺序排列，抵押品折扣率函数范围为从 $[0,1]$ 到 $[0,1]$，函数形式为 $h(x) = x^{\delta}, \delta > 0$。这种情况下，总的（平均）折扣率为 $1/(\delta + 1)$，那么扣减后的抵押品价值或潜在中央银行借贷金额（Central Bank Borrowing Potential，CVPH）为 $\delta/(\delta + 1)$。在上述银行案例中，通过 δ 值能够推导出流动性短缺导致的违约概率。假设 k 服从 $N(0, \sigma_k)$ 分布，流动性短缺导致的违约概率为 $PD_L = \Phi\{-[\delta/(\delta+1) - (1-D)]/\sigma_k\}$。如果假设违约发生时资产价值出现损失，且回收率 rr 为 50%（关于违约的实证研究认为这是一个拟合度较高的近似值），那么风险中性投资者所承担的流动性风险中隐含的信贷溢价为 $0.5PD_L$。融资成本的上升将侵蚀银行的盈利能力，事实上如果 $0.5PD_L$ 足够高且持续时间足够长，可能导致银行丧失偿付能力（以上结论是在假设银行没有股权资产的情况下得出的，但也很容易推导出当初始股权为正数时该结论仍然成立）。总之，模型显示，因中央银行抵押品缓冲受限引起的流动性不足，以及由此带来的违约率的上升（δ 变小意味着 CVPH 减少或 σ_k 的增大），不仅会导致实际违约，还会最终导致银行因融资成本上升而丧失偿付能力。欧元区债务危机中就出现了这种现象，但是西班牙、葡萄牙、爱尔兰等国家的银行面临融资成本的普遍上升，也与它们自身有限的流动性缓冲有关。

（三）触及抵押品约束条件的银行加权定期融资成本

下面的简单模型同样说明了未来可能出现的合格抵押品不足的情况将如何影响货币政策传导。首先，我们重点关注银行有效预期的定期融资成本上，如一年期的融资成本。这是银行决定向实体经济（家庭、公司、中小企业）提供贷款的最短期限。在决定贷款利率和规模时，银行将基于向实体经济提供贷款的期限，前瞻性地考虑其自身的融资成本和融资可得性。这也证明了第十一章第八点中阐述的货币政策操作目标与货币条件（如实体经济的有效融资成本）之间可能存在差异。

我们从表 2.3（第二章第二点）的金融账户体系着手，但现在只关注流动性冲击（k），并假设不存在货币市场（反映金融危机状态），设想以下只包含一个家庭、一家中央银行、两家商业银行的标准化金融账户体系。假定存款人认为银行 1 是稳健的,而银行 2 是脆弱的,那么我们可以分析当 $k>0$ 时的情况,如存款冲击以银行 2 的存款流失为代价,而银行 1 的存款则相应增加。与前面一样,家庭持有的股权为 E 且没有杠杆(简化分析)。家庭或投资者持有的资产包括:现金为 B;存款为 D,最初存款平均分配在两家银行;实物资产价值为 $E-D-B$。存款转移的冲击 k 改变了两家银行的流动性状况,也随之改变了它们与中央银行之间的操作关系(假设不存在银行间市场)。表 12.1 展示了这种改变对金融账户产生的影响。

表 12.1　金融账户体系中家庭存款和银行间借贷的转移(两家独立的银行)

家庭/投资者				
实际资产	$E-D-B$	家庭股权	E	
在银行 1 的存款	$D/2+k$			
在银行 2 的存款	$D/2-k$			
现金	B			
公司				
实际资产	$D+B$	银行贷款	$D+B$	
银行 1				
给企业的贷款	$D/2+B/2$	家庭存款/负债	$D/2+k$	
央行存款	$\max(0,-B/2+k)$	从中央银行借款	$\max(0,B/2-k)$	
银行 2				
给企业的贷款	$D/2+B/2$	家庭存款/负债	$D/2-k$	
		从中央银行借款	$B/2+k$	
中央银行				
信贷操作	$B/2+k+\max(0,B/2-k)$	现金	B	
		银行 1 的存款	$\max(0,-B/2+k)$	

商业银行从中央银行获得再融资的潜在规模受制于抵押品的可得性,而抵押品可得性则受到以下因素制约:(1)严格的合格抵押品标准(例如,剔除某些不透明的资产类别,对抵押品债务人设立最低信用等级);(2)保守的抵押品估值(降低高估抵押品价值的风险);(3)折扣率(为了弥补资产清算期间的可能损失,如对手方违约时);(4)抵押品数量限制(为了解决集

中度和相关性风险)。简单起见,我们假设银行发放的所有企业贷款都是合格抵押品,其适用的折扣率为 h,那么意味着对每一单位的抵押品,银行能获得 $(1-h)$ 单位的中央银行融资[①]。银行 2 从中央银行获得的实际借款 $B/2+k$ 不能大于这个值,也就是说 $(1-h)(D/2+B/2) \geqslant B/2+k$。如果冲击 k 超过 $(1-h)(D/2+B/2)$,银行 2 就会触及抵押品约束,此时其要么违约,要么需要中央银行提供一些紧急流动性救助(ELA;参见第十四章第四点)。回顾抵押品缺口的定义 $CG = \max[0,(B/2+k)-(1-h)(D/2+B/2)]$,预期抵押品缺口 $E(CG)$ 在金融危机期间将因为 CVPH(折扣后的抵押品价值)的下降和中央银行借贷不可避免的更加不稳定而上升。

首先,考虑金融危机期间影响 CVPH 未来演变的因素,也就是 $(1-h)(D+B)/2$,同时还需考虑银行向实体经济贷款的期限。假设目前只简单考虑一年期的情况。对银行而言,CVPH 是不确定的,其在危机期间可能会由于下列原因而下降:

(1)抵押品可能会丧失合格性:一方面,出于保护自身资金安全的考虑,中央银行可能主动采取新的更为严格的资产评估标准,这会使一些抵押品变为不合格抵押品;另一方面,资产被降级后低于中央银行要求的最低评级阈值。

(2)由于中央银行对抵押品的估值会随市场变化随行就市,根据危机时期市场价格的演变,中央银行可能会降低对抵押品的估值。

(3)中央银行使用的折扣率可能会由于以下原因提高:一是中央银行为了更好地抵御风险,会主动提高折扣率(因为其会更难准确把握资产等级,或者是疑虑其流动性,或者是希望避免受价格波动加剧的影响);二是资产迁移,如由于评级降低而成为适用于更高折扣率的资产等级。例如,欧元体系对评级低于 A 级(也就是评级为 BBB 级的资产,因为评级为 BB 级的资产一般情况下根本不属于合格抵押品范畴)的资产额外增加 5% 的折扣率。

在危机环境下,所有因素都会对 CVPH 产生下行压力,这意味着中央银

[①] 在这个简化的设定中,也反映了作为抵押品的银行资产的保守定价以及不是所有资产都能作为合格中央银行抵押品的事实。

行抵押品框架具有某种内生的顺周期性。中央银行想要在危机期间打破这种顺周期性,就必须事先设计出一个能够将顺周期性最小化的框架,或是在危机时采取前瞻性的调控措施。

其次,中央银行借款($B/2+k$)将由于金融危机时存款和资本市场的波动而变得更加不确定。在正常时期,银行会通过存款利率来选择 D(根据其经营模式和利润率考虑)。因此,从流动性管理的角度来看,正常时期银行可以选择从市场融资或从中央银行借款。而在金融危机时期,市场融资和存款流失变得不确定和难以控制,从而使某一特定期限的存款水平(包括资本市场融资)变成了一个外生随机变量。

总之,在金融危机期间,(1)折扣后的抵押品价值(CVPH)倾向于下降且变得更不确定;(2)中央银行借款($B/2+k$)的不确定性增加;(3)上述两者具有显著的负相关性(我们在图12.3显示的简单模型中忽略了这点)。因此,抵押品缺口 $CG = \max(0, B/2+k-CVPH)$ 的概率在危机期间也会变为正值,即 $P(CG>0)$ 将会从正常时期可以忽略不计的值开始上升。图12.2对此进行了说明。

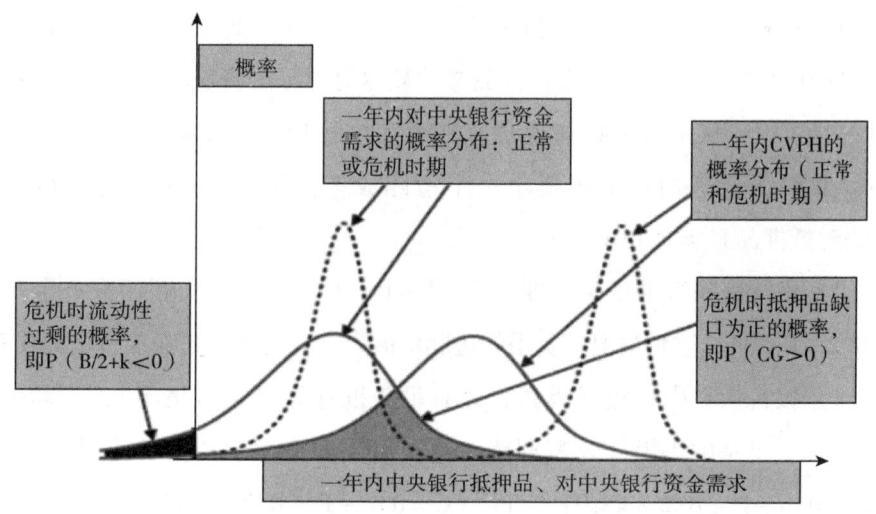

图12.2 压力环境下标准融资渠道枯竭的概率(包括正常的中央银行借贷)

从货币政策角度看,我们不得不提出质疑,即当 CG > 0 的概率显著上升时,对商业银行有效预期的定期融资成本,以及对商业银行对实体经济贷款的定价和规模,到底意味着什么。当 CG > 0 时,商业银行要么选择紧急流动性救助(ELA),尽管其成本很高(包括中央银行对 ELA 收取的较高利率、中央银行提出的附加条件、污名效应、市场准入的额外损失等);要么就选择重组或违约,这对于银行决策者而言是最沉痛的结果,因为股权资本会完全耗尽、管理层也将失业。如果进入融资市场具有不确定性,那么商业银行耗尽资金缓冲的情景将即刻不再遥不可及,而是会成为实实在在的风险。从管理层和股东的角度来看,在此情景下失去一切的可能性相当大。这意味着中央银行的短期贷款利率已经不能够充分代表货币政策的立场,因为与正常时期相比,从目标操作利率到商业银行贷款的传导机制被扰乱了。

为了更精确地将上述影响模型化,需要对正常状态和危机状态进行区分。在正常情况下,商业银行可依赖一年期的中央银行借款且有足额抵押品,其获得中央银行借款的概率是 100%。与之相反,在危机时期,需要区分三种情况:

(1)商业银行依靠中央银行借款,但没有足额的抵押品(CVPH)来获得需要的中央银行借款。假设抵押品缓冲耗尽时边际融资成本 $i_{ELA} > i^*$(最好的情况是,银行从中央银行获得紧急流动性救助 ELA;最坏的情况是,银行违约。我们综合这两种情况得出一个边际成本变量)。这种情况的概率为 P(缺乏抵押品)= P(CG > 0)。

(2)银行有超额准备金,即 B/2 – k < 0,其概率为 P(超额准备金)= P(B/2 – k < 0)。这种情况下货币的边际价值为 i_D,也就是超额准备金的利率。

(3)银行依靠中央银行借款,并有足额抵押品(正常情况):边际融资成本为 i^*,也是中央银行政策利率。这种情况的概率 P(正常情况)= 1 – (PCG > 0)– P(B/2 – k < 0)= P(CG = 0)– P(B/2 – k < 0)。

总之,(风险中性)银行的真实预期融资成本可以由三个利率的加权平均值来表示:

$$i\# = P(缺乏抵押品)i_{ELA} + P(正常情况)i^* + P(超额准备金)i_D$$
$$= P(CG > 0)i_{ELA} + [P(CG = 0) - P(B/2 - k < 0)]i^* + P(B/2 - k < 0)i_D$$
$$= P((1-h)(D/2 + B/2) - (B/2 - k) < 0)i_{ELA}$$
$$+ \{P[(1-h)(D/2 + B/2) - (B/2 - k)$$
$$\geq 0] - P(B/2 - k < 0)\}i^* + P(B/2 - k < 0)i_D \qquad (12.3)$$

对于有足额抵押品缓冲的银行,如果从中央银行融资的需求和 CVPH 未来演变的不确定性较低,那么银行的融资成本就会比较接近于中央银行利率。如果抵押品不足的概率为正,则情况就会发生变化,即 $i\# > i^*$。抵押品不足会导致有效货币条件收紧,即使这种情况只在未来某些特定情景下才会出现。于是就产生了一个问题:货币政策如何抵消这种紧缩效应?只要名义利率没有触及零利率下限,就可以通过降低中央银行政策利率的方式来补偿。如果名义利率已经降至零下限,那么有效的措施包括在危机中扩大抵押品范围、使银行相信未来 CVPH 不会缩减(类似于白芝浩原则,即在危机期间中央银行应基于在正常时期合格的抵押品范围持续提供借款)。由于名义政策利率目标(重要的政策参数)在利率触及零下限时会失效,中央银行不得不在其货币政策立场和风险防范之间进行取舍。

(四) 案例

现在考虑一个简单的案例,融资成本和货币政策传导由于预期的抵押品短缺而恶化。假设从银行的角度来看,对应期限的折扣率(如一年)为 $h = h_0 + \theta$,θ 服从 $N(0, \sigma_h^2)$ 分布,一年期的 k 服从 $N(0, \sigma_k^2)$ 分布。根据式 (12.3) 可得

$$i\# = P(x < 0)i_{ELA} + (P(x \geq 0) - P(y < 0))i^* + P(y < 0)i_D \qquad (12.4)$$

其中,x 服从正态分布 $N[(1-h_0)(D/2 + B/2) - B/2, (D/2 + B/2)^2 \sigma_h^2 + \sigma_k^2]$ 分布,y 服从正态分布 $N(B/2, \sigma_k^2)$。

表 12.2 提供了一些例子说明外生变量和政策变量是如何影响一年期有效融资利率(也就是银行向实体经济贷款的基准利率)的。表 12.2 中简要考虑了 11 种具体情景。

表12.2　抵押品不足和流动性过剩对1年期融资利率的影响

变量	I	II	III	IV	V	VI	VII	VIII	IX	X	XI
B	20	20	20	20	20	4	4	20	20	17.5	20
D	20	20	20	20	20	20	20	20	20	20	20
h_0	0.30	0.30	0.30	0.00	0.00	0.30	0.30	0.30	0.30	0.30	0.27
σ_k	1	4	4	4	4	1	4	6	6	6	6
σ_h	0.01	0.2	0.2	0.2	0	0.01	0.2	0.2	0.2	0.2	0.2
i_{ELA}	10%	10%	10%	10%	10%	10%	10%	10%	10%	10%	10%
i^*	4%	4%	2.12%	4%	4%	4%	4%	4%	1.66%	2%	2%
i_D	2%	2%	0%	2%	2%	2%	2%	2%	0%	0%	0%
$P(ELA)$	0.00	0.24	0.24	0.04	0.01	0.00	0.09	0.29	0.29	0.27	0.26
$P(i^*)$	1.00	0.75	0.75	0.96	0.99	0.98	0.61	0.66	0.66	0.66	0.69
$P(i_D)$	0.00	0.01	0.01	0.01	0.01	0.02	0.31	0.05	0.05	0.07	0.05
$i\#$	4.00%	5.43%	4.00%	4.22%	4.02%	3.95%	3.89%	5.64%	4.00%	4.00%	4.00%

注：灰色部分表示与情景I相比发生变化的输入变量。

情景I：由于抵押品和超额准备金耗尽的概率均可忽略不计，这种情景下 $i\# = i^*$。

情景II：假设存款流失和抵押品价值不确定性增加（存款变化的标准差由1增加到4，折扣率标准差由0.01增加到0.2），由于实施紧急流动性援助的概率显著提高，而流动性过剩的概率很小，因此有效的1年期融资利率提高至5.43%。

情景III：通过调整中央银行操作利率，即将公开市场信贷操作利率调整至2.12%、将存款便利利率调整至0%，使货币条件回到初始状态，1年期融资成本 $i\#$ 恢复至4%。换句话说，传统货币政策对冲了潜在抵押品不足对货币政策传导和货币条件有效性的非标准化影响。当然这种情况的前提是利率尚未触及零下限。

情景IV：中央银行试图通过将折扣率降为0来解决抵押品不足的问题，这偏离了中央银行的风险容忍度。此外，在我们的案例中，这种情景不能恢复初始的货币条件。

情景V：中央银行不仅将折扣率降为0，还"承诺"一年内不会调整抵押品合格性、折扣率和估值,这样一年内折扣率的标准差降为0。情景Ⅴ恢复了先前的货币政策立场,但以改变中央银行的风险容忍度为代价。

情景Ⅵ:回归最初参数设定,但假设流通中的现金 B 只有4,表明存款流入会迅速造成一家商业银行的流动性过剩,同时其几乎不可能耗尽抵押品缓冲(商业银行初始资产负债表规模为12,但依赖中央银行融资的规模仅为2)。其影响是一年期有效融资利率将降至4%以下。

情景Ⅶ:情景Ⅶ对情景Ⅵ的改变与情景Ⅱ对情景Ⅰ的改变类似,但影响方向相反。求助于存款便利的概率上升,这一影响抵消了紧急流动性援助概率上升的影响,因而 i# 甚至可能低于情景Ⅵ中的值。

情景Ⅷ:σ_k 更极端增长的情况,也就是增长到6。情景Ⅸ~Ⅺ都是如此。每种情景都将常规货币政策与一种非常规货币政策工具结合起来,因为单靠常规货币政策(也就是将利率走廊下移)将不足以恢复最初的货币政策立场,而政策组合则能够非常有效地恢复所需要的货币政策立场。

情景Ⅸ:将传统的降息(将 i^* 和 i_D 向下平移200个基点)和收窄利率走廊相结合,通过将 i^* 额外降低34个基点,利率走廊将由200个基点降至166个基点。

情景Ⅹ:中央银行将传统降息200个基点与直接购买2.5的公司债券相结合(参见第二章第二点,图2.1反映了中央银行直接持有证券的资产负债表)。这降低了商业银行向中央银行借款的初始动力。

情景Ⅺ:传统政策调整与初始抵押品折扣率下降相结合,其中折扣率由0.3降至0.27。

二、抵押品不足、污名效应和隔夜利率控制

我们对前面章节的模型进行了调整,以体现日常的银行间市场交易,以及在对称的利率走廊中,中央银行对隔夜利率的调控。从调整后的模型可以看出,中央银行通过公开市场操作能够在多大程度上消除由抵押品标准提升和污名效应对隔夜利率产生的影响。现在假设仍然存在银行间市场,并且中

央银行希望能够控制短期利率（这也是货币政策的通常操作目标）。例如，欧央行曾经通过构建对称的利率走廊来维持中性利率条件，但在2007年8月初市场恐慌开始出现并在8月9日突然加剧时，尽管事实上总体流动性条件并没有改变，但却导致了市场买卖价差和隔夜利率突然大幅上升。欧央行不得不临时额外增加一次回购操作向市场注入大量流动性。这种操作虽然在一定程度上再次降低了市场利率，但并不是真正有效的利率调控手段，而2007年8月以前真正意义上的对称流动性操作方式实际上也再未恢复（至少在2013年底前）。图12.3展示了（由法兰克福货币市场经纪人Kliemm提供的）买卖利率报价。当时欧央行的存款便利利率是3%，边际贷款便利的利率为5%，主要再融资操作利率为4%（正如第四章第二点描述的欧央行追求对称的利率走廊）。

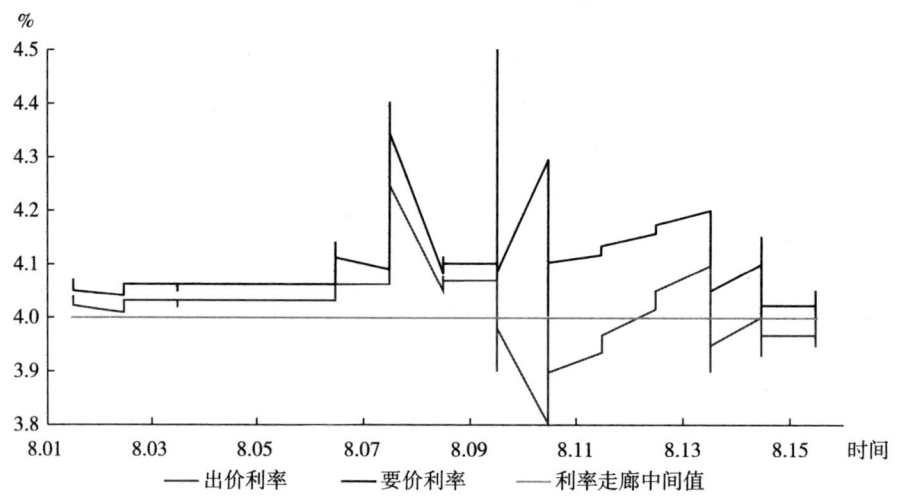

注：买卖报价由法兰克福货币市场经纪人Kliemm提供。

图12.3　2007年8月的前半月隔夜利率变化情况

（资料来源：路透）

彭博于2007年8月9日发表的一篇新闻报道描述了欧央行注入流动性当天的背景。目前，2007年8月9日被认定为金融危机发生的第一天：

第十二章 抵押品可得性与货币政策

Gavin Finch 和 Steve Rothwell 于 8 月 9 日报道（彭博社）：受美国次贷危机影响，欧元区银行对现金的需求突然增多。为此欧央行作出了前所未有的反应，向商业银行融出 948 亿欧元（1302 亿美元）资金以缓解信用恐慌（Credit Crunch）。银行间美元隔夜拆借利率达到了六年来的最高水平。今天伦敦银行间美元拆借利率从 5.35% 上升到 5.86%，欧元拆借利率从 4.11% 升至 4.31%……"受美国次贷危机的影响，投资者们不能及时收回资金，导致市场上的流动性完全枯竭，"……欧央行今天声明已经通过一次所谓的"微调"操作向市场提供了大量流动性，其规模超过了 2001 年 9 月 12 日（纽约恐怖袭击后一天）的 693 亿欧元。

为什么隔夜利率会上升？为什么欧央行会和其他中央银行一样选择通过向市场注入流动性来应对这一问题？第四章展示的对称利率走廊模型显示，如果将目标利率设定在由常备便利构建的利率走廊的中间位置，由于依靠任一种常备便利工具的概率都独立于任意对称概率分布的方差，因此流动性冲击方差增大本身并不会对隔夜利率水平产生影响。对于隔夜利率的变化，以及欧央行对此作出的反应，可以解释为实际有效利率走廊与官方常备便利工具所构建的利率走廊之间必然存在一定差异。

首先，商业银行不会将当天所有过剩资金都以存款便利的形式存入中央银行，特别是当商业银行还需要一大笔资金来满足存款准备金要求时。实际上，如果商业银行的过剩资金能够用来满足存款准备金要求，那么就不会存在流动性持有的直接成本。相反，正如第五章所提到的，当银行在日终存在透支时，就需要通过申请借贷便利从中央银行获取流动性支持。因此如果存款准备金实施平均法考核，且不允许商业银行出现日终透支，那么就会形成一个内在的不对称性，从而偏离鞅过程（Martingale Property）。Perez Quiros 和 Rodriguez（2006）专门就这一问题进行了分析，认为在金融危机时期由于流动性不确定性更高，这种不对称效应会进一步增强。

其次，如果某家商业银行面临流动性冲击，且既不能从无担保的银行间市场获得融资，又因为缺乏合格抵押品而不能参与正常的中央银行操作进行融资,那么其要么需要从中央银行获取紧急流动性援助(ELA),要么就可能发生违约。同样地,这也体现了流动性冲击的不对称影响。

再次,即便一家商业银行有足够的合格抵押品以通过中央银行借贷便利获得流动性,也可能会产生污名效应。中央银行是否会对借款机构进行询问?其他商业银行是否会发现借款机构的这一行为,由此产生更多猜疑并削减拆借规模?例如,Armantier 等(2011)认为,当商业银行从美联储贴现窗口借款时会产生污名效应,同时提供了经验证据证明了这种污名效应的存在、规模及其经济影响。该研究还发现,在金融危机最严重的时期,商业银行宁愿平均多付出至少 37 个基点(在雷曼兄弟破产后为 150 个基点)的溢价通过污名效应较小的定期拍卖便利获取借款,也不愿意从利率低但污名效应大的贴现窗口融资。

最后,诸如欧元隔夜拆借平均利率(EONIA,一种基于真实交易的欧元区银行间市场隔夜利率)这样的隔夜利率都是无担保利率,其中包含了信用风险溢价。当机构观察到信用风险增加时,隔夜利率自然会相应上升。

在正常的市场环境下,如果流动性冲击的变化不大,以上提及的这几个因素之间就没有很大的关联性,这也解释了为什么对称的利率走廊体系通常更易操作。但金融危机越严重,有效利率走廊的对称性就越差,银行间市场的均衡隔夜利率也就越高。

本部分对前文中的模型进行了再次解读。本章第一点中的模型考察的是当银行既不能向中央银行申请紧急流动性援助,也不能通过借贷便利工具获得融资时,公开市场操作利率以及目标利率 i^* 是如何变化的。在第四章提到的日常对称流动性管理模型中,除了开展日常公开市场操作外,日终时商业银行一旦出现准备金短缺就会寻求借贷便利。我们这里假设中央银行以债券购买交易的形式开展日常公开市场操作,并且 $S = B + x$,其中 x 表示的是买断式公开市场操作中超出中性量的部分,也就是超出的数量要能够确保在第四章的假设条件下,利率 i 刚好位于利率走廊的中间位置。表 12.3 仍然沿用之前假定的金融账户体系。

表 12.3 另一个金融账户体系中家庭存款和银行间借贷的转移（两家独立的商业银行）

家庭/投资者			
实物资产	E – D – B	家庭资产	E
银行1存款	D/2 + k		
银行2存款	D/2 – k		
现金	B		
企业			
实物资产	D + B	从商业银行借贷	D – x
		中央银行买断式公开市场操作	B + x
银行1			
对企业的贷款	D/2 – x/2	家庭存款/债务	D/2 + k
央行存款	max(0, –(–k – x/2))	从央行借款	max(0, –k – x/2)
银行2			
对企业的贷款	D/2 – x/2	家庭存款/债务	D/2 – k
央行存款	max(0, –(–k – x/2))	从央行借款	max(0, k – x/2)
中央银行			
买断式公开市场操作	B + x	现金	B
借贷便利	max(0, k – x/2) + max(0, –k – x/2)	存款	max[0, –(+k – x/2)] + max[0, –(–k – x/2)]

值得注意的是，在这个模型中，我们假设商业银行持有的部分企业债权是公司债券，其可以用于中央银行与商业银行之间开展的日常债券买卖。假设商业银行都是同质的，$i_{B+stigma}$ 表示的是商业银行向中央银行申请借贷便利时的成本，其中包括了污名效应的成本（$i_{B+stigma} > i_B$）。CVPH 是适用于每个（同质）商业银行的折扣后的抵押品价值，i_{ELA} 代表商业银行向中央银行申请紧急流动性援助时的全部成本（$i_{ELA} > i_{B+stigma}$）。第四章中的日常利率决定公式可以相应地调整如下：①

---

① 参见式（4.1）～式（4.3），虽然我们现在将准备金要求设定为零，这样 S – B 就能够反映银行预期的资金状况，但是第四章中构建的是仅包含一个银行的模型，而这里的模型中包含两个银行。

$$i\# = P(缺乏抵押品)i_{ELA} + P(借贷便利)i_{B+stigma} + P(超额准备金)i_D$$

（12.5）

以银行 2 为例（银行 2 与银行 1 之间并无差异，只是用不同的标记予以区分）：

$$i\# = P[(1-h)(D/2 - x/2) - (k - x/2) < 0]i_{ELA}$$
$$+ \{P[(1-h)(D/2 - x/2) - (k - x/2) \geq 0] - P(k - x/2 < 0)\}i_{B+stigma}$$
$$+ P(k - x/2 < 0)i_D$$

（12.6）

其中，$(1-h)(D/2 - x/2) - (k - x/2)$ 服从正态分布 $N[(1-h)(D/2 - x/2) + x/2, \sigma_k]$，$(k - x/2)$ 服从正态分布 $N(-x/2, \sigma_k)$。表 12.4 提供了式（12.6）中的相关参数，包括变量 σ_k 和公开市场操作中超出中性流动性的注入量（也就是超出 B）的政策反应变量 x。这表明通过买断式公开市场操作注入的额外流动性，确实可以将隔夜利率拉回至利率走廊中线水平。情景 VI 表明，至少在存款波动小幅增加的情况下，降低抵押品的折扣率也能起到同样作用，但这样做的代价是削弱中央银行的风险防控能力。

表 12.4 抵押品不足、污名效应对隔夜利率的影响以及中央银行可能的政策反应

变量	I	II	III	IV	V	VI
B	20	20	20	20	20	20
D	20	20	20	20	20	20
h	0.70	0.70	0.70	0.70	0.70	0.30
σ_k	1	2	4	2	4	2
x（公开市场操作中超出中性量的部分）	0	0	0	0.9	3.75	0
i_{ELA}	10%	10%	10%	10%	10%	10%
$i_{B+stigma}$	4%	4%	4%	4%	4%	4%
i_D	2%	2%	2%	2%	2%	2%
P(ELA)	0.001	0.067	0.227	0.030	0.061	0.000
P（借贷便利）	0.499	0.433	0.273	0.381	0.259	0.500
P（超额准备金）	0.500	0.500	0.500	0.590	0.680	0.500
i#	3.01%	3.40%	4.36%	3.00%	3.00%	3.00%

注：表中灰色阴影部分表示与场景 I 有关的自变量的变化。

如果商业银行持有足够的抵押品，从而能够完全抵御任何可能的日常流动性冲击，且不存在污名效应，那么式（12.6）就可简化为第四章第二点介绍的标准公式。此外，如果 $x=0$，那么 $i=(i_B-i_D)/2$。在以下三种情况下，银行间市场隔夜利率相较于利率走廊中线的非对称性会变得更高：一是（非对称分布的）流动性冲击的波动幅度变大；二是可用的抵押品变少；三是与申请借贷便利相关的污名效应更加显著。在金融危机期间，所有这些因素都会加剧，从而加大利率走廊的实际非对称性。当然，短期银行间市场利率相较于中央银行目标利率的上升，会对中央银行的利率控制产生不良影响。中央银行则会希望采取措施消除这种影响。

三、资产冻结问题

在本部分，我们将简要介绍一下由于商业银行向中央银行申请流动性支持而产生的资产冻结问题，包括当商业银行使用非流动资产（Non-liquid Assets）作为抵押品时，中央银行采用较高的折扣率等。资产冻结问题并不仅在商业银行向中央银行申请有抵押的融资时才存在，而是当商业银行将其相关部分资产用于抵押融资、债券发行（如抵押担保债券）或为衍生品交易交纳保证金时始终存在。然而，评级机构惠誉（Fitch）在一份报告（"商业银行使用抵押担保债券：2013年最新进展、惠誉评级及特别报告"，2013年6月6日发布，第4页）中指出：

> 由于金融危机、欧元区危机以及金融市场的混乱，许多商业银行无法通过无担保市场获得资金，从而导致抵押融资大幅增加。受欧洲危机影响，用于获取欧央行融资的抵押品的增多导致资产冻结规模的大幅增长；对于一些欧元区外围国家的银行而言更是如此，这些银行无法进入高级别的无担保融资市场。

观察表12.5中商业银行的资产负债表。现在E代表银行股权，D代表的是该银行的初始居民存款。

表 12.5　制式的商业银行资产负债表

资产		负债	
资产	$1+\varepsilon$	存款和债务工具	D
		中央银行借贷	$1-D-E$
		股权	$E+\varepsilon$

假设一年期资产价值服从正态分布 $N(A,\sigma_\varepsilon)$。此外，假设当 $E=0$ 时发生违约行为，违约概率为 $\Phi(-E/\sigma_\varepsilon)$，$\Phi(\ )$ 为高斯累积分布。进一步假设，当违约发生时，有一部分资产价值会损失。相关实证研究表明，这种违约损失 LGD (Loss Given Default) 大约占资产价值的 50%（参见标准普尔在 2009 年发布的报告）。回收率 rr 定义为 $(1-LGD)$，即与正常价值相比，违约后的债务价值。

如果投资者是风险中性的，无风险利率为 i，同时假设所有的债权人都没有保险保护且地位相同，那么投资者要求从商业银行获得的利率为

$$i_D = i + \Phi(-E/\sigma_\varepsilon)LGD \tag{12.7}$$

资产冻结会对未担保债权人的实际违约损失产生影响。假设所有的债权人都处于同等地位，且没有人对其债权提出担保要求。设定无担保债权的实际违约损失为 LGD#，实际回收率为 rr#。在计算 LGD# 和 rr# 时，需注意违约发生后的剩余资产为 $rr(1-E)$。但是中央银行获得了价值为 C 的抵押品，由于中央银行对有冻结的抵押品实施正的平均有效折扣措施，即 $C>1-D-E$，所以这里我们假设中央银行根据式（9.1）来设定抵押品的折扣率（参见第九章）。于是，可以从折扣率设定公式来计算 C 的价值。中央银行的借贷在总资产中的份额为 $1-D-E$，对充当抵押品的资产所采用的平均折扣率为

$$\left(\int_0^{1-D-E} x^\delta dx\right) = \frac{(1-D-E)^{\delta+1}}{\delta+1} \tag{12.8}$$

我们也知道 $C(1-$ 平均有效折扣率 $)=(1-D-E)$，于是有

$$C = \frac{1-D-E}{1-\dfrac{(1-D-E)^\delta}{\delta+1}} \tag{12.9}$$

用来支付给储户的剩余资产价值为 $rr(1-E)-C$，有效回收率和储户的

违约损失分别为

$$rr\# = \frac{(1-E)-C}{D}; \quad LGD\# = 1 - \frac{(1-LGD)(1-E)-C}{D} \quad (12.10)$$

因为商业银行偿付能力不足而导致违约，此时银行需要补偿支付的利率为

$$i_D = i + \Phi(-E/\sigma_A)LGD\# \quad (12.11)$$

表12.6呈现了不同情况下的LGD#值和特定情况下因资产冻结而增加的隐含信用利差。资产负债表的规模通常为1，进一步假设在任何条件下LGD = 50%，那么因偿付能力不足而发生违约的概率为$\Phi(-E/\sigma_\varepsilon) = 2\%$。附加利率是由于实行正的折扣率而产生资产冻结后额外提高的利率。根据中央银行的借贷在商业银行总资产中的份额不同（10%和20%，市场融资份额相应进行调整），可以区分为两种具体情况。此外，不同的折扣率参数δ对应的情况也有差异。在欧元体系的例子中，欧央行的折扣率参数为0.2。

表12.6 在中央银行实施折扣率要求并在违约发生时
"消耗"冻结资产的情况下，未保险存款人的实际违约损失（LGD#）

D = 0.8；E = 0.1；LGD = 50%						
δ	0.1	0.2	0.3	0.5	1	10
抵押品价值	0.36	0.21	0.16	0.13	0.11	0.10
LGD#	66%	57%	54%	52%	50%	50%
因资产冻结而附加的利率	32个基点	14个基点	8个基点	3个基点	1个基点	0
D = 0.7；E = 0.1；LGD = 50%						
抵押品价值	0.88	0.51	0.38	0.28	0.22	0.20
LGD#	99%	72%	63%	56%	52%	50%
因资产冻结而附加的利率	98个基点	44个基点	26个基点	12个基点	3个基点	0

如果采取一个比较保守的抵押品折扣率，如设定$\delta = 0.1$，那么当商业银行从中央银行获取0.1的资金，需要提供价值为0.36的抵押品[①]。这导致没

[①] 参考第九章中折扣率公式，折扣率 h = h(x) = xδ，抵押品参数δ越接近0，则折扣率h就越接近1，相反，抵押品参数δ越大（如接近10），折扣率就越接近0。通常对于诸如国债这样的高流动性债券，折扣率是很低的。——译者

有保险的存款客户遭受的实际违约损失（LGD#）为66%。如果商业银行更加依赖中央银行的流动性支持，即 $1-D-E=0.2$，那么在 $\delta=0.1$ 的情况下，发生违约时存款客户将失去几乎所有的存款（99%）。很显然，这种银行对于无担保存款或其他形式的固定收益投资都缺乏吸引力。与信用风险相关的附加利率也会随着实际LGD#的增加而上升。值得注意的是，在欧元区债务危机期间，国民银行体系暂时与资本市场隔绝，中央银行的资金占商业银行总资产的比重达到了一个较高的水平（至少对于个别银行来说是这样），相当于表12.4中下半部分的水平（20%，在某些时候甚至更高）。此外，抵押品价值会因反映当时的市场价值而趋于下降，而这并未在前面的模型中体现出来。例如，2011/2012年欧元体系内葡萄牙10年期国债的估值不足原有价值的50%（这在前面的模型中类似于增加了额外的折扣率），而当时希腊国债甚至一度贬值80%以上。

需要承认的是，在前面所构建的简单模型中都是假设中央银行在交易对手方发生违约时，会全盘接收其提供的抵押品，即便在抵押品处置后发现有剩余价值，也不会退还给交易对手方。然而在实际操作中，特别是在抵押品折扣率非常高的时候，通常会有剩余抵押品价值，这会提高未担保债权人的最终回收率，进而在一定程度上降低了资产冻结对无担保融资利率的实际影响。

四、银行挤兑与中央银行抵押品

本部分我们将讨论第十一章所提出的银行挤兑问题如何影响货币政策立场。与本章第一点和第二点的模型不同，现在我们假定银行存款是内生的，不对存款的波动性作预先假设，只考虑一个简化的模型（我们选择最基本的银行挤兑模型，不考虑多重均衡问题[①]）。我们在表11.7（商业银行资产负债表）的基础上进行以下两方面的拓展，修正后的资产负债表如表12.7所示。

[①] 关于该领域更复杂的模型，可参见Morris和Shin（2001）、Freixas和Rochet（2008）、Chapman等（2010）。

表 12.7　商业银行资产负债表

资产		负债	
流动资产	$\Lambda(2+E)$	储户 1	1
基本可流动资产	$\Pi(2+E)$	储户 2	1
非流动资产	$(1-\Lambda-\Pi)(2+E)$	中央银行再贷款	0
		所有者权益	E

一是将商业银行资产划分为三类：任何情况下都具有流动性的资产，所占份额 $\Lambda \geq 0$；基本可流动资产，但在危机时期可能丧失流动性，所占份额 $\Pi \geq 0$；其余为非流动资产。显然，$\Lambda + \Pi \leq 1$。此外，流动资产零成本即可变现，非流动资产任何时候都无法变现。

二是中央银行对所有资产都执行相同的抵押品折扣率 h（在第十一章我们并未考虑商业银行申请中央银行资金支持的情况）。这意味着，商业银行最多可向中央银行申请的资金支持额度为 $(1-h)(2+E)$。假定商业银行最初持有的中央银行再贷款余额为 0，但我们仍在相应的资产负债表中嵌入了这一项。

假定当前我们处于"好"的时期，此时基本可流动资产实际上具有完全的流动性（事实上市场中没人认为基本可流动资产可能劣变成非流动资产）。此时商业银行在面临挤兑风险时所能筹措的最大流动性资金 $L = (\Lambda + \Pi)(2+E) + (1-h)(1-\Pi-\Lambda)(2+E)$。与第十一章的结果类似，当满足 $(\Lambda + \Pi)(2+E) + (1-h)(1-\Pi-\Lambda)(2+E) \geq 1$，且 $E \geq 0$ 时，存在单一的、无挤兑的存款均衡。若商业银行出现违约，两个储户都前来挤兑，银行资产负债表如表 12.8 所示。

表 12.8　面临挤兑时的商业银行资产负债表

资产		负债	
非流动资产	$(1-\Lambda-\Pi)(2+E)$	储户 1	$1-L/2$
		储户 2	$1-L/2$
		中央银行再贷款	$(1-h)(1-\Pi-\Lambda)(2+E)$
		所有者权益	E

注：银行面临两个储户的挤兑风险，$L<2$，L 表示银行此时所能筹措的最大流动性。

该商业银行面临如下决策问题：在给定 Λ、Π 和 h 的情况下，需要多少所有者权益 E 才能维持 2 个储户的短期融资？同时与之相关的是，在给定这些变量的情况下，银行的平均融资成本将会是多高？可以对上述均衡条件变形得出

$$(\Lambda + \Pi)(2 + E) + (1 - h)(1 - \Pi - \Lambda)(2 + E) \geq 1$$
$$\Leftrightarrow [\Lambda + \Pi + (1 - h)(1 - \Pi - \Lambda)]E + (\Lambda + \Pi)2 + (1 - h)(1 - \Pi - \Lambda)2 \geq 1$$
$$\Leftrightarrow E + 2 \geq 1/[\Lambda + \Pi + (1 - h)(1 - \Pi - \Lambda)]$$
$$\Leftrightarrow E \geq 1/[1 - h + h(\Lambda + \Pi)] - 2$$

(12.12)

可见，所有者权益的临界值 $E^* = 1/[1 - h + h(\Lambda + \Pi)] - 2$，是 h 的增函数，是 $(\Lambda + \Pi)$ 的减函数。表 12.9 列出了在不同的 h 值和流动资产份额下，对应的所有者权益的临界值 E^*。

先考虑这样一种初始情形：h = 0.8，相当于欧央行实行的平均抵押品折扣率；$\Lambda = 20\%$；$\Pi = 20\%$。如果商业银行不考虑近似流动资产劣变成非流动资产的可能性，这时商业银行将不会持有任何的所有者权益，即 E^* 等于 0，商业银行实际融资成本等于存款利息，而我们假定存款利率等于中央银行的政策利率。给定这些条件，该商业银行所能筹措的最大流动性规模 L 等于 $(0.4 \times 2 + 0.6 \times 2 \times 0.2) = 1.04 \geq 1$，因而足以维持单一的无挤兑均衡。

表 12.9　不同折扣率（h）和流动资产份额假定下，

维持两个存款人短期资金需求所需要的所有者权益 E^*

折扣率（h）	流动资产份额（"好"时期为 $\Lambda + \Pi$；"坏"时期为 Λ）					
	0.001	0.1	0.2	0.3	0.4	0.5
0.99	89.0	7.2	2.8	1.3	0.5	0.0
0.9	7.9	3.3	1.6	0.7	0.2	0.0
0.8	3.0	1.6	0.8	0.3	0.0	0.0
0.7	1.3	0.7	0.3	0.0	0.0	0.0
0.6	0.5	0.2	0.0	0.0	0.0	0.0
0.5	0.0	0.0	0.0	0.0	0.0	0.0

然而，如果现在发生了（非预期的）金融危机，基本可流动资产丧失了流动性，此时该商业银行所能筹措的最大流动性规模 L 降为 L = (0.2 × 2 + 0.2 × 2 × 0.2) = 0.72 < 1，不再满足单一的无挤兑均衡，而是会存在两个均衡，其中一个就是储户挤兑、银行违约的情况。两种均衡可以区分如下：一种是挤兑立即发生，商业银行出现违约，同时存在一定的社会成本；这里我们假设另一种较好的均衡情况，即在一定时期内不立即发生银行挤兑，银行不会立即破产。出现第二种情形时，商业银行需要及时调整其融资结构，以恢复到单一的、无挤兑均衡状态。这时商业银行需要在流动性资产减少的情况下进行股权融资，最低股权规模 E ≥ 1/(1 − h + hΛ) − 2 = 0.8，从而会带来平均融资成本的上升。原则上银行对实体经济的贷款利率也会相应提高，这意味着实际货币条件明显收紧。

中央银行也可以通过将抵押品平均折扣率降至60%来中和上述影响，这时商业银行不再需要补充股权资本（一级核心资本）即可实现稳定的无挤兑均衡状态。如果中央银行尚未触及零利率下限，其会更倾向于降低政策利率而不是在自身风险容忍度方面妥协。一旦触及零利率下限，中央银行需要考虑在风险容忍度和改变政策立场两个相互冲突的目标之间进行权衡取舍。若采取降低抵押品折扣率的措施，可能有助于避免金融危机恶化为螺旋式通货紧缩，但同时也可能引发预期中的道德风险。Diamond 和 Rajan（2012）、Chapman 等（2010）也曾对这种影响进行讨论，Chapman 等（2010）得出结论"如果中央银行承诺今后不再使用该政策，那么抵押品折扣率暂时性的突然下降将带来社会福利的改善"。

在第十六章中，我们将讨论由金融危机期间中央银行扩张性抵押品政策所引发的道德风险问题，事实上中央银行可以通过提前完善流动性监管来避免该问题。

五、中央银行证券借贷计划

出于多种目的，融券业务在金融市场广泛开展（参见 Financial Stability

Board，2012）。融券业务是指证券（如股票和债券）向第三方（证券融入方）转移，证券融入方将以其他证券或现金的形式向融出方提供抵押品并支付一定费用（参见 Association of British Insurers 等，2010）。

在正常时期，中央银行主要基于两种目的向市场提供融券业务：一是提高中央银行资产组合（国内资产或外汇储备）的额外投资收益；二是实现某些二级政策目标，如以政府代理人的角色平滑国债市场波动。

在国际金融危机期间，许多中央银行都启动了专门的证券借贷计划（Securities Lending Programme，SLP），以提高金融机构的资金流动性。由于这些证券借贷计划都是"以券换券"，并不涉及中央银行的货币投放，只是用高流动性证券（不是货币）置换低流动性证券，因而我们将其视为抵押品措施。为了实现危机管理目的，中央银行在执行 SLP 时，将留存的高流动性债券借给金融机构，金融机构再用其到银行间回购市场拆借资金。当然，在无担保银行间市场和以低流动性资产作抵押的银行间市场功能瘫痪时，中央银行提供的高流动性债券将有助于恢复银行间市场的交易活力（参见第十一章第二点讨论的危机时期无担保银行间市场交易缩水；第十一章第四点讨论的危机时期银行间回购市场中低流动性资产作为抵押品的使用量明显下降）。

资金紧张时期，中央银行 SLP 并不向银行体系注入货币，因而本质上并不会改变中央银行的资产负债表规模。不过，它会通过增加额外的银行间市场抵押贷款，间接地塑造一个更为有效的、对中央银行完全依赖的银行体系网络，如果前期中央银行因为绝对中介化而导致资产负债表膨胀，那么它还有助于缩减中央银行资产负债表规模。

需要指出的是，前文中银行 2 所受的抵押品约束，并不取决于中央银行是否决定拓宽抵押品范围或者选择实施 SLP 保障额外的抵押品供给。不过，这两种政策措施在调控隔夜利率水平时则有着显著差异。设想市场上一部分银行面临存款流入，且这些银行仍然有相对较高的信用等级，它们可以按照正常利率进行银行间市场隔夜拆借以调整自身的流动性头寸。假定该隔夜银行间市场交易利率就是隔夜货币市场利率，那么，若中央银行未推出 SLP，隔夜利率将会升至存款便利利率的水平；若中央银行执行 SLP，金融市场条件变化对中央银行准备金的影响是中性的，此时高流动性银行之间的无担保隔夜利率，以及高流动性银行和流动性紧张银行之间的回购利率，均处于中央银行设置的利率走廊中线位置。

此外，需要说明的是，SLP操作具有能够活跃银行间市场的优点，从某种意义上说，这将提升金融市场的信贷配置功能。同时，SLP操作也能够抑制危机期间银行信贷链条和银行间市场交易的恶化，从而有助于危机后金融市场迅速恢复。

最后，如果那些原本无法参与正常中央银行信贷操作的金融机构被授权可以与中央银行之间开展融券业务，那么SLP无疑将更有益处。如果这些金融机构平常可以获得商业银行贷款，而由于危机丧失了这种能力，那么允许这些机构参与SLP操作相当于重新开辟其进入有担保银行间借贷市场的机会，从而能够避免这些机构出现违约。当然，中央银行也可以直接将其作为信贷操作对手方，向其注入流动性。

下面我们将介绍国际金融危机期间美联储和英格兰银行分别实施的证券借贷计划。

（一）美联储定期证券借贷便利（TSLF）

TSLF主要面向于那些无法获得美联储其他流动性便利支持的金融机构。美联储网站的介绍如下：

> 2008年3月，为了缓解一级交易商在长期融资和抵押品方面面临的压力，美联储推出了定期证券借贷便利（Term Securities Lending Facility，TSLF）。一级交易商主要通过证券抵押获得融资，但当抵押品市场丧失流动性的时候，一级交易商融资愈加困难，也就无法支撑金融市场交易。TSLF提高了一级交易商的流动性水平，进而促进了整个金融市场环境的改善。通过该计划，美联储将高流动性的美国国债拆借给一级交易商一个月，换取对方的其他合格抵押品（往往由低流动性证券构成），并从中收取一定费用。美联储在实施TSLF计划时，所有证券借贷都是通过拍卖

成交的，第一阶段的抵押品置换拍卖于 2010 年 2 月 1 日结束。按照 TSLF 的条款规定，美联储拆出的所有证券都应全额偿还，并支付相应的利息。

（二）英格兰银行特别流动性计划（SLS）

Cross 等（2010）对英格兰银行 SLS 的介绍如下：

英格兰银行于 2008 年 4 月推出 SLS，允许商业银行将优质的，但暂时缺乏流动性的抵押贷款支持证券及其他债券换成英国国债，以提高银行体系的流动性。受国际金融危机冲击，2007 年英国一些资产支持证券市场意外关市，SLS 主要面向商业银行资产负债表的存量资产，只有那些计入 2007 年末商业银行资产负债表的存量资产才能作为合格抵押品，当然商业银行要为置换到的国债支付一定的费用。SLS 互换协议最长可以展期至三年……拆借窗口开放至 2009 年 1 月 30 日。因此 SLS 的最后一批互换协议最晚于 2012 年 1 月到期，此后 SLS 计划将终止。2009 年 2 月，英格兰银行宣布，通过 SLS 置换出的国债面值约合 1850 亿英镑。鉴于规模如此之大，英国政府还对英格兰银行 SLS 项下的操作给予了补偿。

Cross 等（2010）还介绍了英格兰银行的贴现窗口机制（Discount Window Facility，DWF）。英格兰银行于 2008 年 10 月推出 DWF，并将其作为永久性的证券借贷计划，对现有的常规借贷便利进行补充。

DWF 规定，商业银行可以用不同种类的抵押品向英格兰银行拆借英国国债，并根据抵押品种类和拆借规模来确定费用。英格兰银行针对 DWF 制定了相应条款，避免商业银行未来再次寻求更高的流动性风险，并保护英格兰银行资产负债表不受损失。DWF 协议期限通常为 30 天，英格兰银行正在商讨是否扩展 DWF 计划中合格抵押品的范围，前提条件是英格兰银行能够评估抵押品标的资产价值，并对其进行有效的风险管控。

第十三章 公开市场操作和常备便利工具

一、常备便利利率走廊的运用及宽度

国际金融危机期间,一些主要的中央银行针对短期利率的调控模式经历了由"对称利率走廊模式"(参见第四章第二点)向"基于单向常备便利工具模式"(参见第四章第一点、第十章以及本章附录的中央银行资产负债表部分)的转变。对美联储和英格兰银行来说,这种转变源自两者实施的大规模资产购买计划;对于欧央行来说,这种转变源自欧元区市场的分割和欧央行干预银行间市场的意愿。但三者的共同之处在于,中央银行通过注入流动性使商业银行存在过剩准备金头寸,从而使其对中央银行的存款便利(或者超额准备金付息)存在系统性依赖,进而影响了银行间市场隔夜利率[如美国联邦基金利率、欧元隔夜拆借平均利率(EONIA)和英镑隔夜拆借平均利率(SONIA)]。当然,调控模式的转变并非政策调整的主要原因,政策调整的作用主要表现包括:

(1)维持银行间市场短期利率稳定。实际上,在采用"对称利率走廊模式"并伴有准备金平滑要求时,由于危机期间货币市场存在显著缺陷和大幅波动,中央银行很难严格调控隔夜市场利率。也就是说,转向"基于单向常备便利工具模式"才使得日终流动性管理和目标利率调节更加顺畅。

(2)保持多数商业银行的流动性头寸处于适宜水平,提升金融体系的韧性。这种说法适用于美国和英国,因为事实上几乎所有的商业银行都得益于资产购买计划而被注入超量流动性。对于欧元区而言,危机造成部分主要商业银行流动性过剩,而这些商业银行的流动性状况影响了 EONIA,与此同时一些(外围)商业银行的资金仍然紧张。从这个意义上来讲,第二种作用事实上在欧元区并不成立。

调整常备便利利率走廊宽度,尤其是收窄走廊宽度,是金融危机期间一些中央银行所采取的非常规措施①。中央银行收窄常备便利利率走廊宽度,主要出于以下三种考虑,本书将重点分析第三种。

(一) 更好地调控短期利率水平

中央银行收窄利率走廊宽度的最直接动机,就是降低短期利率的波动水平,因为隔夜利率通常在利率走廊内波动。这也是危机期间美联储启动超额准备金付息计划(等价于自动存款便利)的官方理由之一(参见美联储 2008 年 11 月 5 日的新闻稿)。只要政策运用并不带来显著的污名溢价(Stigma Premium),并且抵押品充足,那么通过收窄贷款便利利率与目标利率的差额,就能够抑制银行间市场利率的剧烈波动。

(二) 使用贷款便利的污名效应

美联储的贴现窗口长期背负紧急流动性援助的污名,往往隐含相关银行出现了较为严重的流动性问题。1920 年以来,美联储自身长期的政策实践也逐渐强化了这一污名效应。此外,正如前面所提到的,美联储常备便利工具是美国一些著名经济学家诟病较多的对象(如 Friedman,1982)。

银行资产负债部门都深知,在缓冲流动性风险时,没什么能比良好的形象和声誉更为重要。伊利诺伊大陆国民银行(Continental Illinois)就是常被提及的例子。1984 年 5 月 11 日,该银行通过美联储贴现窗口借入 36 亿美元,消息公布后,市场均认为这家银行陷入了严重的流动性问题,这种预期逐渐自我实现,最终导致该银行破产。此外,2007 年 8 月末,巴克莱银行向英格兰银行贴现窗口申请几亿英镑的贷款,也曾引发金融市场的广泛关注和恐慌。

---

① 详见 Bindseil 和 Jablecki (2011a)、(2011b) 关于该主题的研究成果。

2007 年 8 月 31 日《卫报》(*The Guardian*) 发表文章指出（作者为 Ashley Seager、Larry Elliott 和 Julia Kollewe）：

> 昨晚有消息披露，在最近两周内，巴克莱银行被迫第二次向英格兰银行申请几亿英镑的紧急贷款便利。巴克莱银行在伦敦股市收市后急切地发表了一份声明，试图平息市场认为其面临流动性危机的恐慌。一时间传言四起，都说巴克莱银行在此前已经以 6.75% 的惩罚性利率从中央银行获得 16 亿英镑再贷款后，现在又要被迫向英格兰银行求助了。但巴克莱银行表示："英国金融市场并不存在流动性问题。巴克莱自身流动性充足。在市场正面临挑战的时期，这种流言无益于市场、机构及投资者。"

本书第十二章第二点曾援引 Armantier 等（2011）的估计结果，即雷曼事件爆发后，美联储贴现窗口政策的污名溢价升至 37 个基点。中央银行降低贷款便利的惩罚性利率水平，有助于缓解污名效应，因为这将引导那些没有流动性问题的银行使用贷款便利。

（三）降低中央银行完全金融中介成本，并以此缓解紧缩的货币条件

Bindseil 和 Jablecki（2011a，2011b）通过构建金融账户模型，分析了常备便利利率走廊宽度与银行间市场交易成本的关系。本书第六章第二点已经对 Bindseil 和 Jablecki（2011b）的模型进行了介绍，该模型的优点在于能够刻画危机期间的参数变化（银行间市场有效性下降，其可以通过银行交易成本 C_{MM} 和存款转移冲击的波动性的上升来描述）如何影响常备便利工具的使用情况、隔夜利率波动情况以及常备便利利率走廊宽度的政策效应等。

Bindseil 和 Jablecki（2011a）基于一个结构化的金融账户模型，论证了银行间市场瘫痪时，常备便利利率走廊宽度对于货币政策传导的重要影响。该研究可视为 Woodford（2010）提出的"将中央银行金融中介化成本嵌入货币政策分析"的实例，同时还模拟了具体货币政策工具对于该成本的影响。模

型的基本框架如表 13.1 所示,由于模型采用由供给参数、需求参数和边际成本曲线参数所构成的函数形式,与之前的金融账户模型略有差异。

表 13.1 模拟银行间市场融资成本和中央银行金融中介化对企业融资条件影响的金融账户模型

家庭/投资者			
实物资产	$E - D_1 - D_2 - B$	家庭资产	E
在银行 1 存款	D_1		
在银行 2 存款	D_2		
现金	B		
企业			
实物资产	$L_1 + L_2$	银行贷款	$L_1 + L_2$
银行 1			
企业贷款	L_1	家庭存款	D_1
在中央银行的存款	CBD_1	中央银行再贷款	CBB_1
同业拆放	Y	同业借款	0
银行 2			
企业贷款	L_2	家庭存款	D_2
在中央银行的存款	CBD_2	中央银行再贷款	CBB_2
同业拆放	0	同业借款	Y
中央银行			
对商业银行的再贷款	$CBB_1 + CBB_2$	现金发行	B
		商业银行存款	$CBD_1 + CBD_2$

1. 家庭部门。假设居民家庭仍实行实物资产和金融资产的多元化配置,其中金融资产包括分散于两家银行的存款和现金,现金数量是给定的。为了尽可能地简化模型,假设居民存款供给与商业银行利率报价成正比(b 为大于零的常数):

$$D^S = bi \tag{13.1}$$

式(13.1)代表家庭放弃实物资产(扣除现金持有)的机会成本。经过变换,家庭持有存款的边际价值或机会成本曲线可以表示如下:

$$MV_{HH}(D) = D/b \tag{13.2}$$

家庭存款将在两家银行之间进行分配，即 $D = D_1 + D_2$；我们将在介绍银行体系时再对存款如何分配进行解释。

2. 企业。假设对企业的贷款需求函数进行类似的简化处理（R、d 均为大于零的常数）：

$$L^D = R - di \tag{13.3}$$

同样地，经过变换可得到企业贷款的边际价值曲线：

$$MV_{CORP}(L) = (R - L)/d \tag{13.4}$$

企业贷款需求总额分布在两家银行，分布方式主要取决于两家银行的相对竞争优势：$L = L_1 + L_2$。假设目前处于"零交易成本的世界"，金融中介零成本，通过供求相等可推导出

$$i^* = (R - B)/(b + d) \text{ 且 } D^* = L^* - B = b(B - R)/(b + d) \tag{13.5}$$

当存在正的金融中介成本时，结果较为复杂，并且还要区分不同情况。由于经济中初始实物资产的价值等于家庭股权总额 E，且规模永远保持不变，同时经济中只有家庭和企业持有实物资产，那么企业的实物资产 $L_1 + L_2$ 必然等于家庭持有的金融资产总额 $D_1 + D_2 + B$。

3. 银行体系。假设银行可以持有三种类别资产：企业贷款（L）、同业拆放（Y）、在中央银行的存款（CBD）。负债来源也可以划分为三种：居民存款（D）、同业负债（Y）、中央银行再贷款（CBB，其期限与现有模型无关，即只要中央银行贷款便利是固定利率全额供给的，不论是隔夜便利，还是更长期限的公开市场操作，都不影响模型结论）。金融中介是有成本的，假定商业银行吸收存款、发放贷款中均会产生一定成本。两家商业银行的边际成本函数不同，并给定 $c_j^D = k_j D_j$、$c_j^L = p_j L_j$，其中 c_j^D 是银行 j 吸收存款的边际成本，c_j^L 是银行 j 向企业发放贷款的边际成本，k_j、p_j（$j = 1, 2$）为大于零的常数。假定银行之间完全竞争，通过金融中介作用实现社会福利最大化时，能够确定银行最优的存款规模和贷款规模。原则上，这要求不同银行吸收存款的边际成本和发放贷款的边际成本都处于均衡状态且是相等的。当然，实现上述状态需要特定的条件。在未引入中央银行和银行间市场之前，问题的关键是

通过选择 D_1、D_2、L_1、L_2 使社会福利最大化（需要满足 $D_1 = L_1$、$D_2 = L_2$，且 D_1、D_2、L_1、L_2 均大于零）。在引入银行间市场后，约束 $D_1 = L_1$、$D_2 = L_2$ 可以放松为 $D_1 + D_2 = L_1 + L_2$。同时，还需要假定银行间市场的交易成本，并将其从总的福利效应中扣除。令 Y 为银行 1 拆借给银行 2 的资金规模（若银行 2 为净拆出方，则 Y 为负值），假定银行间市场边际借贷成本为常数 C_{MM}，那么银行间市场交易的总成本为 $C_{MM}Y$。

4. 中央银行。假定居民对现金的需求量是外生的。当商业银行向中央银行借款的规模与流通中现金的规模相等时，各经济主体资产负债表的内在约束将随之改变。事实上，如果整个银行体系对中央银行存在流动性缺口（没有存款便利，或者没有使用存款便利的必要性），那么约束条件 $D_1 + D_2 = L_1 + L_2$ 将变为 $D_1 + D_2 + CBB_1 + CBB_2 = L_1 + L_2$，且 $CBB_1 + CBB_2 = B$。由此可知，商业银行发放的贷款规模恒等于吸收存款规模与流通中现金规模之和：$L = D + B$。如果中央银行同时提供贷款便利与存款便利（利率不同），那么中央银行资产负债表将会出现一家商业银行在中央银行存款、另一家从中央银行借款的情形。

5. 均衡状态。当家庭、企业对金融产品和服务的总需求与金融市场的总供给相等时，金融体系实现均衡，从而确定均衡时的存贷款规模及其利率（进而决定存贷款利差水平）。假定对金融体系而言，金融产品和服务的总需求是外生的，且形式简单。假定任何时候的贷款需求总强劲，足以支撑金融机构向家庭部门吸收的存款。存贷款中介业务的"经济租"（Gross Rent）取决于存贷款边际价值曲线之差：

$$MV_{CORP}L - MV_{HH}D = \frac{R-L}{d} - \frac{D}{b} = \frac{R-D+B}{d} - \frac{D}{b} = \frac{R-B}{d} - \frac{b+d}{db}D$$

(13.6)

当考虑中央银行现金发行和常备便利等可能的中介后，金融中介服务的供给曲线，也即（竞争性）银行体系的边际成本曲线，会变得更为复杂，我们将得到一条包括两个节点的线性边际成本曲线。Bindseil 和 Jablecki（2011a）论文的命题 1 概述了金融中介服务供给曲线，命题 2 论证了存在唯一的金融体系均衡,并描述了各部门金融账户的状态。需要强调的是,该模型包括两家商业银行,但银行间市场中介交易与中央银行中介交易不能同时存在(即使只有两家银行,也只有当假设银行间市场交易边际成本是递增的,而不是常数时,才能实现两种金融交易共存的均衡)。

理解(银行间市场和中央银行)金融服务的总边际成本曲线,应区分如下三段的特征:

第一段和第一个节点:得益于中央银行在银行间市场的一些相对金融中介化作用,商业银行资产负债两端的比较优势均充分发挥。在这一段,当两家银行的边际成本处于均衡状态且相等时($c_1^D = c_2^D$,$c_1^L = c_2^L$),银行吸收存款和发放贷款的比较优势可以同时充分实现。若要满足两家银行存贷款边际成本相等,第一个节点就是中央银行再贷款如何在两家银行之间进行分配,从而实现不同银行的资产负债表两端的边际成本相等。也就是说,在吸收存款上具有比较优势的银行与在发放贷款上具有比较优势的银行相比,前者从中央银行再贷款的份额相对较少。当然,如果存在零成本的银行间市场交易[如完全有效的银行间市场($C_{MM}=0$),或者常备便利利率走廊宽度为零($C_{COR}=0$)],金融中介服务的总边际成本曲线继续上升,也就没有第一个节点出现。通过分配中央银行再贷款规模,可以测算两家商业银行常备便利工具的使用情况。按照 Bindseil 和 Jablecki(2011a)命题 1 所述,节点 1 如下:

$$K_1 = (D^{K1}, c^{T,K1}) = \left[\frac{p_2(k_1+k_2)}{p_1k_2-p_2k_1}B, p_2k_2\frac{p_1+k_1}{p_1k_2-p_2k_1}B\right] \quad (13.7)$$

那么,当存款规模处于 0 到第一个节点之间时,金融中介服务的边际成本曲线如下:

$$c^{T,0\to K1} = \frac{p_1p_2}{p_1+p_2}B + \left(\frac{k_1k_2}{k_1+k_2}+\frac{p_1p_2}{p_1+p_2}\right)D \quad (13.8)$$

第二段和第二个节点:边际成本不断分化,直至引入银行间市场交易中介。一旦中央银行再贷款能够在商业银行之间进行分配从而实现边际成本相等,两家银行可以互不相干地维持一段时间的经营,这构成了总边际成本曲线分段的第二段。独立经营意味着,银行 1 若增加贷款投放只能增加自身的存款吸收，银行2若增加贷款投放也只能增加自身的存款吸收。这将导致银行资产负债表两端的边际成本加速分化，直至促使两家银行进行银行间市场交易。银行间市场交易是有成本的（C_{MM}）。例如，正常时期短期无担保银行间市场的存贷利差为5~10个基点，而在危机时期存贷利差将会更高（甚至可能停止对许多银行的银行间市场业务）。当两家银行拓展银行间市场交易时，仍需满足总边际成本相等的条件，只有当银行间交易业务增速与边际成本增速成反比时，才能实现两家银行的总边际成本相等。节点2如下所述：

$$K_2 = (D^{K2}, c^{T,K2}) = \left[D^{K1} + C_{MM} \frac{k_1 + p_1 + k_2 + p_2}{p_1 k_2 - p_2 k_1}, C_{MM} \frac{(p_1 + k_1)(k_2 + p_2)}{p_1 k_2 - p_2 k_1} \right]$$
(13.9)

当存款规模处于 K_1、K_2 之间时，银行间市场交易的边际成本曲线如下：

$$c^{T,K1 \to K2} = c^{T,K1} + \left[\frac{(k_1 + p_1)(k_2 + p_2)}{k_1 + k_2 + p_1 + p_2} \right] (D - D^{K1})$$
(13.10)

第三段：银行间交易增长（或完全中介化），促使两家银行的边际成本之差等于银行间市场交易业务成本。在第二个节点，正如上式所定义的，会出现银行间市场交易，因为不同银行的边际成本之差已经上升至等于银行间市场交易成本。四项业务（两家银行各自吸收存款、发放贷款）增速与边际成本增速成反比，那么不同银行之间边际成本差异将保持不变，即等于银行间市场中介成本（交易成本），银行间中介业务总边际成本增速与供给曲线第一段增速相等。中介业务边际成本曲线可表示为

$$c^{T,K2 \to \infty} = c^{T,K2} + \left(\frac{k_1 k_2}{k_1 + k_2} + \frac{p_1 p_2}{p_1 + p_2} \right) (D - D^{K2})$$
(13.11)

这也表明，如果金融中介服务的供需曲线交叉点出现在第三段，那么银行间市场交易总规模为

$$Y = \left(\frac{k_2}{k_1 + k_2} + \frac{p_2}{p_1 + p_2} \right) (D - D^{K2})$$
(13.12)

否则，银行间市场交易量为0。

在正常时期，当银行间市场非常有效时，即交易成本 C_{MM} 接近于0，那么

显然第二个节点接近于第一个节点，极端状态下（$C_{MM}=0$）信贷中介供给曲线甚至是没有节点的线性曲线。当银行间市场完全有效时，中央银行常备便利工具产生的流动性缓冲功能能够继续维持。但是，当金融体系遭遇金融危机时，该模型中的两个参数将发生变化。首先，C_{MM}开始上升，D^{K2}与D^{K1}的距离逐渐拉大，与信贷需求曲线的交点向左上角移动，说明存贷款中介业务产生的"经济租"不断下降。其次，两家银行吸收存款的边际成本曲线差异不断扩大，其中，流动性紧张、名声较差的商业银行融资成本上升，安全稳健的商业银行融资成本下降。进一步地，分段的供给曲线中第二段的斜率更为陡峭，从而影响供需两条曲线的交点。

需要强调的是，在该模型中，存在银行间市场交易或中央银行中介化交易其中之一，但两者不能同时存在（可能均不存在）。如果$C_{MM}<C_{COR}$，则不发生中央银行中介化业务，如果$C_{MM}>C_{COR}$，则不发生银行间市场交易。因此，在危机期间，可能出现：（1）在某一时刻市场可能出现银行间市场业务被中央银行中介化业务取代；（2）企业贷款与家庭存款之间利差攀升；（3）存贷业务规模下降。其中后两者将会对实体经济产生影响，甚至触发衰退风险。如果C_{MM}迅速上升，银行边际融资成本差异迅速扩大（危机期间很可能出现，因为逆向选择和银行挤兑可能在某一时刻突然发生，金融市场随之突然混乱），危机效应可能迅速显现，对实体经济造成巨大影响。此时，常备便利利率走廊宽度由原本与实体经济表现无关的变量，迅速转变为一个重要的经济变量。理论上讲，在该模型中，中央银行可以通过收窄利率走廊宽度，来扭转金融危机对经济的冲击。然而，这样做存在两个潜在的限制：一是中央银行向危机银行的再贷款取决于该银行是否拥有合格抵押品，以及中央银行再贷款抵押品折扣率要求。对此，中央银行可以在危机期间适度放宽抵押品框架要求来应对这一问题。二是中央银行大规模介入银行间市场可能带来很大的社会成本。通常而言，市场的资源配置功能更为有效，中央银行不宜在银行间市场扮演不必要的角色，也不具备这样的竞争优势。

6. 示例。通过参数赋值来对模型进行比较静态分析，模拟银行间市场失灵如何影响银行体系的金融中介功能，进而影响货币政策传导，并识别中央银行收窄利率走廊宽度抵御危机冲击的政策效果。表13.2列出了五种不同情形下参数赋值情况，以及由此决定的金融体系均衡结果。

表13.2 Bindseil 和 Jablecki（2011a）的案例分析：
拥有5个可变金融中介参数的模型

模型参数	情形 I	情形 II	情形 III	情形 IV	情形 V
家庭资产 E	500	500	500	500	500
家庭现金需求 B	100	100	100	100	100
家庭偏好参数 b	5000	5000	5000	5000	5000
企业技术参数 R	500	500	500	500	500
企业技术参数 d	5000	5000	5000	5000	5000
银行1揽存边际成本 k_1	0.010%	0.010%	0.010%	0.010%	0.010%
银行2揽存边际成本 k_2	0.010%	0.200%	0.200%	0.200%	0.200%
银行1放贷边际成本 p_1	0.010%	0.020%	0.020%	0.020%	0.020%
银行2放贷边际成本 p_2	0.005%	0.005%	0.005%	0.005%	0.005%
银行间市场交易成本 C_{MM}	0.10%	0.10%	0.50%	1.25%	2.00%
常备便利走廊宽度① C_{COR}	2%	2%	2%	2%	2%
银行体系均衡结果					
中介总规模 D	159	141	135	125	120
企业贷款总额	259	241	235	225	220
银行间市场交易/中央银行中介化	0	82	59	18	0
存款利率	3.18%	2.82%	2.70%	2.50%	2.40%
企业贷款利率	4.82%	5.18%	5.30%	5.50%	5.60%
金融中介成本（存贷利差）	1.64%	2.36%	2.60%	3.00%	3.20%

注：①实际上，金融中介体系实现均衡时更重要的是 $\min(C_{MM}, C_{COR})$，并非两者单独的利率水平。

情形I：两家银行规模较小，唯一的区别在于，银行1的边际贷款成本是银行2的两倍。此时，银行系统作为存贷业务中介的效率很高，以至于供求均衡时两家银行通过中央银行再贷款（中央银行相对金融中介化）足以使银行边际成本相等，从而即使银行间市场成本很低（10个基点），也不会有银行间市场业务发生，也即两条边际成本曲线相交于供给曲线第一个节点之前。至于货币政策传导情况，银行向企业发放贷款规模为259，贷款利率为4.82%。

第十三章 公开市场操作和常备便利工具

情形 II：与情形 I 相比，这时两家银行更具异质性，吸收存款和发放贷款的边际成本相差较大，每家银行都有一项成本上升。当然，每个变化也都反映了危机环境：吸收存款边际成本上升表明，危机环境下银行可能通过增大营销力度来缓解储户对其经营风险的恐慌；发放贷款边际成本上升表明，危机时期银行评估信贷风险的成本、搜寻可贷企业的成本均可能上升。同时，在情形 II 时，假设银行间市场成本 C_{MM} 仍然很低，表明需要充分发挥银行间市场融资功能来消除两家银行比较优势差异。换句话说，正是由于银行间市场效率依然较高，两家银行的比较优势能够充分发挥。如图 13.1 所示，情形 II 中金融中介供给曲线第一段、第三段相较情形 I 更为陡峭（因为边际成本上升带来银行体系总体效率下降），中间第二段很短（由于银行间市场成本很低）。银行间市场活跃，银行 1 向银行 2 拆出资金 82。至于货币政策传导效果，相较于情形 I，这时银行贷款规模从 259 下降为 241，贷款利率由 4.82%升至 5.18%。由于存贷款中介业务效率下降，实际货币条件（实体经济能够直接感知的）收紧了。如果中央银行尚未触及名义零利率下限，可能通过调整目标利率水平进行宏观调控。

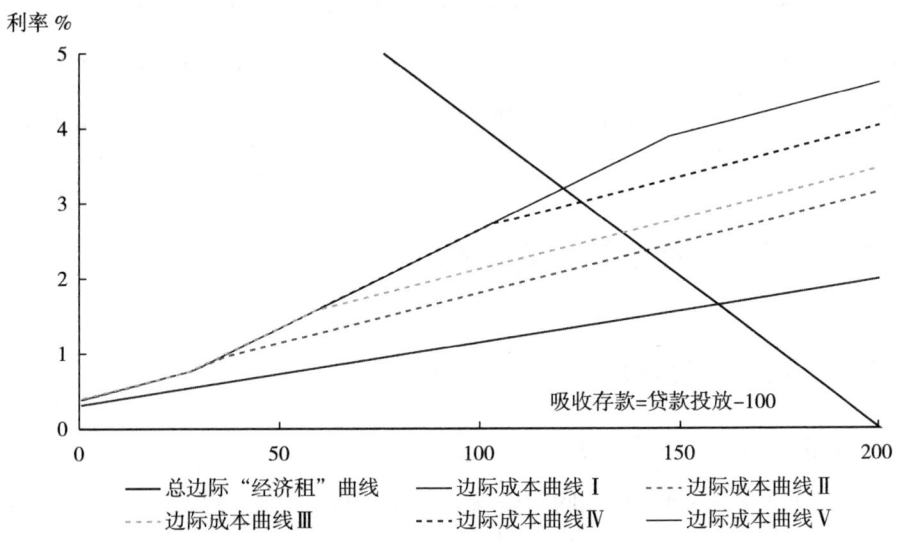

图 13.1　不同情形（表 13.2）下金融体系的供需均衡情况

情形Ⅲ～Ⅴ假设了三种银行间市场交易成本不断上升的情景，从10个基点分别上升至50个基点、125个基点和200个基点。这时，金融供给曲线中间段不断变长，由于这阶段也是整条曲线最陡峭的，因此第三段也在不断向上平移。总的边际"经济租"曲线与边际成本曲线的交点不断向左上方移动，代表银行贷款投放规模下降、贷款利率进一步上升。在情形Ⅴ时，总边际"经济租"曲线与边际成本曲线相交于边际成本曲线的第二段，这也解释了为什么银行间市场交易量再次为0（虽然与情形Ⅰ的原因不同）。

此外，还可以基于这些情形来分析银行间市场失效时，中央银行收窄常备便利利率走廊宽度的政策效果。假设银行间市场彻底瘫痪，如交易成本大于2%，或是远大于中央银行常备便利利率走廊宽度。这时，中央银行可视为银行间市场中介机构，情形Ⅱ～Ⅴ可被解读为反映不同的常备便利利率走廊宽度（在不存在银行间市场的情况下）。因此，通过将利率走廊宽度收窄至1.25%、0.50%和0.10%，中央银行可以充当金融中介的角色来支撑银行体系的有效运行，保证贷款规模和利率维持在适当水平。据此，中央银行能够通过这种非常规货币政策工具维持适宜的货币条件。

图13.1进一步刻画了这五种情形对应的均衡状态。总边际"经济租"曲线代表商业银行在完美地、无成本地吸收家庭存款和发放企业贷款时的边际"经济租"。此外，还包括五种不同的参数赋值条件下（表13.2中的五种情形）金融中介的边际成本曲线。

二、调整中的公开市场操作

（一）延长信贷公开市场操作期限

金融危机期间，许多中央银行都延长了信贷公开市场操作的期限。例如，欧央行在1999年至2007年期间，信贷公开市场操作期限最长为3个月。但在金融危机期间，其公开市场操作期限不断延长。从2008年4月起，欧央行开始进行期限最长达6个月的公开市场操作（2008年3月28日欧央行新闻）；

到 2009 年 6 月，公开市场操作的期限延长至 12 个月（2009 年 5 月 7 日欧央行新闻稿）；而 2011 年 12 月，其期限进一步延长至 3 年（2011 年 12 月 8 日欧央行新闻稿）。

从流动性风险的角度考虑，银行认为从中央银行一次性借入较长期限的资金，要优于多次、少量地借入资金。这主要出于以下三个方面的考虑：第一，银行认为未来继续从中央银行获取短期资金，会存在诸多的不确定性（如利率、准入条件等）；第二，即便中央银行承诺维持短期资金借贷条件不变，如承诺在未来的 12 个月内将在给定的短期利率水平上提供足额的流动性供给，但银行还是会认为短期融资的不确定性要高于 12 个月期限的融资；第三，银行可能受到一些流动性监管，而监管规则一般认为从中央银行获取的长期资金更有利于银行的流动性管理。

从经济学角度看，危机期间资产流动性的降低会导致银行在期限转换方面更加难以操作，而中央银行延长信贷公开市场操作期限，并承诺不收紧合格抵押品条件，能够减轻由此而引发的去杠杆压力（或避免突发的银行挤兑）。

（二）改变公开市场操作的拍卖程序：固定利率全额供给

衡量不同中央银行拍卖程序的优劣是一门科学（参见 Ayuso 和 Repullo，2003；Välimäki，2003；Bindseil，2005b）。在国际金融危机期间，许多国家的中央银行采用了固定利率全额供给（Fixed Rate Full Allotment，FRFA）的操作方式，其中较为突出的是欧央行在 2008 年 10 月到至少 2015 年 6 月期间的操作。原则上，这种招投标方式有一些优势，特别是在金融危机期间其有以下几个方面的优势：

（1）与之前预先公布额度且利率可变的招投标方式相比，这种固定利率全额供给方式有着更高的自动化程度。这本质上是一个优点，因为自动化程度高意味着操作简单透明，从而能减少中央银行和商业银行的潜在失误。

（2）对于商业银行而言，在流动性紧张的时候，这种招投标方式能够降低招投标结果的不确定性，进而减少流动性风险。

（3）利率可变招投标中，通常要尽力避免较为激进的投标行为，因为这会导致边际利率上升以及波动幅度加大，不利于货币政策的实施。

（4）中央银行不再需要核算怎样安排额度，才能确保市场利率尽可能地接近目标利率。固定利率全额供给招投标方式的效果，相当于将常备便利工具的利率设定在目标利率水平上，两者唯一的区别就在于公开市场操作并不是连续的。在实际操作中，这种方式可以将短期利率调整至目标利率水平。

（5）事实上，公开市场操作与常备便利工具类似，在强调中央银行承诺不变的情况下，能够实现目标利率。

在金融危机期间，固定利率全额供给方式的缺陷似乎并不突出：

（1）由于银行的投标总额可能并不等于银行体系中流动性需求总和，而且中央银行与市场参与者之间存在信息不对称，因而在这种竞标方式的总配额中引入了随机成分，这招致了很多人的批评。然而，对于通过单向常备便利工具构建非对称利率走廊的国家而言，并不存在这样的问题，如美国、英国以及2010—2013年期间的欧元区。

（2）由于固定利率全额供给招投标操作对银行而言更为便利，因而可能对银行间市场产生挤出效应。这在正常时期似乎是个问题，但如果在严重的危机期间，就不那么重要了。

（3）由于操作期限长于中央银行下次召开议息会议的时间，所以采用固定利率全额供给招投标方式可能产生套利机会和不稳定的投标行为。但是，如果中央银行已经触及零利率下限且持续了一段时间，那么这也不是什么问题。例如，欧央行将其长期信贷操作与最短期操作（一周）的利率相挂钩，很好地解决了这一问题。

（4）货币主义的支持者们（错误地）认为，固定利率全额供给的招投标与常备便利工具一样，都放弃了对基础货币的控制，因而都是有缺陷的。但是在金融危机期间，如果中央银行已经触及零利率下限，那么对于政策实施者而言，放弃对基础货币的控制并不是什么重要问题。

(三) 拓宽合格交易对手方范围

当银行间市场失效时，那些不属于中央银行对手方范围、平时主要通过银行间市场交易来满足日常流动性需求的金融机构，将面临麻烦。允许这些金融机构参与中央银行的市场操作，能够有效减少其对银行间市场的依赖。这可以视为中央银行朝着直接向实体部门借贷这一目标迈出的第一步。如果所有的市场中介都陷入困境，那么原则上中央银行可以承担原先由其他金融中介承担的所有职能。当然，这种极端情况通常是不会发生的，而且其具有严重的弊端。例如，在对各类信贷主体专业管理能力缺乏的情况下，考虑非银行机构融资需求而将其纳入交易对手方范围，可能难以兼顾对金融风险进行审慎管理的需要。在正常时期，一个分散的金融体系，其运行效率要远高于集中的金融体系。考虑一个不是特别极端的情况，如果中央银行能够扩大其合格交易对手方范围，如从一级交易商扩充至所有与之有往来的银行，那么在金融危机期间，这种做法带来的收益要远大于成本。

(四) 融资换贷款 (Funding for Lending, FLS) 计划

英格兰银行在 2012 年开展了融资换贷款 (FLS) 计划，这是一种新型的信贷便利工具，旨在鼓励商业银行向中小企业和有抵押物的借贷者提供贷款 (参见 Bank of England, 2012b)。英格兰银行的融资换贷款计划，其实质是一种证券借贷计划 (见第十二章第五点)，但其运行机制与信贷便利工具类似。银行对外发放的贷款越多，能够从融资换贷款计划中获取的廉价资金就越多，以此来鼓励银行扩大对实体经济的贷款投放规模 (Bank of England, 2012b)。在特定时间内，银行的净贷款量可以由一个简单的线性公式来反映：(1) 该银行能够利用融资换贷款计划获得的最大融资量；(2) 贷款的利率水平。该计划实施的初步效果可以归纳为"似乎有助于降低银行的融资成本，并且有迹象表明企业的贷款条件得到改善，包括贷款利率的降低"(Bank of England, 2012b)。2013 年 4 月，融资换贷款计划的期限被延长一年。在 2013 年 6 月 3 日的一则新闻中，英格兰银行声明，"融资换贷款计划宣布以来，资金成本已

经显著下降,并且维持在一个较低的水平上。另外有数据表明,抵押贷款、未担保个人信用贷款以及不同规模企业的贷款的利率均有所下降"。

2010年,日本银行(日本中央银行)也基于相似目的实施了一项借贷计划,即贷款支持计划(Loan Support Programme,LSP)。根据日本银行2012年12月20日(在其网站上)发布的一份声明,这项计划"建立在商业银行资产负债表基础上,并依托合格抵押品池,目的在于鼓励私有金融机构扩大贷款规模、支持巩固经济增长基础"。该计划是一项临时政策,用于促进宽松货币政策的效果进一步向整个经济系统渗透,并实现物价稳定和国民经济的平稳增长。贷款支持计划的核心原理是,商业银行在满足了一系列关于向实体经济投放贷款的条件后,可以从日本银行获得长期的优惠资金。日本银行对相关政策说明如下:

> 如果某家金融机构希望通过贷款支持计划从日本银行获得资金,首先这家金融机构需要成为日本银行认可的合格交易对手方,然后向日本银行提交一份有助于巩固日本宏观经济增长基础的计划书,以及贷款或投资的详细记录,并获得日本银行的认可……在提交了2010年4月至6月期间与该计划相关的新投资或贷款记录后,金融机构才能够获得日本银行的首批资金。在所有提交计划书的金融机构中,有47家金融机构希望获得日本银行的首批资金,并提交了个人投资或贷款方面的真实记录(Bank of Japan,2010)。

当市场机制遭到破坏时,作为一种非常规的货币政策,以上所提及的融资或借贷计划所发挥的作用难以进行评估。原则上,当金融市场和货币政策传导机制受到破坏时,对一些特定的、有利于实体经济发展的银行资产投放提供支持,似乎是合理的。同时,与其他任何非常规的、有针对性的货币政策操作一样,重要的是要解释市场失灵的根源是什么,以及我们是否可以考虑采取直接解决市场失灵根源的措施,而不是治标不治本。所采取的措施越是能够针对问题根源,且需要中央银行对支持实体经济的资金分配采取的监督越少,最终政策效果越好。例如,在 2012—2013 年期间,英国、欧盟以及日本国内的商业银行不愿意扩大投向实体经济的信贷规模,主要原因有以下几个方面:第一,鉴于资本稀缺性以及降杠杆的需求,银行表现出一定的风险厌恶倾向;第二,监管资本不足,以及监管要求存在不确定性;第三,缺少风险收益对等的项目,换言之缺乏具有良好信誉的借款人;第四,商业银行在融资方面存在不确定性。相应地,针对问题根源所采取的政策措施包括:第一,对银行进行重组,必要时可以吸纳公众资金(稀释老股东股份);第二,通过降低短期市场利率等措施,营造一个更为宽松的货币环境;第三,保持较宽泛的中央银行合格抵押品范围,以便使商业银行知道当其不能利用资本市场或银行间市场获得资金时,至少可以从中央银行获得暂时的流动性支持。在合格抵押品范围的设定上,如果仅仅将银行拥有的少部分特定资产定为合格抵押品,容易产生资源错配以及滥用行政权力等问题。

融资或借贷计划盛行的另一种可能原因是,这些计划作为一种非常规货币政策,在实践中很容易被社会公众和政客们接受。形成鲜明对比的是,其他的非常规货币政策常常饱受批评,往往被认为是用来拯救贪婪的银行家,或是侵犯储户的利益(如低利率政策、压低长期利率的量化宽松政策),或是有破坏财政政策基础的动机(欧央行的主权债务购买计划),而直接支持实体经济发展或扩大就业的计划则更容易受到支持。如果寻求公众支持是中央银行采取措施的实际约束条件,那么相对于中央银行采取的其他更为直接的非常规货币政策措施,融资或借贷计划存在的不足之处也是可以接受的。

三、直接购买计划

在这场始于 2007 年 8 月的金融危机中,世界上主要经济体的中央银行都采取了直接购买金融资产的计划。这些计划有以下七个目标:

(1) 抵抗通货紧缩带来的"购买世界上所有实际资产"的威胁;

(2) 创造超额准备金,并依靠货币乘数实现货币扩张;

(3) 降低长期无风险收益率;

（4）压缩信用利差和流动性利差；

（5）将风险由商业银行资产负债表向中央银行资产负债表转移，从而缓解商业银行的资本约束；

（6）用流动性好的资产替换商业银行资产负债表中流动性差的资产，从而缓解银行面临的流动性约束；

（7）直接对信贷部门和实体经济部门提供流动性支持。

以上目标均与货币政策相关，目标（6）和目标（7）可以理解为最后贷款人政策，目标（2）和目标（3）可以通过购买无风险债券（通常为主权债券）来实现，目标（1）、目标（4）和目标（7）可以通过购买有风险债券或流动性相对较差的资产来实现。

作为金融危机期间中央银行的操作手段，直接购买资产计划相对于采用抵押品质押方式提供流动性而言，受到了更多争议。德国经济学家和新闻工作者 Already Wirth（1883）从道德风险的角度明确反对中央银行在危机中实施直接购买资产计划：

> 决定紧急事项的委员会能够避免直接购买资产计划带来的风险，相较于以往各种流动性支持政策，即使是最广泛的担保借款、最自由的再贴现，甚至是基于抵押品包括商品的贷款供给，也没有直接购买证券问题来得大。我们绝不能使用这张过度就会酿成祸害的药方。直接购买计划免除了投机者的责任，并让其获得了再次重启新一轮同样游戏的机会。但引发危机的根源并未移除，市场出清的时间只是被推迟了，且未来还会以一种危害更大的方式出现。一段时间之后，即使不再使用直接购买工具，这种危害的情形仍然会出现。与之相反，通过抵押借款可以缓解信心危机，从而减弱对现金的囤积行为……即使是使用要求最宽松的抵押借款和再贴现工具，仍然可以使投机者被迫遵守规则。

2013年6月10日至11日，对欧央行直接购买计划的批评意见甚多，德国宪法法院甚至为此举行了为期两天的听证会（参见 Schachtschneider, 2012）。

本部分将不再对资产购买计划的有效性进行全面的模型分析，但会简单介绍一下资产购买计划背后的七个动机。① Harrison（2012）、Curdia 和 Woodford（2011）、Gertler 和 Karadi（2013）、Brunnermeier 和 Sannikov（2013）等经济学家建立了宏观经济模型，将资产购买计划作为货币政策工具进行了分析。

（1）抵抗通货紧缩威胁。除了恶性通货膨胀，对货币政策研究者和货币政策执行者而言，最大的创伤来自通货紧缩陷阱，正如20世纪90年代初日本资产价格泡沫破裂，以及2002—2003年和10年后在西半球经历的同样的问题（零利率下限的问题在第三章及第十一章第八点中有解释）。解决这一问题的办法似乎与中央银行购买资产的能力相关，特别是当该国货币是强势货币且可以无限制发行的时候。当中央银行推出这样一个普遍的购买计划，其他的经济主体变得不那么愿意出售全部资产（包括股票、商品等），他们将要求一个更高的价格，导致货币购买力下降。当可信的巨额资产购买计划宣布之后，将形成一种预期，并立即缓解通缩压力。

（2）创造超额准备金，并通过货币乘数实现货币扩张。大规模直接购买计划实施后，银行体系将持有大量的流动性头寸，如2009—2013年的美国、英国和日本。这一举动会产出一个较为积极的副产品，有利于中央银行对流动性和隔夜拆借利率的管理，且有利于超额准备金对金融稳定支持作用的充分发挥。

除了这些目标，超额准备金对"货币供应量"也发挥了重要作用（见第三章第三点），并被作为零利率下限时可以采用的货币政策工具，这点在日本体现得尤为明显。中央银行可以通过直接购买资产或抵押贷款操作将超额准备金注入银行体系，后一种方式可能会较早地达到政策效果的极限。因为如果已经有超额准备金了，银行在未来进行抵押贷款操作获取流动性的动力将会下降。而与此相反，即使在银行体系拥有巨额的超额准备金的情况下，中央银行仍然可以直接购买资产。在始于2007年8月的金融危机中，超额准备金目标发挥的作用相对有限，但它是日本银行（日本央行）在2001—2006年

---

① 即上文所述的七个目标。——编者

的核心政策工具,反映了 20 世纪货币经济学的逻辑。例如,Friedman 和 Schwartz(1963)从货币乘数的角度严重批判了美联储,认为其通过公开市场操作吸收流动性的行为催生了金融危机:

> 假设美联储购买了 10 亿美元的美国国债……从而形成了 13.3 亿美元的高能货币。如果企业和个人提取了 7.2 亿美元,则形成了 6.1 亿美元的银行储备……银行储备的增加原则上会支持存款成倍的扩张,但事实上却发生了成倍收缩。

Friedman 和 Schwartz 构建的是数量型(例如,不对利率进行调控)货币政策操作,其主要通过以下渠道进行传导:"额外的公开市场操作→更高的超额准备金→货币乘数带来的更多货币供给→对通货膨胀和产出产生实际影响"(参见第三章第三点)。

自 20 世纪 90 年代初日本股市泡沫破裂之后,一系列的降息措施无助于经济恢复,最终目标利率触及零利率下限,阻碍了更为宽松的货币政策的进一步实施,而此时物价水平逐年下降导致实际利率仍然为正。2001 年 3 月 19 日,日本银行发布声明对此时选择的解决方式进行了解释:

> a)货币市场操作的主要目标由目前的无担保隔夜拆借利率,转变为存放在日本银行的准备金数额。根据新的程序,日本银行提供充裕的流动性。……b)新程序持续的时间:一直持续到居民消费价格指数(不包括生鲜食品,在全国范围内的统计数据)稳定在 0% 附近或同比出现增长。c)提高存放在日本银行的准备金账户余额,并降低利率水平。准备金平均余额从 2001 年 2 月的 4 万亿日元提高了 1 万亿日元至 5 万亿日元。在其影响下,预计在正常情况下无担保隔夜拆借利率将从 0.15% 大幅下降至零附近。

2001 年 3 月后,日本银行多次上调超额准备金目标。例如,在 2002 年 5 月末即一个月的准备金维持期结束时,为了满足准备金要求,商业银行实际存放在中央银行的准备金账户余额为13.8万亿日元,而法定准备金要求仅为4.5万亿日元,这意味着平均超额准备金达到了9.3万亿日元。日本银行为何采用数量型操作目标(在数量型目标已经被多数中央银行放弃了很多年以后)?首先,反对采用数量型操作目标的主要论点使其丧失了对短期利率大幅波动的实际有效控制,但在假设存在超额准备金使得市场短期利率为零的情况下,上述论断已经失效。其次,尽管各方对超额准备金目标是否有助于经济走出通货紧缩陷阱并不清楚,但至少这一目标似乎不太可能有负面作用。

日本银行于2013年开始实施"量化和质化宽松货币政策",重新强调数量型传导渠道的重要性。在2013年4月4日的新闻稿中,日本银行宣布用两年左右时间将基础货币投放规模扩大一倍,并将货币市场操作目标由无担保隔夜拆借利率转变为基础货币数量。此外,在这种政策框架指导下,预计基础货币将从2012年末的138万亿日元扩大至2013年末的200万亿日元,2014年末将进一步增至270万亿日元。

在2008年国际金融危机中,美联储和欧央行并未强调数量型传导渠道。美联储主席伯南克在2009年1月13日的演讲("危机和政策反应")中明确讨论了这一问题:

> 信贷宽松与数量宽松的对比。美联储支持信贷市场的做法与日本银行2001—2006年的量化宽松在概念上是不同的。我们的做法可以被描述为"信贷宽松"——只有一个方面类似于数量宽松,即中央银行资产负债表的扩张。然而,在一个纯粹的量化宽松政策框架里,政策的重点是银行的准备金数量,即中央银行的负债;……美联储的信贷宽松方法侧重于其持有的贷款和证券组合,以及这种组合如何影响家庭和企业的信贷条件。这与日本银行的做法并无本质区别,只是两段时期中金融和经济状况存在差异。特别是,与日本量化宽松期间的情况相比,目前美国的信用利差更大,信贷市场也更为失调。为了刺激总需求,在目前的环境下,美联储的政策必须要减少这部分利差,并改善私人信贷市场的运行。

鉴于美联储在危机期间进行的大规模资产购买导致了银行准备金的增加，美联储需要从货币乘数传导方面解释采取上述措施背后的动机。否则，则意味着美联储不再相信这其中的相关性（即使上面引用的论述阐述了相关差异并不是理念问题，而是危机的具体情况不同）。

最后，英格兰银行在 2009 年第一季度详细说明了在危机中采取的量化宽松政策，指出其主要通过中央银行资产负债表的负债方和货币乘数发挥宽松作用。然而，对大多数公众而言，英格兰银行本质上还是使用直接资产购买计划"促进货币进入实体经济"。相反，供职于英格兰银行的 Joyce 等（2010）在一篇工作论文中从长期国债收益率下降的角度分析了量化宽松政策的有效性，但并未涉及准备金和货币乘数的问题。在后面的研究中，Joyce 等（2011）分析了英格兰银行量化宽松政策不同的传导渠道：

> 当从非银行部门购买资产时……商业银行将同时实现存放在英格兰银行的准备金增加，以及相应的客户存款的增加。资产的流动性越高，银行就会倾向投放更多的贷款。但考虑到金融市场自身的制约，以及商业银行对资产负债表的控制，货币政策委员会认为这一渠道的影响并不大。

（3）降低长期无风险收益率。中央银行通常只盯住短期利率，如隔夜拆借利率。然而，中央银行知道，短期利率会向长期利率传导，而很多经济上的决策（例如，修建房屋或新建厂房）是依据长期利率水平作出的（见第十一章第八点）。根据利率期限结构假说，长期利率等于预期短期利率的平均值加上期限溢价。除了提前引导的方式，购买长期国债是让收益率曲线平坦化的最常用方法，特别是当短期利率触及零利率下限且需要进一步放松货币条件时。尽管会产生一些副作用，中央银行还可能买入长期私人债券。从历史上看，中央银行对长期利率的控制效果并不理想。特别是在 20 世纪 30 年代到 50 年代，买断式公开市场操作被认为是有用的，通过买/卖各种期限的债券可以直接影响长期利率，甚至整条收益率曲线（参见 Meulendyke，1998）。

通常来说，在假设信用利差和流动性利差保持不变的情况下，一般认为压低长期无风险收益率可以相应地降低有信用风险的收益率。因此，较低的无风险收益率会惠及所有负债主体。Gagnon 等（2010）研究了无风险利率与有风险利率之间的传导问题：

> 投资组合效应不仅体现在降低所购买资产的长期收益率，而且同时也对其他资产的收益率产生了溢出效应。原因是投资者认为不同的资产有替代性，当它们的相对回报率发生变化时，投资者会倾向于购买更多收益率相对较高的资产。在这种情况下，如果机构债券、机构抵押支持债券、国债的预期收益率降低，那么投资者将会调整其资产购买组合，转而购买公司债和股权等资产，这些资产的价格也就相应地会上涨。大规模购买资产计划（Large Scale Asset Purchase programmes，LSAPs）就是通过购买各类资产来达到刺激经济的目的。

（4）压缩信用利差和流动性利差。在金融危机中，由于资产贱卖以及缺少乐观投资者，风险资产的价格会被大幅压低。从更一般的角度看，由于流动性和资金的限制、系统的不确定性以及对风险自我实现的担忧，通常存在的套利交易行为可能不复存在。在这种环境下，中央银行可以通过购买价格被过度压低的资产，直接修复与货币政策传导相关的收益率曲线，从而缓解资金成本和约束。当然，从风险与收益的角度看，中央银行不应该将收益差压低至"合理的"风险溢价水平之下。当然，评估多少才是合适的风险溢价水平也是很大的挑战。

（5）将风险由商业银行向中央银行资产负债表转移，降低银行的资本约束。中央银行可以从商业银行购买信用资产或风险资产，来降低整个商业银行体系的资产负债表风险。因此，如果商业银行觉得受到经济资本或监管资本的约束，中央银行的直接购买可能削弱这些制约，从而促使它们积极放贷，并进一步改善实体经济的有效货币条件。在资产购买品种的选择上，因为中央银行明白其在评估复杂的信用风险资产方面并无竞争力，所以虽然能够接受一些信用风险，但它仍倾向于选择较为简单的资产，如公司债、商业票据、股权、传统的标准资产抵押证券和担保债券等，进行充分的多样化投资。相应的评级阈值应反映市场（如机构投资者）的一般标准。然而，只有日本银行在购买资产计划中明确了这一传导渠道，未来其他中央银行在购买私人部门资产时也应考虑这种相关影响。

（6）用流动性好的资产替换商业银行资产负债表中流动性差的资产，提升银行资金的流动性。只有当中央银行购买的资产在此之前不被接受为抵押品或即使被接受折扣率也很高时，中央银行的直接购买计划对提升银行体系流动性才有积极作用。在危机中，中央银行主要使用国债来替换商业银行资产负债表中流动性较差的证券，在中央银行卖出国债、买入私人债券的过程中，银行间回购市场的活跃度获得提升。

（7）直接对信贷部门和实体经济部门提供流动性支持。中央银行可以通过购买一级市场的债券（有/无担保的银行债券、公司债券等），以直接且明确的方式向这些机构提供流动性。在金融危机期间，银行被迫收缩资产负债表，导致其不愿意进入新的贷款业务，或购买、交易高风险的私募债。在始于2007年8月的金融危机中，很多银行都退回到只做经纪业务。它们不再愿意持有债券，不愿在市场上交易，因为即使是"临时仓位"，它们也负担不起（英国《金融时报》2009年3月25日报道）。2009年3月18日，欧洲聘用职员最多的公司BusinessEurope发布声明说，其涉足的金融业务是目前公司各项业务中最让人担忧的部分。二十国集团（G20）成员国的中央银行应该参与购买由非金融企业发行的短期债务工具（如商业票据、存单等），以降低融资成本，并帮助大多数企业重新获得融资。

如果中央银行在一级市场购买私人债券，就可以直接对实体经济部门提供融资支持，至少可以部分抵消银行不愿提供信贷和流动性服务带来的负面影响。此外，中央银行也可以通过在二级市场购买债券，来间接支持一级市场的发行。中央银行对实体经济提供直接融资的主要问题在于，其缺乏开展商业银行业务的经验。如果中央银行接管商业银行放贷的职能，就会出现这样的矛盾，即银行在信贷业务方面的专业性无处施展，而中央银行在这一方面却是专业匮乏的。一个更有效的解决方案是，通过克服流动性和资本约束，让商业银行继续贷款给实体经济部门。

最后,我们来谈一下最后贷款人的逻辑(详见第十一章第三点和第十二章第四点)。中央银行将直接购买债务工具计划作为政策储备,有助于债务人保持融资来源的稳定性,从而使银行存款处于单一的无挤兑均衡状态。在资产流动性好的时候,企业及政府部门认为流动性不会出现问题,因此不断地加杠杆;当流动性不好的时候,改善资金面的重任落到中央银行的肩上(可以通过购买债券或者降低抵押资产折扣率的方式向市场注入流动性)。非常重要的一点是,中央银行发挥最后贷款人职能未必需要真正购买资产,中央银行愿意充当最后贷款人的角色本身就已经有助于市场流动性改善(De Grauwe,2011;Buiter 和 Rahbari,2012a)。

表 13.3 列出了主要中央银行购买国债和私人资产的数量(Fawley 和 Neely,2013)。日本银行购买资产规模占 GDP 的比重最高,其次是英格兰银行、美联储和欧元体系。

表 13.3　四大中央银行资产购买计划[①]

单位:10 亿(本币),%(括号中为占 GDP 的比例)

中央银行	购买政府部门资产	购买私人部门资产
美联储	1567(12%)	1585(12%)
英格兰银行	375(26%)	4(0.2%)
欧元体系	220(2.4%)	80[②](0.9%)
日本银行	175300(34.9%)	11630(2.3%)

注:①包括期限扩展。②考虑到以 200 亿欧元购买结束的第二次资产担保债务购买计划,进行了修正。

资料来源:Fawley 和 Neely(2013)。

很多经济学家就资产购买计划对降低无风险收益率和信用利差[前文中的目标(3)和目标(4)]的有效性进行了研究,英格兰银行的研究参见 Joyce 等(2010),美联储的研究参见 D'Amico 和 King(2010)以及 Gagnon 等(2010)。这些研究证实了中央银行资产购买计划对长期收益率的一些永久性影响。Hamilton 和 Wu(2012)估算了大规模资产购买计划对长期收益率的影响,结果显示购买 4000 亿美元的长期资产将会拉低长期收益率约 13 个基点。

这方面的研究综述见 Kozicki 等（2011）（见该文中的表 1）和国际货币基金组织（International Monetary Fund，2013）。相应地，不同研究结果中资产购买计划对长期收益率的影响从几个基点到 100 个基点不等。

四、过度宽松政策的危害

第十六章将讨论与中央银行最后贷款人（LOLR）功能相关的道德风险问题。在国际金融危机期间，许多国家都会采取带有强烈扶持倾向的货币政策。这里有关宽松货币和经济政策弊端的讨论，主要基于国际清算银行的年度报告（BIS，2012，2013），其列举了关于过度宽松政策的四个方面危害（BIS，2012）。

首先，长期的、非常规的货币政策，会掩盖资产负债表方面的问题，并且削弱市场主体从正面解决这一问题的积极性。寻求财政可持续发展所必需的夯实财政基础和有关体制改革，都会因为过于宽松的货币政策而推迟。国际清算银行在 2012 年的年度报告中认为，"中央银行希望达成的目标与实际取得的效果之间的差距在不断扩大，形成了一个恶性循环"。同时，"中央银行的资产负债表政策模糊了货币政策和财政政策之间的界限，导致政治经济风险在不断积累"。

> 类似地，大规模资产购买，加之极低利率的无条件流动性支持，会降低商业银行处置不良资产的必要性。商业银行确实还在与国际金融危机的负面影响作斗争，并且通常严重依赖从中央银行融资……同时，较低的利率水平降低了商业银行不良贷款的机会成本，还可能导致其高估贷款人的还款能力。所有的这些都会导致资产负债表变差，并导致信贷资源的错配。

后一个观点似乎与 Caballero 等（2008）的研究有一定联系，他们认为银行不断地给没有偿付能力的企业提供"僵尸贷款"（Zombie Lending），延长了日本的经济萧条，并导致生产率增速下降。

其次，"随着时间的推移，宽松的货币政策会侵蚀银行的利润空间。短期利率水平和收益率曲线的斜率,分别会对银行的存款保证金和期限转换带来的回报造成影响,因而直接关系到银行的净利息收入"。另外,"不断降低的固定资产回报率也给人寿保险公司和养老基金的运营带来负面影响"。

再次,"较低的短期和长期利率,会鼓励冒险行为并产生新的风险……为追求收益率,低利率环境会促使金融机构在不被支持的领域开展业务,长期来看增加了金融系统的脆弱性"。Farhi 和 Tirole（2012）也持有类似的观点,他们认为,"当前宽松的利率政策会增加未来发生危机的可能性。其一,这些政策暗示中央银行能够容忍期限错配行为,从而会使中央银行丧失可信度;其二,这些政策会令短期借贷的成本降低,由此产生的价格效应将催生出新的期限错配问题"。

最后,"过于激进或期限较长的宽松货币政策,会导致金融市场扭曲。较低的利率水平和中央银行的资产负债表政策措施,干扰了隔夜货币市场的运行,也令宽松货币政策的退出变得更为复杂"。

以上这些观点似乎都认为,最终的货币政策目标会提供相当程度的自由度,在这些自由度内,中央银行选择采取（不必要的）宽松政策,会制造上述提及的一系列风险。但是,同样可以认为,如果持续存在通货紧缩环境,维克塞尔学派的中央银行家（见第三章的模型）除了放松货币外似乎别无选择,因为行动过慢或程度不够都可能加剧通货紧缩问题。维克塞尔学派的中央银行家不会承认在货币政策立场选择方面有很大的自由度,他会坚称,就如同置身于2012年和2013年的环境中,工业国家中央银行能够做的就是采取非常宽松的货币政策。于是,诸如中央银行创造的低利率环境会侵蚀商业银行、保险公司以及养老金基金利润的观点就站不住脚了：因为真实回报率是由实体经济决定的,中央银行没有方法明确影响实际利率。中央银行只能在应对通货紧缩问题上有所作为,而通货紧缩对整个金融部门和实际经济产生的危害也更为严重。

五、附录：危机期间中央银行资产负债表

表4.6、表4.7和表7.1分别显示了英格兰银行、美联储和欧元体系在危

机以前的资产负债表。本附录则提供上述中央银行危机期间的资产负债表。金融危机期间,中央银行的资产负债表表现为两种类型。

(一)充当银行间交易中介带来的中央银行资产负债表扩张,反映了中央银行的最后贷款人功能

整个金融危机期间(从雷曼兄弟倒闭到2013年末),欧元体系的资产负债表和美联储及英格兰银行在雷曼兄弟倒闭后6~12个月的资产负债表,均体现出中央银行取代失效的银行间市场充当银行间中介的特征。拥有超额准备金的商业银行不愿意借款给资金紧张的银行,以至于后者不得不向中央银行求助融资。特别是在欧元体系的案例中,银行体系对中央银行双向便利工具的使用建立在体系固有的灵活性基础上,而以上都以存量未冻结的中央银行合格抵押品为基础。此外,大多数中央银行通过积极的举措发挥其银行间中介功能,如扩大抵押品范围、使流动性供给操作更加便利(如固定利率全额供给操作、展期等)、通过常备便利工具收窄利率走廊。

第二章表2.7为2012年2月24日欧元体系的资产负债表,其中展示了对中央银行的双向依赖使中央银行的资产负债表规模扩大了约7000亿欧元。表13A.1则展示了雷曼事件后2009年1月2日的欧元体系资产负债表。

表13A.1 2009年1月2日欧元体系格式化的资产负债表   单位:10亿欧元

自发因素		自发因素	
净外国资产	392	现金	764
国内投资资产	320	政府存款	85
		其他自发因素净值	216
货币政策操作			
提供美元操作	189	对美联储负债	189
买断式持有证券	0		
短期信贷操作	240	流动性回收操作	9
长期信贷操作	617	存款便利	282
借款便利	1	商业银行往来账户	213
合计	1758	合计	1758

第十三章 公开市场操作和常备便利工具

表13A.1表明，雷曼事件后欧元体系通过与美联储的互换便利（详见第十七章）获得了美元，并向交易对手方提供了美元流动性支持（折合约1890亿欧元），这一措施发挥了重要作用。由中央银行充当银行间中介导致的中央银行资产负债表的扩张，充分反映在2820亿欧元的存款便利追索权上（应该注意的是，如表2.7所示，2009年法定准备金规模仍然在2000亿欧元左右，然而到2012年2月这一数值已经减少到约1000亿欧元）。

表13A.2展示了英格兰银行2009年1月2日的资产负债表。与欧元体系类似，英格兰银行通过与美联储的互换便利获得美元（详见第十七章），并向交易对手方提供了美元（规模达230亿英镑）。英格兰银行1010亿英镑的回收流动性操作充分体现了中央银行充当银行间中介的程度。

表13A.2　2009年1月2日英格兰银行资产负债表　　　单位：10亿英镑

自发因素	—	自发因素	
		现金	45
		其他自发因素净值	33
货币政策操作			
美元回购	23	对美联储负债	23
买断式持有国内资产	45		
短期信贷操作	—	流动性回收操作	101
长期信贷操作	190		
借款便利	0	商业银行往来账户	56
合计	258	合计	258

最后，2009年1月美联储的资产负债表也描绘了类似的中央银行充当银行间中介的情况，如表13A.3所示。

表13A.3　2009年1月2日美联储资产负债表　　　单位：10亿美元

自发因素		自发因素	
净外国资产	38	现金	848
中央银行流动性互换	538	政府存款	63
特殊机构借款	408	其他自发因素	216
货币政策操作		货币政策操作	
买断式持有证券	495	逆回购操作	89
信贷操作	444		
借款便利（贴现窗口）	139	商业银行存款	846
合计	2062	合计	2062

买断式的证券持有量（当时仍然仅限于国债）较危机前实际上已经减少了（见表7.1美联储2007年的资产负债表）。大规模的流动性注入不仅以信贷操作的方式进行（特别是定期招标便利，即通过广泛抵押品的贴现窗口提供3个月融资），也通过向美国国际集团（AIG）等特殊金融机构提供借款、参与对贝尔斯登公司（Bear Stearns）收购方案、通过货币互换向其他国家中央银行提供美元等方式进行。

（二）由于大规模资产购买计划造成的中央银行资产负债表扩张

危机期间中央银行存在另一种资产负债表扩张形式，即并非用于支持失灵的银行间市场，而是因为大规模资产购买计划而扩张。美联储和英格兰银行的资产负债表从2009年下半年便显现出这种特征。作为仅使用单一方向常备便利的货币政策操作的例子，第四章已经给出了美联储2013年1月2日的资产负债表（见表4.3）。表13A.4显示了英格兰银行2013年1月2日的资产负债表，其中2740亿英镑的往来账户体现了总额4040亿英镑买断式交易带来的中央银行资产负债表的扩张。

表13A.4 2013年1月2日英格兰银行资产负债表

单位：10亿英镑

自发因素	—	自发因素	
		现金	60
		其他自发因素净值	76
货币政策操作			
买断式持有国内资产	404		
短期信贷操作	—		
长期信贷操作	6		
借款便利	0	商业银行往来账户	274
合计	410	合计	410

资料来源：英格兰银行。

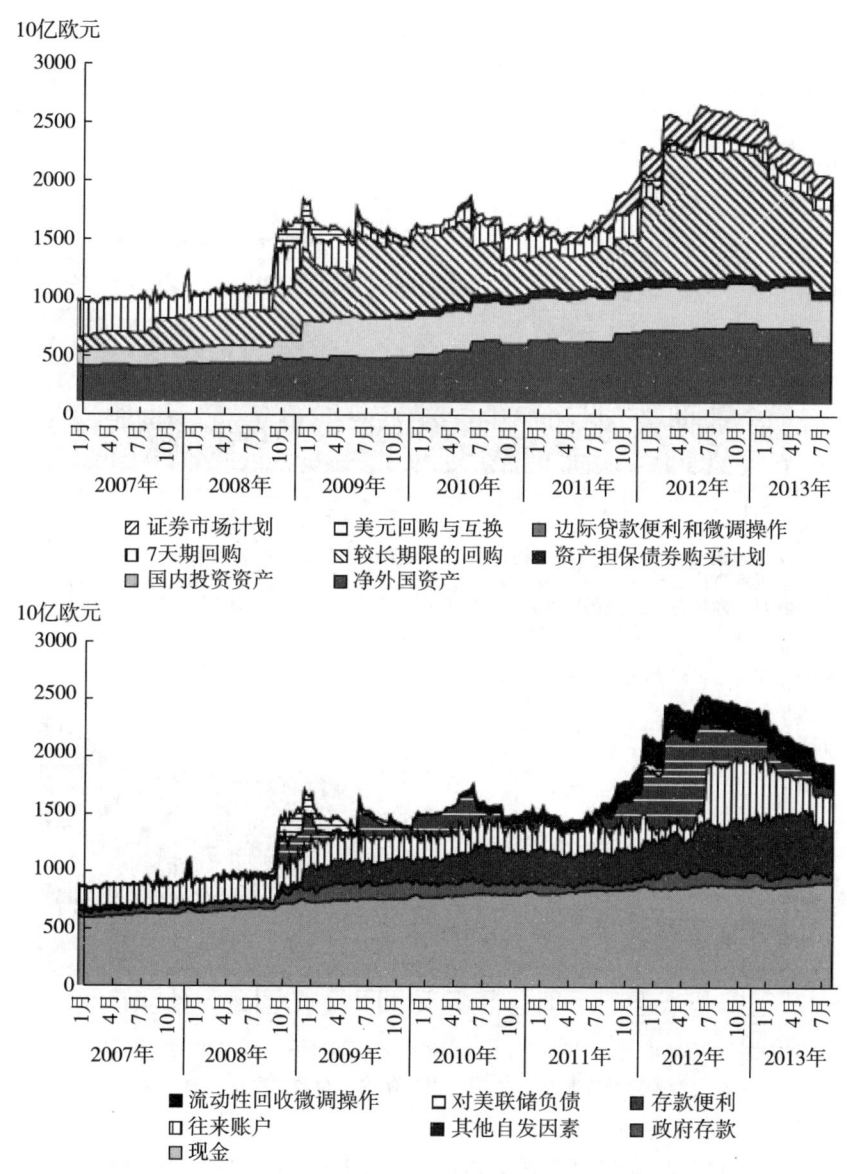

图 13A.1　2007 年 1 月至 2013 年 8 月欧元体系资产和负债的演变

（资料来源：欧央行）

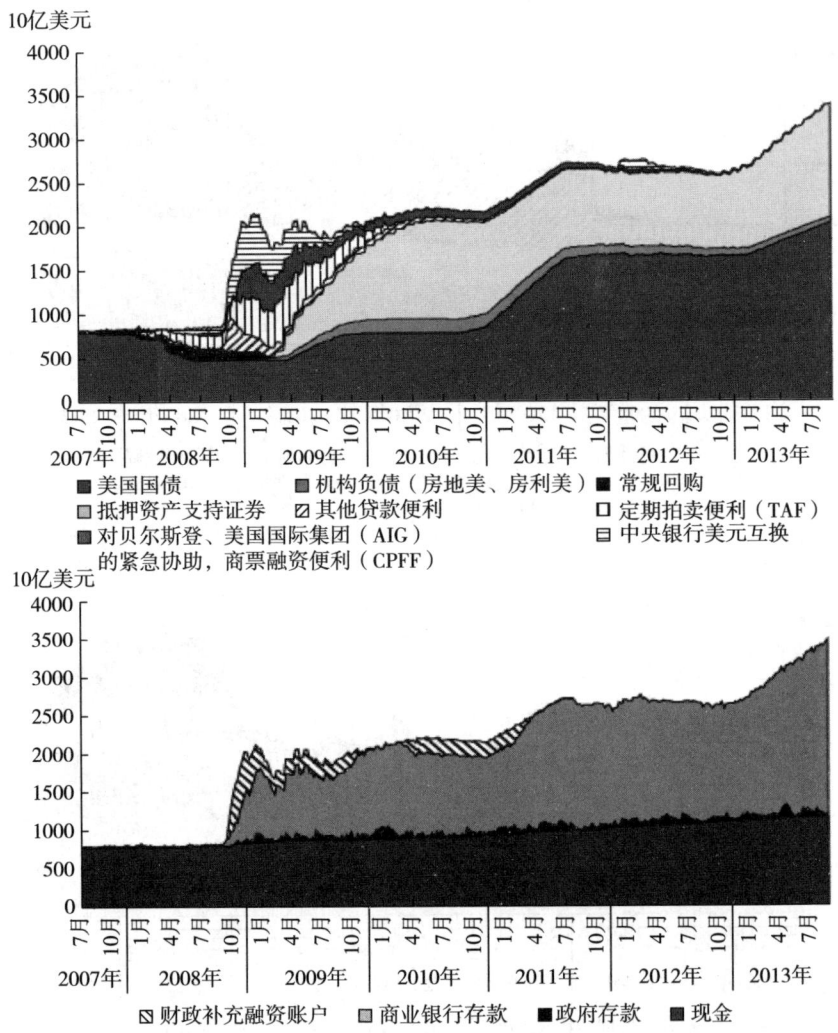

图13A.2 2007年7月至2013年8月美联储资产和负债的演变

(资料来源：美联储)

第十三章　公开市场操作和常备便利工具

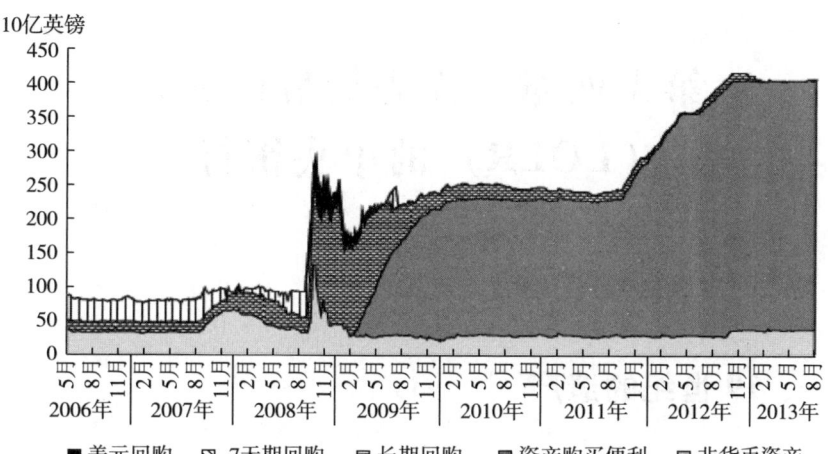

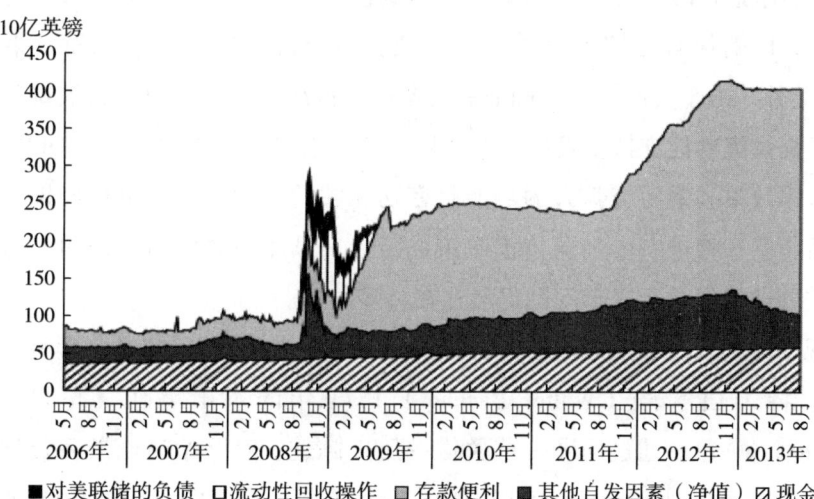

图 13A.3　2006 年 5 月至 2013 年 8 月英格兰银行资产和负债的演变

（资料来源：英格兰银行）

第十四章 作为最后贷款人（LOLR）的中央银行

一、19 世纪的遗产

在金融危机时期，货币政策传导机制被打乱，这意味着中央银行需要调整政策，以确保有足够的货币条件继续支撑经济发展（第十二章、第十三章）。此外，由于资产、银行同业和资本市场被冻结，中央银行还被寄望于在向银行提供流动性支持上发挥主要作用，即充当"最后贷款人"（LOLR）。显然，货币政策和最后贷款人的功能是密切相关的，因为中央银行如果拒绝担任最后贷款人将进一步削弱货币政策的传导。虽然历史已多次证明了这项任务的重要性，但关于这个问题仍然存在许多争议。

现在对最后贷款人职能的考虑仍然很大程度受 19 世纪的经验影响，特别是沃尔特·白芝浩（Walter Bagehot）1873 年的杰出著作《伦巴第街》（*Lombard Street*），通过回顾一些关键的历史陈述，对开始讨论最后贷款人功能很有帮助（如对 19 世纪文献的现代解读概览，可参见 Goodhart，1999；主要论文集（含最新发布的论文），可参见 Goodhart 和 Illing，2002；关于最后贷款人职能的新模型，可参见 Rochet 和 Vives，2004）。

通过一切与中央银行安全一致的手段提供流动性。英格兰银行董事耶利米·哈曼（Jeremiah Harman）在 1832 年上议院委员会举行的听证会上是这样总结英格兰银行在 1825 年恐慌中所采取的行动（参见 Bagehot，1873）：

> 我们通过一切可能的手段，采取没有使用过的模式提供流动性……

第十四章 作为最后贷款人（LOLR）的中央银行

我们接手存量股票、购买国库券、对国库券垫款，我们不仅直接贴现，还对国库券给予数量巨大的垫款；简而言之，采取一切与银行安全一致的手段；……看到公众处在糟透的状态，我们通过自己的力量提供一切协助。

首先，需要注意的是，声明是关于在整体金融市场流动性危机的情况下向金融系统注入额外流动性，使所有银行受益，而非（经常错误地被认为）对个别银行提供紧急流动性援助。其次，哈曼解释了英格兰银行的行动是具有创造性和主动性的，即英格兰银行通过创新找到了支持金融机构流动性的最佳途径，唯一约束这种创造力的原因是需要维护"中央银行安全"。

惯性原则。白芝浩（Bagehot，1873）阐述了这个原则，按照惯性原则，中央银行应保持其固有的风险控制框架，并把在危机期间也不收紧这一框架作为应对资产流动性恶化的办法：

> 如果大众知道英格兰银行能慷慨地对正常时期的优质证券及通常可以抵押和易于转让的证券进行垫付，那么对有清偿能力的商人和银行家的警报就会缓解。但是，如果中央银行拒绝了通常能够转让的优质证券，那么警报不会减弱，其他信贷活动也会停止，恐慌情绪将越来越糟。

不同于哈曼，白芝浩并不强调所采取措施的主动性，他认为中央银行必须保持"惯性"，不能像其他市场参与者那样收紧风险控制框架（例如，通过限制合格抵押品的范围）。虽然关注的重点有所不同，白芝浩也可以说是对流动性支持和风险承担的双重性进行了分析。

风险的内生性。白芝浩也提供了关于流动性支持和中央银行风险承担的另一视角，他认为提供流动性支持对于最小化中央银行自身最终的财务风险可能是必要的，因为这些措施是防止金融体系崩溃和中央银行声誉损失的唯一方式。白芝浩（Bagehot，1873）明确写道：

> 正如我们所看到的，不贷款将毁掉它（英格兰银行），而大量贷款后

停贷,也会毁了它。对(英格兰)银行来说唯一安全的计划是一个大胆的计划,即在恐慌时以各种通用证券为抵押放贷,或者以平时可作为抵押品的各种资产为抵押放贷。这项政策可能也救不了英格兰银行;但如果这样也救不了,那就没什么能救它了。

换句话说,中央银行的风险暴露本身可能内生于中央银行政策措施,因此更自由的中央银行政策可能比保守的策略承担更小的融资风险。

二、为什么中央银行应当成为最后贷款人?

在下文中,我们通过区分6个"部分相关"的原因,回答为什么中央银行需要在金融危机中作为最后贷款人并提供弹性信贷,即使这会导致更高和更集中的风险暴露。中央银行应该充当最后贷款人并不意味着过度的流动性支持没有缺点,如导致道德风险、支持那些因产生社会损失而理应终止的机构[Caballero等(2008)称其为"僵尸银行"],或阻止市场中某些资产进行必要的价格调整。后面会更详细地分析相关利弊。

(1)融资存在流动性压力和流动性不足导致的违约具有负的社会外部性①。这种负外部性潜在地表明,政府部门应当干预。Brunnermeier等(2009)指出,银行违约产生的最重要的负外部性,来源于个别银行流动性问题诱发的资产螺旋式抛售:

> 为了应对破产前以及破产清算过程中的流动性问题,处于困难中的银行往往会被迫出售资产(抛售)。当这些资产采用盯市法估价时,这样的抛售会压低其他银行账面上相同资产的市值,……总之,存在一个内部放大机制(流动性螺旋),资产价格的下降导致银行、投资公司等更多地抛售资产(去杠杆化),从而进一步压低资产价格、金融中介机构的评定损益及资产负债表净资产。

---

① Chapman等(2010)也暗示了这种说法,并暗示了后面的第(2)、(3)、(6)点。

通过给银行提供抵押贷款减轻银行抛售贱卖资产的压力，中央银行可以防止资产价格螺旋式下降及由此引发的负外部性。通常情况下，中央银行避免资产抛售的措施将有助于维护偿债能力，降低交易对手方和发行人违约的概率。在现有文献中，银行融资压力和流动性不足引起违约进而产生负外部性，资产抛售并非其唯一的形式。产生负外部性的其他形式包括在大范围银行挤兑下的存款人恐慌蔓延（如 20 世纪 30 年代初发生在多个国家的情形），以及因担心债权（包括抵押品）违约而囤积现金导致的融资和市场流动性枯竭（见第十一章中有关金融危机的各种传染渠道的描述）。一般情况下，在大部分流动性危机中，由于内在的系统性风险升级，许多经济实体即使原则上具有偿付能力（如果它们没有因流动性不足引发偿付能力损失，从而在流动性危机中存活下来），也会（临时）缺乏流动性。这里要重点注意的是，典型情况下是因缺乏融资流动性而引发违约，并非资不抵债。偿付能力是一个不透明的概念，存在明显的"灰色地带"，此时往往不能客观度量负债经济实体的偿付能力。而流动性不足是非常具体的，它被定义为无法满足支付义务。

（2）存在多个银行融资稳定均衡，中央银行有能力支持形成唯一的融资稳定均衡。正如第十一章第三点和第十二章第四点描述，在未预料到的资产流动性突然恶化情况下，原本稳定的银行融资结构可能会突然失去稳定，演变成随时可能发生隐含银行违约及银行挤兑现象的多重均衡。中央银行可以通过加强其最后贷款人角色（如通过扩大合格抵押品范围）抵消资产流动性的下降，这样一来，唯一稳定融资均衡可以继续存在（见 Bindseil，2013）。中央银行和监管机构所面临的挑战是要确保银行不能事先将这种支持考虑在内，否则银行可能更加扩大其流动性结构，迫使中央银行提供更多支持，等等。这里对最后贷款人角色的论述和前面基于外部性的论述不同，因为它适用于没有任何外部性的单一银行层面。

（3）中央银行拥有垄断和自由发行法定货币的权力，即央行货币。它们永远不会受到本国货币流动性不足的威胁，理所当然的，在发生流动性危机时，所有机构都愿意为流动性付出高价，中央银行仍然比其他机构更愿意持有（作为抵押品或直接持有）低流动性资产（参见 Armantier 等，2008）。这一观点不依赖是否存在负外部性。即使中央银行是一个纯粹以利润为导向的企业，其免于流动性压力的能力也使它能够在危机期间接手非流动性资产。通常情况下，资产价格在严重的流动性危机后将趋于恢复，因此中央银行可能产生超额利润（有关金融危机期间负资产价格泡沫的分析，参见 Filardo，2011；也可参见第十一章第六点中图 11.3 美国 2006—2012 年的 ABS 价格走势；还可以关注美联储在 2011 年和 2012 年的超额利润）。危机后，逐渐停止流动性操作，中央银行的资产负债表规模可以恢复到正常水平，不会对金融中介产生挤出效应或累积通货膨胀压力。也应看到这一事实，即使在没有外部性的情况下，银行和企业违约的成本也很高，因为它们损害了组织资本，并至少在一段时间内妨碍了对公司资源的有效利用。在金融危机中，如果银行或企业受到流动性不足（以及相关违约）的威胁，并且违约会损害（假设为正）组织资本，那么通过达成流动性紧张的经济主体和具有无限流动性的主体之间的合作可以获得"租金"，且保护组织资本是这种"租金"的一部分。需要重申的是，这里通过中央银行的流动性操作防止违约成本，并不涉及负外部性、市场失灵及中央银行的公共属性等内容。

（4）如果信用风险是不对称的，且抵押品提供者（回购借款人）比现金投资者（回购贷款人）的信用风险更高，那么抵押品折扣率（Haircut）会是一个强大的风险缓释工具。如果现金接受者和现金出借人的信用风险一致，那么抵押品折扣率的作用有限，因为虽然折扣率保护现金提供者，但它将现金接受者暴露于无担保的信用风险中，这一风险随着折扣率的提高而上升（Ewerhart 和 Tapking，2008）。有证据表明，类似信用质量的银行间回购采用的折扣率往往很低，而对其他市场参与者，如对冲基金，使用的折扣率往往较高。因此，银行绝不会质疑中央银行的折扣率，因为中央银行不可能违约。

（5）与其他市场参与者相比，中央银行可能对承压银行的状况更了解，并可能有（除抵押之外）特殊的法律特权收回债权。对承压银行状况更了解，可能与其对信息的知情权和作为银行业监管机构的实践有关，事实上，作为公共机构，中央银行对信息的访问不受限制。相反，如果是竞争对手或秃鹫基金提供紧急贷款,它们很难获取所有相关信息[①]。当需要在非常短的时间内决策时,这一点尤其重要。此外,中央银行作为公共机构拥有特殊的公共职能和法律特权,相对于其他普通的私人贷款者,或许能更有效地保证因最后贷款人职能产生的债权的安全。

(6) 风险的内生性。正如白芝浩指出的,由于中央银行贷款在危机中起到的系统性作用,中央银行实际上可能因提供流动性支持而避免损失,而如果它在这方面受到限制(类似其他个体希望通过收紧的风险控制框架保护自己),实际上可能增加其预期损失。

三、中央银行惯性及其他

仍然使用之前的两银行简单账户体系(见第二章第二点表2.3),它能够反映金融危机时中央银行操作和银行融资流动性之间的相互作用。当金融危机中融资开始不稳定时,一些负债机构的资金干涸,中央银行最后贷款人的职能自动激活,银行体系会自动使用中央银行信贷作为退路。在这种情形下,中央银行的惯性已经允许一些潜在的大量求助转向最后贷款人。同时,中央银行的风险承担也会自动改变。风险增加是受下述众多因素驱动,其中最后两个因素在表2.3的金融账户体系中也有表述。

首先,中央银行交易对手方和用作抵押的债务工具发行人违约的概率增

---

① Armantier 等(2008)和 Acharya 等(2012)也提到这种观点。Armantier 等(2008)提到:"作为其正常监管职责的一部分,美联储系统性地监测银行的财务状况。美联储知道全部存款机构的'骆驼'(CAMELS)评级,包括那些主要不由它监管的机构。通过限制仅给'骆驼'评级为 1~3 级(具有最高的信用质量和最少的监管担忧)的银行发放短期贷款,美联储可以合理确信借款人的偿还能力。事实上,最近发布的"骆驼"评级已经被证明是一个有用的违约预测指标。在正常情况下,美联储获得的监管信息对于评价一家机构的财务状况可能不如从其交易对手获取的信息可靠,因为银行之间在处于借贷关系时会监测对方。然而,在危机时期,对银行的监管评级能比市场观察提供更多的有关基础信用的信息,因为此时市场交易非常不活跃,价格往往波动极大。"Acharya 等(2012)的最后贷款人模型基于这个观点,"这样的角色需要中央银行在提供贷款给有需要的银行方面比其他市场参与者做得更好,或者做好亏损准备。如果中央银行能够利用其监管权力改善其对发放给银行的贷款的监督,前者更有可能实现。特别是,事前的监督并不会减少事后中央银行贷款的发放,却使这种干预可信,从而提高流动性的分配效率"。

加。正如标准普尔（Standard 和 Poors，2009）指出的，投资级债务人（评级至少为 BBB 级的债务人）在所有好年份都没有违约（例如，在 1992—1994 年、1996 年、2004 年、2006 年、2007 年甚至没有一家 BBB 级债务人违约）。相反，在不好的年份，即使更高评级的公司也会违约。例如，2008 年，AA - 级和 A 级债务人的违约概率均为 0.38%。此外，在金融危机期间，中央银行交易对手方及抵押品的信贷质量之间相关性风险加大。一般来说，系统性危机使债务人之间的相关性增大，此时共同风险因素（而非个别风险因素）成为主导因素。因此，回购操作的最坏情景（交易对手方和抵押品发行人同时违约）发生的概率显著增加（例如，对于评级为 A 级的发行人及交易对手方，一个合理的假设是违约概率为 10 个基点，在没有相关性的情况下双重违约概率为 0.01 个基点，而完全相关时此概率变为 10 个基点，两者相差 1000 倍。）

其次，资产价格的波动性增大，使交易对手方违约后，抵押品价值恶化程度超过折扣率的情形发生的可能性增大。

再次，中央银行贷款对象从好的交易对手方转变为不太好的交易对手方，且集中度增加，这种现象我们称为"相对的"中央银行中介。在金融危机中，实力较弱的银行往往既损失资本，也丧失银行间市场融资渠道，并且可能受到存款流出冲击（如表 2.3 显示的冲击 k 和冲击 y）。如果资产缺乏流动性（在金融危机期间往往如此），进而抛售资产也会面临问题（因为它们意味着损失），中央银行就成为填补日益扩大的资金缺口的唯一来源。而良好的声誉有利于资金流入，可以相应减少对中央银行的依赖。

最后，中央银行的资产负债表规模可能扩大，包括以下两个原因：

- 中央银行在某个阶段开始扮演绝对意义上的金融体系中介的角色（"完全的"中央银行中介）。用表 2.3 中程式化金融账户模型来说，这种情况发生在 $k+y$ 达到一定的水平，即 $k+y>B/2+d/2$ 时。此时银行 1 有大量流动性并且在中央银行存放超额货币。

- 由于家庭将大量银行存款取出变为现金（如 2007 年的英国北岩银行或 20 世纪 30 年代早期发生的那样），中央银行资产负债表的规模也可能扩大。这反映为表 2.3 所示的金融账户体系中的冲击 d。

自动提供给承压银行的资金支持，受到银行资产是否为合格的中央银行抵押品及中央银行设定的抵押品折扣率的限制。

除惯性行为外，中央银行还可以通过一些积极的措施，在危机中对银行体系承担其最后贷款人职能，这些措施可以分类如下：

（1）提高承压银行向中央银行借款潜在可能性的措施。这要求扩大合格抵押品的范围，它可以通过两种形式进行处理。

①从总体上扩大合格抵押品（对所有的银行）。可以通过降低折扣率或扩大合格抵押品的范围来完成（Markets Committee，2013），其中后者更常见。值得注意的是，合格抵押品的价值通常在金融危机中因估值降低有自然的缩水趋势，由于信贷质量恶化，抵押品可能不再合格或者折扣率自动上升。

②通过紧急流动性援助（ELA）的形式双边扩大抵押品资格，见本章第四点的讨论。

（2）提供证券借贷计划（见第十二章第五点）。

（3）直接购买证券支持银行和其他承压机构的资金流动性。详见第十三章第三点动机（7）对于直接购买证券方案的讨论。

（4）扩展中央银行可以直接放贷的实体范围。例如，美联储2007年决定向美国最大的保险公司美国国际集团（AIG）提供紧急流动性援助。

（5）重新恢复承压银行融资渠道。例如，保障存款或银行间信贷安全——这通常不仅是中央银行的职责，更多的是国家的职责。使用公共资金对银行注资也通常是政府而非中央银行的责任。

（6）最后，优化向中央银行借贷的流程，使之更可靠、更便捷。例如，将其信贷操作的招标程序从可变利率拍卖变为固定利率全额分配。

通过运用这些工具，即除了惯性行为之外，中央银行可以减轻银行的融资流动性压力，从而缓解、终止金融危机或阻止其爆发，这样银行就不会停止向实体经济提供信贷，也防止了图11.4中的负反馈循环获得动力。用美联储主席伯南克的话说["危机和政策应对"演讲（"The Crisis and the Policy Response"），2009年1月13日]：

中央银行通过提供流动性向市场参与者保证：即使短线投资者开始失去信心，金融机构也有能力满足现金需求，而无须诉诸于潜在不稳定的资产抛售，从而降低系统性风险。此外，支持金融机构的流动性需求将减少资金压力，在相同条件下，提高这些机构的贷款和做市意愿。

四、最后贷款人的特殊形式：紧急流动性援助

上文详细介绍了最后贷款人的两种形式：（1）容忍银行在中央银行信贷框架内在弹性的追索权；（2）积极采取措施，方便银行使用这个援助框架（如扩充抵押品范围、信贷操作程序从可变利率招标转为固定利率全额分配，等等）。现在，我们来看最后贷款人的另一种形式：通过欧央行、英格兰银行及加拿大银行的紧急流动性援助（ELA）帮助单个银行，即以较高利率向单个银行提供特别贷款，该贷款的抵押品通常不是合格的抵押品，常由政府来担保中央银行的风险暴露。

表14.1从多个维度对正常的中央银行信贷供给与紧急流动性援助进行了比较。

表14.1　中央银行常规信贷供给与紧急流动性援助的比较

	常规中央银行信贷	紧急流动性援助
基于规则还是相机抉择	基于规则，在一套良好定义、众所周知的框架下运作	基于中央银行的相机抉择；不事前承诺，通常也没有规则；"建设性模糊"
利率	处于或接近政策目标利率（例外：利率走廊系统中的借款便利）	惩罚性水平的利率（高于标准的借款便利利率水平）
银行数量	所有合格的交易对手方	通常提供给一家银行，有时是同时分别提供给几家银行
抵押品	通常是事先确定的中央银行合格抵押品范围	其他银行资产，原则上是能抵押的任何资产；往往辅之以政府担保
中央银行对交易对手方的监督/条件	交易对手方使用中央银行信贷时对其没有特殊的监督；无条件	当交易对手方处于特殊状态时才能使用并且会加强对它的监督，还附有条件
污名效应	一般不会损坏声誉（只要没有过于超比例使用中央银行信贷）	有损声誉，因为它反映出相关银行的问题更加严重
持续期	对跨期展期没有特别的规定	通常仅是短期的

事实上一些中央银行与货币当局试图设计至少部分以规则为基础的紧急流动性援助框架，并公布了主要设计特点［加拿大情况见 Daniel 等，2004；中国香港情况见香港金融管理局（HKMA，以下简称金管局），2011］。在所有中央银行或货币当局的紧急流动性援助方案中，香港金融管理局的方案似乎是最透明和以规则为基础的，因此，有必要仔细对它进行研究。金管局（HKMA，2011）紧急流动性援助的目标是"预防因流动性问题导致破产突发，并防止银行挤兑的传染效应"。金管局明确定义了紧急流动性援助的前提条件：

（1）"金管局判断，如果无法得到流动性援助，一个陷入困境的机构破产，会损害汇率、货币或金融体系的稳定（系统性风险）"。这一条件明确地将紧急流动性援助和常规中央银行信贷区分开来，只有在防止损害他人的情况下才会提供紧急流动性援助。这也提出了关于银行能否获得紧急流动性援助的"建设性模糊"概念，从而防止银行在选择自己的流动性风险承担水平时事先把紧急流动性援助可得性考虑在内。

（2）"该机构具有充足的偿付能力"。更详细的规定是，"判断一个机构是否具有充足偿付能力，金管局一般会要求该机构证明其在调整可能的额外拨备后仍保持6%以上的资本充足率"。也有观点认为，开始时缺乏偿付能力不一定是不提供紧急流动性援助的理由，因为银行可能缺乏偿付能力，但①违约的负外部性巨大；②银行可能有良好的经营模式，从这个意义上说，如果其继续经营，对社会是有益的并能产生正的利润流。然而，偿付能力标准的优点是将核查①和②的责任赋予政府，政府必须决定（如果没有其他资本来源）是否准备将必要的资本注入银行。如果中央银行或货币当局不得不作出这样困难的决定，中央银行或货币当局的职权就会过度延伸。

（3）"最后贷款人支持必须有充分的抵押"。这个标准也是保护中央银行与货币当局，使它不太可能因紧急流动性援助操作而面临亏损。亏损可能意味着社会资源的不当再分配，而中央银行与货币当局并没有作出决定的法律授权。还有观点认为，即使缺乏抵押物，违约的负外部性可能很大，而银行可能在未来取得积极表现。那么，抵押品标准再一次保证了由政府做这两点判断，如果它的结论是正面的（即使缺乏抵押物，银行仍应该获得紧急流动性援助），政府有责任通过某种方式（如担保中央银行与货币当局的风险暴露）来弥补抵押品的缺口。

（4）"在寻求最后贷款人援助之前，该机构已作出其他一切合理的努力来寻求流动性支持"，"作为履行自身承诺的需要，该机构的股权控制人已作出所有合理的努力来提供流动性和/或资本支持"。这些标准强调，紧急流动性援助确实是银行应该考虑的最根本的防止流动性不足的途径。

（5）"没有明显的证据表明管理不善或不当，或者说流动性问题是由于欺诈造成"并且"该机构必须准备采取适当的补救措施，以解决其流动性问题"。这些标准赋予中央银行与货币当局权利，对银行实施管理改革和其他（痛苦的）措施，使其更有可能消除未来盈利能力的障碍，并抑制银行事先考虑依赖紧急流动性援助的可能性。

金管局（HKMA，2011）还规定了紧急流动性援助的合格抵押品范围（包括投资级证券和抵押贷款组合，以及折扣率安排）。有人可能会问（不单针对金管局的情形），为什么不将紧急流动性援助抵押品设定在常规的中央银行贷款抵押品范围内？其中一个原因可能是对中央银行与货币当局最大信贷额度保持建设性模糊，即基于紧急流动性援助抵押品的那一部分中央银行与货币当局信贷量。不预先承诺哪一部分抵押品是合格的，能防止银行事先将这一潜在的流动性支持因素考虑在内，并相应地延展自己资产负债表的流动性结构。另一个原因是，在正常时期预测低流动性抵押品的永久性资格似乎效率较低，因为这样的抵押品通常比较特殊，是信息密集型资产，对其估值和进行信用质量评估需要有更广泛、更昂贵的尽职调查工作。还有一个原因，如果低流动性资产（那些通常作为紧急流动性援助抵押品的资产）有永久抵押资格，那么机构会首先将它们作为中央银行抵押品，即放大了抵押品使用中的逆向选择。

金管局（HKMA，2011）也限制了紧急流动性援助的期限（期限为30天，可以进行一次30天展期）。至于收取的利率，没有提及相关数据，但它明确指出"对最后贷款人支持收取的利率要足以维持良好的管理激励,但不能有违便利性的宗旨,即防止流动性不足引发破产"。金管局(HKMA,2011)为紧急流动性援助总量设定了上限,即100亿港元的绝对上限,此外还设定了一个相对上限:

> 满足最后贷款人支持最低先决条件(6%的资本充足率)的机构将最多能够获得相当于其100%资本的流动性支持。能维持资本充足率高于法定最低比率的机构,最多能获得相当于其200%资本的流动性支持。在任何情况下,金管局将保留在最大额度内自行决定金额的权力。

英格兰银行最近也在提高其紧急流动性援助(和最后贷款人)框架的透明度。"贴现窗口便利"(Bank of England,2013)是一个主要以规则为基础的单个机构紧急贷款便利①,它的获取条件(尤其是抵押品范围和价格)是预先公布的。有趣的是,随着该"贴现窗口便利"规模的增加,价格(利率)也在上升。

大多数中央银行故意选择不够透明的紧急流动性援助框架。有观点认为,如果事前明确限制条件和抵押品标准,中央银行可能过度约束自己,如削弱其维护金融稳定的能力,或促使银行将支持因素考虑在前。欧央行(European Central Bank,2007)的紧急流动性援助框架仍比较笼统②:

> 危机情况下中央银行可用的一个特殊工具是以足够的抵押品为担保向单个信贷机构提供紧急流动性援助。通常,该工具包括在特殊情况下向暂时缺乏流动性、不能通过市场或常规货币政策操作获取流动性的信贷机构提供流动性支持。这个特别和临时的流动性供给需遵循《欧洲共同体条约》和《欧盟理事会条例》中有关货币融资的禁令。但是,信贷机构不能假设可以自动获得中央银行的流动性。作为中央银行的一项职

---

① 其实,英格兰银行的贴现窗口便利可以看作介于中央银行常备便利和紧急流动性援助之间。
② 然而,欧央行在2013年10月17日的声明("紧急流动性援助措施")中,提供了欧元区紧急流动性援助的额外信息,特别是有关的程序性信息。

能，是否提供紧急流动性援助由成员国中央银行相机抉择，需考虑能证明最后贷款人援助适当性的相关因素。具体而言，提供紧急流动性援助有助于防止或减轻对金融机构潜在的系统性影响……

在任何情况下，没有中央银行或货币当局会预先承诺紧急流动性援助（既包括那些明确紧急流动性援助框架及有关限制的中央银行和货币当局，如金管局，也包括多数事前不提供明确规定的中央银行和货币当局）。一个普遍的共识是，预先承诺将使银行事先就考虑这一支持因素，因此（缺乏流动性监管时）它们会选择过度延展资产负债表流动性结构，从而更可能产生对紧急流动性援助的实际依赖。中央银行和货币当局希望通过保持不确定性来防止这种情况的出现。

Manna（2009）概述了一些具体的紧急流动性援助案例（包括20世纪90年代的瑞典银行业危机，2006年的奥地利Bawag银行、2007年的北岩银行和2008年的贝尔斯登案例）。Plenderleith（2012）发表了一篇关于2008—2009年英格兰银行对苏格兰哈里法克斯银行（HBOS）和苏格兰皇家银行实施紧急流动性援助操作的详细报告。Kohn（2009）将美联储对美国国际集团（AIG）的紧急贷款操作作为例子进行了描述。其他已经公开的例子包括德国Hypo房地产公司和比利时富通集团（均发生于2009年）。据相关中央银行发布的报告，截至2011年底，希腊、爱尔兰、塞浦路斯、比利时和法国中央银行提供的紧急流动性援助分别达到了约520亿欧元、420亿欧元、40亿欧元、60亿欧元和190亿欧元。到2013年底，在大多数国家这一数字已经显著下降。

如表14.2总结的，虽然紧急流动性援助和普通的中央银行信贷之间存在巨大差异，但紧急流动性援助的金融账户示例同"普通"中央银行信贷相同。如果要从资产负债表中区分两种类型的中央银行贷款，那么两者之间的界线是抵押品的可用性。例如，从表12.1中银行2的金融账户开始讨论，假设银行2确已耗尽标准合格抵押品，两种形式中央银行信贷之间的金融账户差异如表14.2所示。

表 14.2　表 12.1 中银行 2 已耗尽标准合格抵押品并获得了紧急流动性援助

银行 2		
企业信贷　(D+B)/2	存款	D/2 − k
	中央银行货币政策信贷	(D+B)(1−h)/2
	紧急流动性援助	B/2 + k − (D+B)(1−h)/2

中央银行信贷总量为 B/2 + k，其中常规中央银行货币政策信贷部分由可用的抵押品决定。由于中央银行的紧急流动性援助操作同样要规避信贷风险，这一风险暴露经常由额外的政府担保来保护。

第十五章　最后贷款人与中央银行风险承担

一、外生风险

金融危机期间，银行突然面临流动性和偿付双重压力，它们自身的最优选择导致其限制对客户及其他市场参与者的贷款和风险承担，这可能触发恶性循环，并向社会次优囤积和违约均衡的方向发展。如前面章节所示，在危机中，中央银行可以果断采用一些工具给银行提供流动性。但哈曼所说的中央银行"安全"呢？当决定给银行提供流动性时，中央银行如何进行风险管理呢？中央银行应该容忍其总风险增加多少呢？对这个问题有四种不同的基本答案。

一是惯性原则。根据这一原则，当危机爆发时，中央银行应实质上保持其接受抵押品的条款不变（见第十四章第一点援引白芝浩的相关论述）。除了支持中央银行在危机中向银行提供流动性的一般论点外，还可以提出三个支持惯性原则的论点。第一，只有中央银行保持惯性才能确保银行做好危机应对规划。中央银行在危机中采取更具约束性的风险控制措施或收窄合格抵押品范围的可能性，会令银行更难作出危机应对规划（包括流动性压力测试）。第二，在危机高峰期，中央银行不太可能重新评估最优金融风险管理和最佳金融稳定贡献之间的复杂权衡，因为即使在稳定常态时，两者都很难被量化。因此，理想的做法是中央银行在正常时期设计一种在危机期间也适用的风险控制框架。第三，一系列连续的短期再融资操作和中央银行长期再融资操作之间的事前对等，要求银行充分信任所有情况下中央银行再融资的惯性。

二是主动承担额外风险。这一做法得到了 Buiter 和 Sibert（2007）的支持:"应对流动性危机和信贷紧缩是困难的。它使中央银行不可避免地暴露于重大的财务和声誉风险之中。中央银行将被要求在其资产负债表上承担未知量级的信用风险，并且它们将不得不对各种交易对手方的信誉作出明确的判断。如果不承担这些风险，中央银行在财务和声誉方面是安全的，但是在服务公共利益方面却做得很差。"主动承担额外风险的主要意义似乎在于，中央银行风险承担的边际社会回报在危机期间会大幅增长。

三是只有勇敢的计划才是安全的计划。这种观点强调风险的内生性，也是基于白芝浩的相关论述（见第十四章第一点）。根据这种观点，中央银行应该在危机中采取支持性措施，不仅出于政策的原因，还在于这一策略将减少（而不是增加）中央银行的金融风险。

四是确保信用风险保障至上。根据这种观点，中央银行应该在信用风险而不是在流动性风险方面保护自己，因为与其他银行相比，中央银行不受流动性风险威胁。这种观点强调，中央银行不是最好的信用风险管理者，并且承担大量的信用风险也不是其任务。因此，当危机爆发、中央银行承担的金融风险开始快速增长时，中央银行应该采取额外的风险控制措施来限制这种（风险的）增长。

下面介绍一个概念性模型，旨在更精确地描绘上述四种不同的观点。

设 L 是描绘银行资金流动性的变量。L 取决于金融体系的状态（正常运转的银行间市场，家庭存款的波动性）、中央银行操作和中央银行抵押品框架。例如，L 可以被指定为个别银行剩余流动性概率分布的平均值。

设 R 是中央银行的总风险承担，它通过一些风险度量指标如预期损失、在险价值或预期缺口等来描述。在实践中，风险度量应包括市场风险和信用风险。

设框架 $F = \{F_1, F_2, \cdots, F_n\}$ 是描述中央银行流动性供给和抵押品架构的 n 元向量。例如，其包含的元素可以是抵押品范围；各种抵押品的折扣率；中央银行在必要时直接购买不同类型资产的倾向；公开市场操作的期限分布；等等。向量的元素被定义为，流动性支持随着相应参数的值增加而增加。假定在危机之前，采取措施的矩阵是 F^0。在讨论中央银行的流动性支持时，建立两个极端的框架作为基准是非常有用的。

- 支持力度最大的框架：按公允价值（持有到期资产的账面净值）接受银行的所有资产作为抵押品，在有需要的情况下，银行的全部资产都可以从中央银行获得再融资。这种方案将提振市场信心，因为所有市场参与者都知道，有偿付能力的交易对手方永远不会因流动性原因违约，因为任何流动性外流都可以通过增加从中央银行的融资来弥补。应当指出的是，我们这里所谓的支持力度最大的框架仍然基于两个基本的风险管理原则：（1）应以恰当的估值接受抵押品，该估值至少应反映出无偏的中长期公允价值；（2）交易对手方应该具有偿付能力，即其资本应为正值。在最宽松的框架下，银行违约的唯一原因是违反资本充足率规定而被监管层吊销牌照。如果抵押品被正确估价，且银行业监管机构在银行资本下降到最低限以下（但仍为正）时立即撤销银行牌照，那么通常中央银行不会有任何损失①。

- 最严格的框架：中央银行只针对无风险资产实施货币政策操作，如国库券（假定其是评级为 AAA 级的主权债务）。中央银行资产端大部分是其买入持有的无风险资产。中央银行可能在边际上对无风险资产作一些回购操作，但它总是会选择最安全的交易对手方进行双边交易。在这个框架里，银行不能随意地从中央银行融资来弥补资金缺口。

假设变量 Ω 表示金融体系的状态。事实上，此变量也可以被认为是一个矩阵，包含银行间市场运作、银行的资本缓冲水平、资金来源稳定性等元素。为了简单起见，Ω 在这里被作为一个单一的参数。我们假定金融体系受损害程度越大，危机参数 Ω 的值也越大。

---

① 上述最宽松的合理框架不应与没有任何抵押品限制的框架相混淆，在后一框架内，中央银行将无限提供无抵押贷款。在这种情况下，市场约束将被完全去除。"疯狂"的银行可以在一天内购买所有未偿付的金融资产。没有什么能够保证经济行为是理性的——极端加杠杆和冒险是有可能的（如果银行因为资本耗尽，没有什么可失去的，很可能会采取这种行为）。欺骗监管者以推迟牌照吊销时点的动机将会很强。中央银行的流动性供应很可能会极度集中于脆弱银行。中央银行的风险承担将是巨大的，完全取决于银行监管者何时吊销银行牌照。最终，在这一极端方案下，币值和物价稳定将受到严重损害。

现在考虑变量间的相互作用。对每一个框架 F 和危机程度 Ω 的组合,参数 L 和 R 的值为 $R=R(F,\Omega)$,其中,R 随 Ω 单调递增,通常也随 F 中各个参数单调递增(重要例外将在下文进行讨论,根据白芝浩的观点,对中央银行来说只有"大胆"的计划可能才是"安全"的计划)。此外 $L=L(F,\Omega)$,其中,L 随 F 单调递增,随 Ω 单调递减。

此外,政策制定者在提供流动性服务和承担中央银行资产负债表风险之间是有偏好的。假定 W( ) 是总福利函数,同时也是中央银行的偏好函数,设 $W=W(R,L)$,其中 W 随 R 单调递减,随 L 单调递增。

对于每一次危机以及不同的危机程度,最优的 F 矩阵通常是不同的,并且也与危机前的 F 矩阵不一样。设 Ω_0 表示危机前的 Ω 值,Ω_1 表示危机中的 Ω 值。在给定中央银行偏好的情况下,用 $F^*(\Omega)$ 表示对于特定 Ω 值来说最优的 F 框架。

惯性原则认为 $F^*(\Omega_0)=F^*(\Omega_1)$。然而事实上危机期间并非如此,因为中央银行通常会在两个方向上改变它们的政策框架。扩大抵押品集的最优选择意味着对 F 矩阵中相关的元素 i,有 $F_i^*(\Omega_0)<F_i^*(\Omega_1)$,即中央银行会在危机中为流动性供应操作选择更加"自由的"参数。但是人们也可能观察到 $F_j^*(\Omega_0)>F_j^*(\Omega_1)$ 的情况,这是因为中央银行在危机中采取了更多的限制性措施。例如,欧央行于 2008 年 9 月 4 日宣布,它将提高部分抵押品的折扣率。此外,2009 年 1 月 15 日,欧央行宣布将不再接受某些类型的 ABS(如多层担保债务凭证)。

F、R、L 和 W 的选择也可以描述如下。对于每一个风险承担水平 R,可以通过 F 矩阵各元素值的有效组合,实现 L 值的最大化(反之亦然)。在有效边界上的全部组合中,中央银行决策者的偏好将决定最终被选取的组合,它也是中央银行承担资产负债表风险与向银行提供流动性间的无差异曲线和所有可能性集合的切点。虽然金融体系恶化时,最优的中央银行风险承担可能总是会增加,即 $dR^*/d\Omega>0$,但是否有 $R[F^*(\Omega_1),\Omega_1]>R[F^*(\Omega_0),\Omega_1]$ 仍不明确,也就是说与惯性方案(在这种情况下,风险措施是危机前就有的措施）相比，危机应对措施是否会增加或减少中央银行的总风险承担仍不清楚。类似的考虑也适用于银行体系的流动性状况：虽然流动性危机总会恶化银行的资金流动性，即 $dL^*/d\Omega < 0$，但是否有 $L[F^*(\Omega_1),\Omega_1] > L[F^*(\Omega_0),\Omega_1]$ 还不明确。根据 Buiter 和 Sibert（2007），这两个不等式必须始终成立。不管怎样，需要重点注意的是组合 $\{R[F^*(\Omega_0),\Omega_1], L[F^*(\Omega_0),\Omega_1]\}$ 很少会在有效边界上，即不调整任何措施（即完全惯性）很少是最佳策略。

图 15.1 对此作了进一步说明。为了简化图中标记，$\{R[F^*(\Omega_0),\Omega_1], L[F^*(\Omega_0),\Omega_1]\}$ 被写作 $RL[F^*(\Omega_0),\Omega_1]$，诸如此类。该图显示了中央银行在危机中保持惯性时四种可能的 (R,L) 组合。在所有情况下，有 $R[F^*(\Omega_0),\Omega_1] > R[F^*(\Omega_0),\Omega_0]$ 和 $L[F^*(\Omega_0),\Omega_1]] < L[F^*(\Omega_0),\Omega_0]$，这意味着，在危机时，如果中央银行保持其政策框架 F 不变，银行的流动性状况和中央银行的风险状况都会恶化。

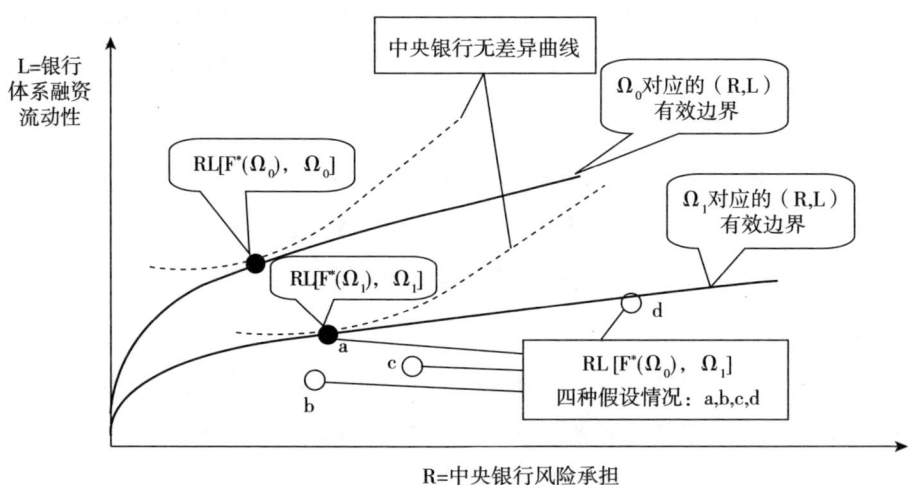

**图 15.1　流动性支持与中央银行风险承担：
有效边界，中央银行偏好，稳定期及危机期的最优选择**

但是，在 R 和 L 代表的危机环境变化时，上述四种情况下中央银行政策框架的调整是不同的。这四种情况反映了本章开头提到的四种观点。

一是惯性准则是最优的：$RL[F^*(\Omega_0),\Omega_1] = RL[F^*(\Omega_1),\Omega_1]$，并且事实上没必要进行任何调整。实际上，这是一个在实践中具有有限可能性和可信度的特殊情况。

二是应调整 F 以增加中央银行的风险承担并缓解银行的流动性紧张局面（Buiter 和 Sibert，2007）。

三是应调整 F 以支持银行的流动性状况并同时减少中央银行的风险承担（只有勇敢的计划才是安全的计划）。

四是应调整 F 以减少中央银行的风险承担并加剧银行的流动性紧张局面（确保风险保障至上）。

二、内生风险

（一）外生性风险的标准案例

考虑外生性风险的标准案例，即风险控制措施和风险承担之间的常规关系，这对任何微观（或"原子"）贷款人（贷款人是如此之小，以至于他的决定不会影响系统的其他部分）来说都是有意义的。例如，假设微观投资者用他的现金循环投资于以德国政府债券作为抵押品的 1 个月期回购交易。假定实行每日保证金制度，但如果交易对手方违约，需要一周时间来清算债券。假定债券一周的价格变化服从正态分布 $N(0,1\%)$。我们现在可以考虑因交易对手方违约产生的不同风险度量指标（矩阵），它们是投资者施加的折扣率 h 的函数。有用的风险度量指标包括：（1）损失的概率；（2）预期损失；（3）在险价值；（4）预期缺口［见 Hull（2012）对这些风险度量指标的定义］。注意，在债券价值上升的情况下，如果存在清算利润，那么这个利润必须还给破产管理人（曲线永远不会向上倾斜）。很容易证明，所有这些风险度量指标都是折扣率 h 的单调递减函数。例如，图 15.2 描绘了第一种度量指标（损失的概率）作为折扣率的函数，它可被简单地表达为 $1-\Phi(h\%)$，其中 $\Phi()$ 是累积高斯分布。

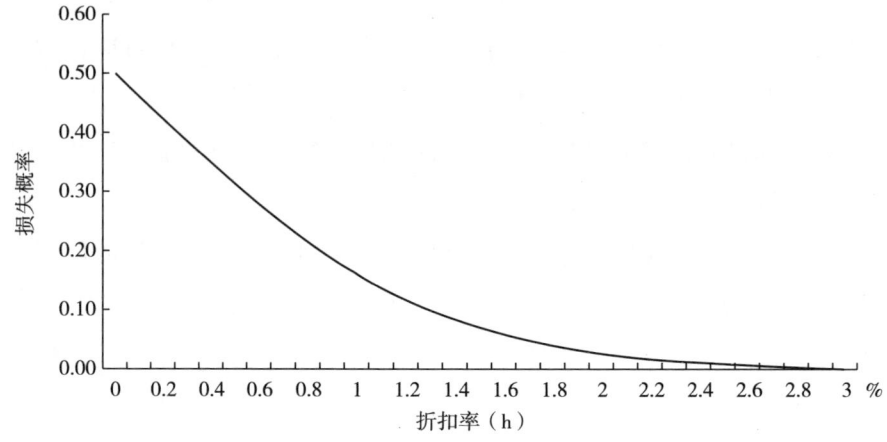

图 15.2　损失概率作为折扣率的函数（标准向下倾斜情形）

（二）在银行挤兑博弈中的风险内生性

现在我们将推导出一种特殊的向上倾斜的风险函数（中央银行风险随着中央银行抵押品折扣率的提高而增加）。再一次用既定的银行资产负债表来说明银行挤兑问题，这是最简单的方式。表15.1等同于表12.7。

表 15.1　另外一家受到银行挤兑威胁的银行

资产		负债	
流动性资产	$\Lambda(2+E)$	储户1	1
基本可流动资产	$\Pi(2+E)$	储户2	1
不流动资产	$(1-\Pi-\Lambda)(2+E)$	中央银行贷款	0
		资本	E

假设我们首先处在"好"的时期，即基本可流动资产实际上具有充分流动性（事实上没有人认为它们可能失去流动性）。在发生挤兑时，银行能筹措的最大的流动性为 $L=(\Lambda+\Pi)(2+E)+(1-h)(1-\Lambda-\Pi)(2+E)$，如果 $(\Lambda+\Pi)(2+E)+(1-h)(1-\Lambda-\Pi)(2+E)\geqslant 1$ 且 $E\geqslant 0$ 时，那么存在单一的无挤兑存款均衡。此外，假定违约成本是 $C>E$。

例如，假定以下参数设置：$\Lambda=0$；$\Pi=0.4$，$h=0.6$，$E=0$ 和 $C=1.5$。

因为总的流动性缓冲为 0.8 + 0.48 = 1.28，所以稳定的融资均衡的条件得到满足。现在假设金融体系进入危机，而且基本可流动资产事实上不再具有流动性。银行的流动性缓冲下降到 0.8，单一无挤兑均衡不再稳定。相反，银行现在面临两个均衡，其中包括一个发生挤兑的劣均衡，即银行违约并产生违约成本 C，剩余资产价值在索赔人之间进行分配。如果发生挤兑，资产价值损失 75%，因此即使中央银行设定 0.6 的折扣率也不能完全保障它免于风险。违约时，中央银行的风险暴露为 0.8（此时银行的抵押品耗尽），并且所有银行的资产都被抵押给中央银行作为抵押品。因此，中央银行将有 0.5/0.8 的回收率，而剩余存款的回收率为 0（这些损失对经济的其他部分可能有进一步的传染效应）。

中央银行可以通过将折扣率从 0.6 降为 0.5 阻止上述情形发生。此时，银行的流动性缓冲将足以阻止银行挤兑成为新的均衡。图 15.3 显示了金融危机环境下的损失概率函数。假定两种均衡态中，银行挤兑均衡发生的可能性为 50%。

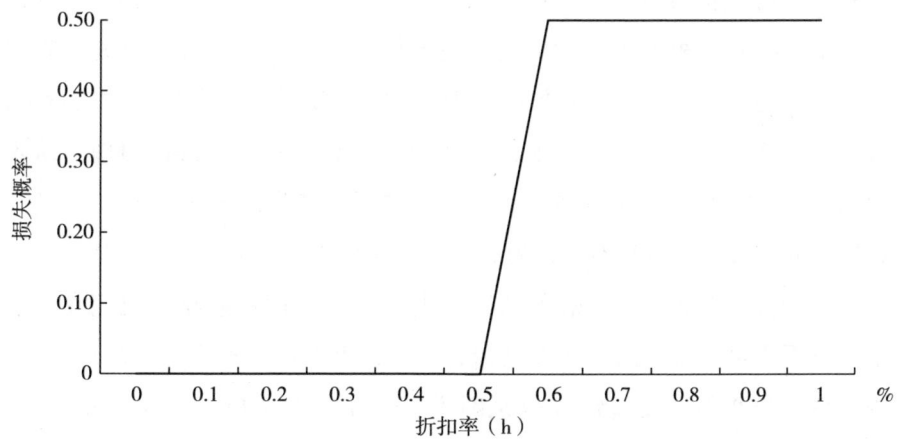

图 15.3　中央银行风险作为折扣率的函数（曲线向上倾斜）

当然，这是一个非常简单的例子，通过设计特定的参数群来证明白芝浩"只有大胆的计划才是安全的计划"的论点。它是一个忽略了各种影响的局部模型。下面章节中更复杂的模型将得出一些不同的结论。

(三) 内生性风险与经济绩效

本部分的模型是由 Bindseil 和 Jablecki（2013）提出的，论证了与中央银行风险控制措施相关的风险内生性观点。它以前面介绍的金融账户为基础，但在以下方面有所创新：(1) 家庭部门也持有股权，同时所有私营部门（银行和企业）都拥有资本缓冲；(2) 有两家不同的企业，每家银行只对其中一家企业融资；(3) 资产冲击导致偿付能力变化；(4) 由于家庭部门会收到关于偿付能力冲击的噪声信息，流动性冲击与偿付能力冲击是相关的；(5) 流动性不足可能引发违约；(6) 一旦违约发生，企业和银行被清算，损失由中央银行和家庭部门承担，因此中央银行的贷款抵押非常重要。

一开始，家庭部门被赋予实物资产 E（股权）。它们将这些实物资产部分投资于企业股权 P 和银行股权 Q，部分交换为金融资产，即现金 B 和银行存款 D（假定在银行 1 和银行 2 之间平分）。企业使用银行贷款（等于 D + B + Q）和来自家庭部门的股权资金（P）投资项目。金融部门，包括银行和中央银行，是家庭部门和企业（除了企业的股权外）之间的中介。首先，它提供存款 D 给家庭部门并将它们投资于企业贷款。其次，对于现金 B 的发行来说，银行部门仍是家庭部门和中央银行之间的一个操作中介。银行用现金从家庭部门购买实物资产，企业再通过银行的贷款融资来购买这些资产。因此，总的融资，同时也是银行持有的总资产为 B + D + Q。

整个经济体由此产生的财务结构见表 15.2。为简单起见，我们在这里不展示银行因为存款流入而流动性过剩的例子，也不讨论资产价格冲击的情况，因为后者本身并不触发违约（也是因为它们在金融账户上的演变相对复杂，不易展示；参见 Bindseil 和 Jablecki，2013 的附件）。相对于 Bindseil 和 Jablecki（2013），该模型简化为只有一种类型的流动性冲击（存款转移冲击 k，同时没有从存款支取为现金的总冲击）。

表 15.2　风险内生模型中金融账户的变化（Bindseil 和 Jablecki，2013）

家庭			
实物资产	$E-D-B-Q-P$	家庭股权	E
在银行 1 的存款	$D/2 + k$		
在银行 2 的存款	$D/2 - k$		
银行股权	Q		
企业股权	P		
现金	B		
企业 1			
实物资产	$(D+B+P+Q)/2$	银行信贷	$(D+B+Q)/2$
		企业股权	$P/2$
企业 2			
实物资产	$(D+B+P+Q)/2$	银行信贷	$(D+B+Q)/2$
		企业股权	$P/2$
银行 1			
对公司 1 的信贷	$(D+B+Q)/2$	家庭存款	$D/2 + k$
		中央银行信贷	$B/2 - k$
		银行股权	$Q/2$
银行 2			
对公司 2 的信贷	$(D+B+Q)/2$	家庭存款	$D/2 + k$
		中央银行信贷	$B/2 - k$
		银行股权	$Q/2$
中央银行			
对银行信贷操作	B	现金	B
		股权	0

当银行存款大量外流并耗尽中央银行抵押品缓冲时，银行会发生违约并带来一些直接成本。在模型中，这些成本以下面的具体方式体现：如果银行违约，向银行借款的企业同样会因为银行不能对其贷款展期而违约，其他银行则因为难以评估企业质量和偿付能力而无法很快地接手。企业违约会产生经济损失，因为管理层发生变化，资产不得不以低价出售，并且一段时间内

存在法律上的不确定性和隐含的惰性。这种损失在模型中简单地体现为企业实际资产价值的一次性萎缩。违约成本是模型中可以选择的一个关键参数。这使我们可以评估整个商业/金融周期中违约成本变化对中央银行最优抵押品政策的影响。

如果中央银行富有弹性的流动性供给有效预防了面临存款外流机构的违约，那么这可能是有益的，因为它保证了商业项目的不间断运行，并且避免了违约成本。但是，它也可能是有害的，因为银行和企业的违约可能事出有因——投资者可能是因为了解到由管理不善而导致偿付问题的相关信息而选择撤回资金。在这种情况下，通过中央银行信贷改善流动性短缺问题可能使差项目继续运行，并继续浪费社会财富。对社会而言，通过违约停止一个项目并承担一次性重组成本，然后再更高效地利用释放出的资源可能更好。模型假设中央银行没有关于银行和企业的偿债能力的特殊信息，甚至和投资者一样没有收到噪声信号。但是中央银行可以着眼于向银行提供流动性，通过调整提供流动性所要求的抵押品折扣率来实现最优结果，即最小化两种可能的错误所带来的预期成本：错误1，虽然银行可以存活下去（没有理由预期它在未来会产生损失），但是却让银行因为流动性原因违约；错误2，通过大量提供流动性让不稳健的银行（如果该银行不倒闭，未来将产生损失）免于违约。在模型中，中央银行实现最优的唯一参数是对抵押品设定的折扣率。最优折扣率将取决于流动性冲击对各银行偿付能力/效率以及违约成本的影响。该模型通过以下一系列事件来具体设定。为简单起见，所有随机变量假定服从期望值为零的正态分布。

时期1：

（1）偿付能力冲击：

η_1 = 影响企业1资产的资产价值冲击

η_2 = 影响企业2资产的资产价值冲击

（2）流动性冲击：

$k = \theta + (\eta_1 - \eta_2)$ = 存款从银行2出来进入银行1的存款转移冲击，θ是一个独立随机变量

（3）资金流动性冲击迫使银行调整（增加或减少）向中央银行的借款。假设银行预先将所有资产存入中央银行作为抵押。从中央银行获得的融资规模不会超过折扣后的可用抵押品价值。折扣率的水平为 h，因此从中央银行获得的潜在融资规模不超过 $(1-h)(B+D+Q)/2$。

（4）如果一家银行突破了中央银行的抵押融资的限制，它将违约。这有两点含义：其一，企业违约因为它依赖银行（可以解释为发生了信贷紧缩）。假设这对企业资产价值造成负面影响，即损害企业资产价值 x。在此基础上可以明确企业负债的价值（根据股权求偿权劣于债务）。其二，破产程序启动，对银行的偿付能力进行评估，进而将银行剩余资产价值在债权人（中央银行和家庭）之间进行分配。央行将先清算抵押品（根据假设条件，事实上是银行的所有资产），剩余的资产价值按比例在中央银行（如果在抵押品清算后中央银行还有求偿权）和家庭之间分配（见 Bindseil 和 Jablecki，2013）。

时期 2：

（5）未违约的银行和企业继续经营，并假定时期 1 的特定实物资产冲击精确重演。这反映出我们假定了经济绩效具有持续性。违约企业遭受新的特殊冲击，这反映了那些企业已经接受新的管理层并进行了重组。

（6）在时期 2 的期末，以经济中实物资产来衡量社会福利（等于家庭股权）。

经济绩效（即时期 2 期末的实物资产价值）将由违约成本和幸存公司反复经历资产价值冲击后的正期望价值间的关系所决定。Bindseil 和 Jablecki（2013）分析了不同外生模型参数对中央银行的最优折扣政策（中央银行贷款的最优上限）的影响（分析可得时期 2 期末实物资产价值，而中央银行预期损失值则通过模拟得到）。这里只考虑两个参数的变化，如表 15.3 所示。要完全界定模型，需要量化财务账户中存量指标的初始值。实物资产（家庭部门股权）的初始值被认为是固定的（E = 200）并可分为实物资产（100）和下列金融资产：现金（B = 40），存款（D = 54），企业股权（P = 4）和银行股权（Q = 2），这些不同的股权水平反映了一个事实，即银行通常比企业拥有更高的杠杆率。这些结构参数也都是有意义的，因为它们意味着银行体系对中央银行有 40 的初始流动性赤字（每家银行 20）以及银行总资产为 100（家庭没有直接留有实物资产）。这意味着，中央银行要求的折扣率水平不得超过 60%。在这一水平上，银行遭受最轻微的负流动性冲击就会违约（在时期 2 银行违约的概率是 1）。

表 15.3　为计算折扣率对福利以及中央银行预期损失影响而假设的参数值

参数	参数变化 I	参数变化 II
$\sigma_{\eta 1} = \sigma_{\eta 2}$	2	2
σ_θ	0/1/4	1
σ	1	1
X（违约成本）	1	0/1/15/25

注：参数变化 I 和参数变化 II 分别摘自 Bindseil 和 Jablecki（2013）的参数变化 V 和参数变化 VI。
资料来源：Bindseil 和 Jablecki（2013）。

面对企业层面的资产价值冲击时，参数 σ_ε（存款转移冲击中的噪声）与流动性冲击的信息内容负相关。图 15.4 提供了 0 和 60% 之间不同的折扣率水平、时期 2 期末的预期实际经济资产价值（测量经济效率）和预期中央银行损失。首先，图 15.4 揭示出对所有的 σ_ε 值，存在一个可以实现经济效益的中央银行内部最优折扣率，和一个单调向下倾斜的中央银行预期损失曲线（后者揭示出，如白芝浩所说，对社会来说中度"勇敢"的计划是最优的，但对中央银行来说这不是"最安全"的计划）。该图还显示，企业层面的资产价值冲击带来的流动性冲击信息内容越多（存款冲击噪声越低），那么（1）时期 2 期末的最大预期资产价值（经济效益）越高，这是因为，如果流动性冲击所反映的经济绩效相关信息越多，通过流动性不足触发违约从而过滤掉不良公司的选择机制将更有效地发挥作用；（2）最优折扣率越高，这是因为如果流动性冲击包含很多信息，那么应该将负面冲击系统性地转换为违约，如停止可能表现不佳的项目。有趣的是，改变这个参数几乎不影响中央银行的预期损失。这是由于损失的关键原因，即资产价值冲击的波动性保持不变，且违约成本（X = 1）大部分时候仍可以被企业和银行股权所吸收。

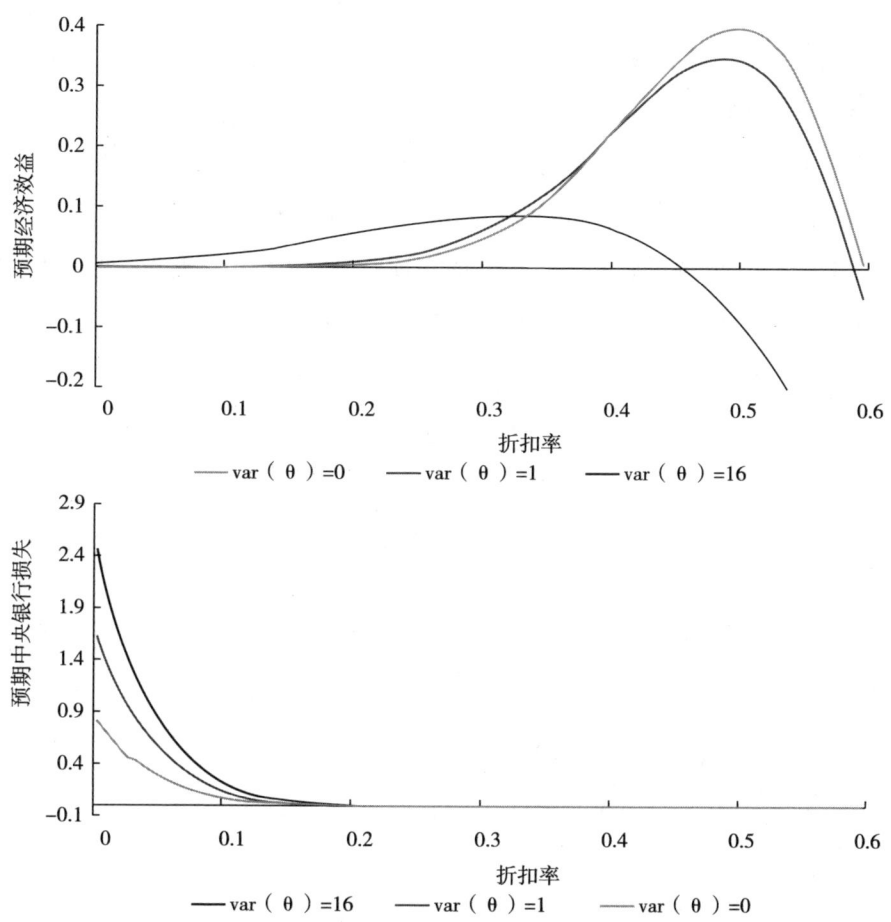

图15.4　不同程度存款转移冲击噪声下，经济绩效和预期中央银行损失是中央银行抵押品折扣率的函数

［资料来源：Bindseil 和 Jablecki（2013）］

参数变化Ⅱ研究了违约成本对经济效益和中央银行损失的影响。经济效益和预期中央银行损失函数由4种不同程度的违约成本推导而出，即违约成本逐步从0增加到1（对应违约损失为4%的情况，即LGD=4%），15（LGD=60%）和25（LGD=100%）。图15.5显示了不同曲线形状和最优状态的各种实例。对于零违约成本，最优的折扣率是60%（轻微的负流动性冲击都会引发违约），且中央银行的预期损失曲线单调向下倾斜。这点很直观,因为更严格的折扣率可以确保更多不稳健的商业项目无成本地被过滤和停止,带来时期 2 中更高的预期资产价值增长率。然而由于违约成本增加,关停亏损企业带来的效率提升被重组成本抵消,效率曲线首先变成驼峰形(X=1),之后因为高违约成本大于停止不良投资的正收益而变成单调递减(X=15;25)。关于中央银行风险承担,图 15.5 下部的图形显示,当 x=0 时,预期损失随折扣政策严格程度的增加而单调递减。直观地说,零违约成本反映了金融体系的弹性,它可以随时不中

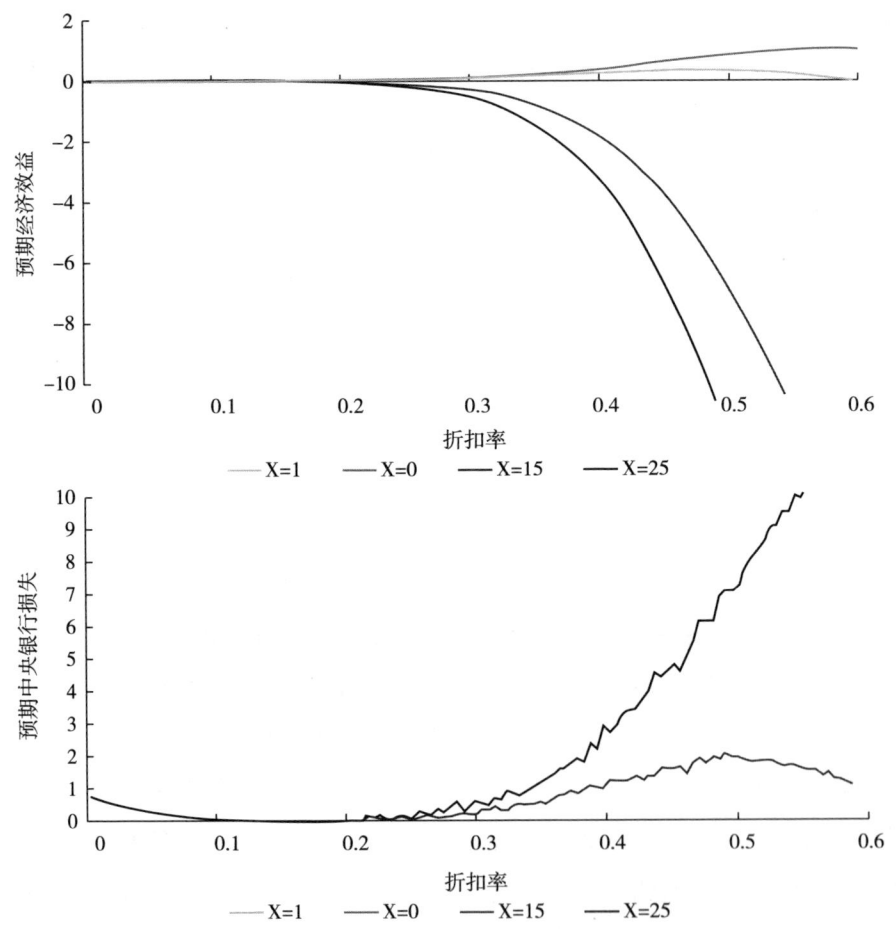

图 15.5 不同违约成本下,经济绩效和预期中央银行损失是中央银行抵押品折扣率的函数

[资料来源:Bindseil and Jablecki(2013)]

断地重组。因此，金融体系可以应付非常保守的中央银行政策框架，而不会出现系统性的不稳定。在这样的环境下，中央银行的风险管理事实上可以采取金融市场上典型微观主体的方式，提高折扣率可以让中央银行有效降低信用风险而不会影响金融稳定。然而，当 LGD 达到 60% 或以上时，中央银行预期损失曲线从单调递减变成 U 形，此时随着中央银行从一个非常自由的框架（h=0%）转变为一个稳健的框架（h=30%；40%），预期损失会下降，但一旦突破某个临界点便会再次回升。如违约成本增加到 25，此时重组会几乎完全破坏企业资产（如高精密机械作为废铁贱卖），在最严格的框架中预期损失将急剧攀升。

综上所述，该模型显示，经济绩效和中央银行的风险承担在许多情况下是折扣率的非单调函数，即使函数是单调的，它们也可能向上或向下倾斜。这意味着，根据折扣率和经济环境的不同，提高折扣率可以增加也可以减少经济绩效。更令人惊讶的是，在紧张的市场环境下，如违约会带来很高的负外部性时，中央银行损失有时会随折扣率的提高而增加。因此，放松抵押品框架与维护中央银行资产负债表是一致的，正如白芝浩的名言所暗示的，对中央银行来说只有"勇敢"的计划才是"安全"的计划。这是一个更普遍观点的特殊后果，该观点是金融部门风险往往内生于中央银行的紧急流动性援助。

除模型之外，这种现象还可以通过以下机制来说明：如果银行的融资压力同其他宏观经济因素一起，导致了持续信贷紧缩和经济下行的恶性循环并影响抵押品价值，那么交易对手方的偿付能力会随时间恶化，违约可能性会上升，最终也会增加中央银行的风险承担。由于中央银行的最后贷款人操作旨在克服系统性金融危机中的恶性循环，那么最终也会降低中央银行的长期风险敞口。该模型还可以解释在最近的危机中，为什么主要中央银行会根据银行体系资产负债表规模提高折扣后的抵押品规模（Brunnermeier 等，2009）。事实上，模型精确重现了这个结论，它显示出在参数变化与金融危机一致时，即当违约成本增加、流动性冲击变得更加不稳定且隐含的偿付能力信息较少时，中央银行应提高折扣后的抵押品总规模。

第十六章 最后贷款人、道德风险以及流动性监管

一、银行流动性管理不足的道德风险与负外部性

(一) 道德风险与外部性

道德风险通常被理解为经济人故意作出对他们是有利的,对社会而言却不是最好的决策。K. Arrow(1963)早期在经济学中使用"道德风险"来描述投保人激励问题,投保人的选择对保险公司有外部性,因此投保人可能会作出从社会角度来看错误的选择:

> 房子或企业发生火灾的可能性在很大程度上是无法控制的,火灾可能是由粗心造成的,但极端情况下纵火也是可能性之一。同样,医疗政策中的医疗成本不完全由疾病本身决定,而是取决于医生的选择及提供治疗方法的意愿。人们经常可以发现,广泛的医疗保险增加了对医疗保健的需求。

Arrow 指出,要找到解决道德风险问题的好方法会遇到许多困难。在许多文献中,尤其是在有关委托代理问题的文献中,道德风险已经被正式纳入模型(如 Holmstrom,1979)。Dowd(2009)讨论了最新金融危机中的道德风险。Acharya 和 Viswanathan(2011)、Diamond 和 Rajan(2012)、Farhi 和 Tirole(2012)将银行资产负债表中过度期限错配和流动性缓冲不足作为道德风

险的一种形式在模型中进行了分析。

鉴于道德风险的动机来源于决策对其他代理人产生的外部性，道德风险的概念与负外部性有着密切的联系。事实上，在 2007 年和 2008 年中央银行大规模扮演最后贷款人（LOLR）角色后，监管机构、中央银行和公众对引发此次危机的金融机构的行为强烈不满。因为道德风险，一些银行家认为他们不必承受可能的负面结果，从而铤而走险以最大限度地提高收益。

Brunnermeier 等（2009）注意到：

> 有人从社会福利的角度来论证监管的合理性，因为金融机构持有高杠杆头寸且严重期限错配，从而使其过度暴露在流动性风险中。我们认为，这实际上是由于以下两个风险外溢的外部性造成的……：（1）甩卖风险的外部性；（2）互联风险的外部性。甩卖风险的外部性是因为金融机构没有考虑到在未来可能发生的流动性紧缩中自己的甩卖价格将会对资产价格产生影响。因此，一些机构的甩卖会产生溢出效应，对其他机构的资产负债表造成不利影响，导致了负外部性。……它可以说是银行监管的主要根据。

这也是在第十四章提过的中央银行充当最后贷款人的基本原理。如果通过中央银行扮演最后贷款人角色来防止资产甩卖是解决外部性的完美方案，那么就不再需要额外的监管。可是为什么单一最后贷款人的解决方案不尽如人意呢？有三个原因：（1）银行常常在事前就考虑到中央银行将充当最后贷款人，往往会冒更大的流动性风险（见下段）；（2）最后贷款人至少是暂时性地取消了信贷配置的市场机制，但事实上中央银行并不擅长信贷分配；（3）即使中央银行采取了非常规措施和弹性贷款来应对流动性危机，但流动性危机仍然会引起传导机制的严重扭曲，引发衰退，导致无法实现社会最优水平的价格稳定、经济增长和充分就业。如果认同上述中央银行最后贷款人职能有效性的局限，那么即使中央银行可能是最好的最后贷款人，高杠杆和流动性风险管理不足仍然存在负外部性。

(二) 作为道德风险来源的最后贷款人功能

这是一个普遍的观点,即中央银行的最后贷款人政策实际上是道德风险的来源之一,因为它使那些因为事前流动性风险管理不足而陷入困境的金融机构不必为此支付违约的代价(以及股权灭失和管理层失业的损失)。换句话说,即使存在最后贷款人,遭受流动性压力的银行也还是会有一些负的外部效应,不仅如此,相比于负外部性,最后贷款人甚至恶化了风险管理不足带来的非外部性后果,所以最终是因为存在最后贷款人反而导致流动性风险管理更加不谨慎,社会将变得更糟,这点令人担心。Clews 等(2010)延伸了这个思路:

> 中央银行通常为银行体系提供流动性保险。在设计流动性保险工具时,中央银行——像任何保险供应商一样——对"道德风险"格外关注。道德风险在这种情况下指的是,流动性保险会引诱银行承担更多原本不会承担的风险。由于像准备金这样的流动性资产的收益率低于低流动性的长期贷款,因此自我保险是昂贵的,这产生了一个简单的激励效应。鉴于中央银行自身可以实际零成本地创造准备金,那么可以说商业银行承担更多的流动性风险也没关系。然而,这种逻辑未能考虑银行的流动性风险和偿债能力之间的密切关系。

Diamond 和 Rajan(2012)还这样论证:

> 不受约束的公共干预削弱了私人契约构建的纪律。银行家怕自己抽租太过会加速挤兑,这种畏惧通常会限制银行家的抽租行为。当有关部门愿意干预以防止挤兑时,会加剧银行事后抽租行为。事前,竞争激烈的银行们将对储户作出更多承诺,这会使金融系统更加僵化,有时甚至超过监管当局拯救金融系统的能力。由此可见,不受约束的干预会使金融系统变得更糟。

Farhi 和 Tirole（2012）还指出，中央银行支持性的危机政策"增加了未来危机的可能性"并"鼓励期限错配"。

为了解决最后贷款人功能引起的道德风险，可以考虑两种互补的方法。第一，事前流动性监管可以限制银行过度绷紧流动性结构，即使预期危机时最后贷款人将提供支持。这将是下一部分的主题。第二，最后贷款人功能设计时，制定激励措施防止过度依赖。在这方面，Clews 等（2010）作了如下考虑：

- 只给有偿付能力的银行提供贷款。Clews 等指出，区分偿付能力问题和流动性问题，对中央银行而言并不总是那么容易（第十一章第三点中介绍的银行挤兑模型对此进行了证实）。
- 提供流动性保险是有代价的，即"对流动性工具利用率高或者接受低质量抵押品收取更高的利率"。
- 设定更高的抵押品折扣率，高于从风险管理角度看的必要水平。

Clews 等认为，第二种方法是减少道德风险最有效的方法。然而，他们也指出，缺点是"在某些情况下，这些利率在一定程度上可能影响市场利率，引起中央银行货币政策不必要的变化"。第十六章第三点将提出一个简单的超比例附加费框架，可以有效降低道德风险，同时又不放弃依靠中央银行提供无限流动性支持的优势。例如，金管局（Hong Kong Monetary Authority，2011）选择的紧急流动性援助（ELA）框架似乎也致力于解决道德风险问题（见第十四章第四点）。

英格兰银行注意到，鉴于存在其他（新）工具，如流动性调控，货币政策实施框架"不再承担尽可能多地解决道德风险的责任"，并宣布了一个更多基于规则和更少处罚的最后贷款人框架（Bank of England，2013），该框架于 2014 年开始生效。

（三）与最后贷款人相关的道德风险及中央银行风险管理

可以说，只要中央银行没有亏损，道德风险也必然被遏制了，因为最终没有发生财富再分配的扭曲。这使得道德风险的衡量及风险控制的效果更加具体，因为风险管理和损失实现在银行管理和财务报告中都有成熟的规章制度。这种方法可以支持中央银行作为最后贷款人，特别是在危机导致流动性系统性螺旋下降且事前看资产价格似乎最终会回归均值水平时，由于中央银行独一无二的特征（如可以无限提供流动性），其暂时发挥金融体系贷款人作用是符合逻辑的。这个观点虽然有效，但比较复杂，因为金融危机中金融体系的风险参数（如银行违约的概率）是中央银行的决策的内生因素。

二、流动性监管

监管层在对2007—2009年金融危机的事后分析中认为，关键的问题之一是许多金融机构流动性风险管理不足（Basel Committee on Banking Supervision, 2013）。为提高流动性风险管理和监管的标准，巴塞尔银行监管委员会于2008年更新了"流动性风险管理和监管的稳健原则"（Basel Committee, 2008）。此外，为了增强国际银行应对流动性冲击的能力，以及进一步协调流动性风险监管，二十国集团（G20）要求巴塞尔银行监管委员会确立一个流动性风险框架，促进金融机构建立更强健的流动性缓冲。2010年12月16日，作为巴塞尔协议Ⅲ监管改革方案的一部分，流动性风险框架正式发布（Basel Committee, 2010），之后又进一步完善（Basel Committee, 2013）。

流动性覆盖率（Liquidity Coverage Ratio, LCR），是巴塞尔协议Ⅲ中第一个实施的流动性监管要求，其目的是建立一个最低的高质量流动资产水平，确保银行可以经受住持续一个月的严重压力情景。压力情景是监管上定义的"保守的银行水平和可能的严重系统性冲击"，并全面地定义了潜在的净现金流出，如衍生品交易的保证金要求，以及通过授信承诺向通道提供的流动性支持也包含在内。流动性缓冲必须使公司在持续1个月的现金流失压力下也能够生存。流动性缓冲由较低收益率的优质流动性资产构成，这种方法内化了银行业务的流动性风险，因为持有优质流动性资产对银行来说是高成本的。LCR比较了30天内的流动性缓冲和净现金流出，精确地定义为以下比率

[HQLA 为"优质流动性资产"（High Quality Liquid Assets）]：

$$LCR = HQLA/ 未来30日净现金流出 \qquad (16.1)$$

LCR 标准要求该比率至少为 100%。巴塞尔银行监管委员会（Basel Committee，2010）规定了两类流动资产。1 级流动性资产主要由现金、中央银行准备金和符合巴塞尔协议 II 标准化方法下 0% 风险权重的政府和公共部门债务组成。合格资产还要满足额外条件，即在规模大、有深度、活跃的回购或现货市场中交易，历史记录显示在市场压力情景下仍为可靠的流动性来源，最终偿付义务不是由金融机构或其附属机构承担。2 级流动性资产主要包括符合巴塞尔协议 II 风险权重为 20% 的政府和公共部门债券，高质量的企业债券和担保债券。企业债券和担保债券不能由金融机构或银行自己发行，且信用评级至少 AA 级以上。2 级资产在流动性缓冲中的比例不超过 40%。对 2 级流动性资产的市场估值须适用 15% 的折扣率。对构成流动性缓冲的流动性资产的定义，其目的是将这些资产的集合限定为最有可能使银行在压力时期产生流动性（如通过回购市场）的那类资产。这涉及一个基本的监管概念，即机构必须依靠自己的能力筹集必要的资金。巴塞尔银行监管委员会（Basel Committee，2013）进一步拓宽了优质流动性资产（HQLA）集的定义。

（一）流动性监管如何工作的一个例子

第十二章第四点表明，在流动性危机中，降低中央银行的抵押品折扣率可以维持银行短期融资的稳定，防止由于银行挤兑造成强制资产清算和银行违约而导致的经济损失以及负外部性。然而，许多研究指出（如 Chapman 等，2010；Acharya 和 Viswanathan，2011；Farhi 和 Tirole，2012），这些中央银行支持性措施会诱使银行事前加杠杆和进一步期限错配，可能迫使中央银行在下一次危机中采取更为宽松的政策等。如果中央银行不能防止这种形式的道德风险，流动性监管将是实现金融体系稳定的必要工具。再考虑一次表 16.1 所示的一家银行和两个储户的基本例子。

表 16.1　一家银行发生挤兑对另外一家银行的威胁

资产		负债	
流动性资产	$\Lambda(2+E)$	存款人 1	1
基本可流动资产	$\Pi(2+E)$	存款人 2	1
非流动性资产	$(1-\Pi-\Lambda)(2+E)$	中央银行信贷	0
		股权	E

首先,再次假设我们处在某种意义上"好"的时期,基本可流动资产确实充分流动(事实上没有人意识到它们可能变成非流动性资产)。中央银行的折扣率为 h,银行在挤兑时可以产生最大的流动性 $L=(\Lambda+\Pi)(2+E)+(1-h)(1-\Lambda-\Pi)(2+E)$,如果 $(\Lambda+\Pi)(2+E)+(1-h)(1-\Lambda-\Pi)(2+E)\geqslant 1$ 且 $E\geqslant 0$,则存在一个无挤兑存款均衡。此外,假设违约成本是 $C>E$。

如前所述,所需最低股本为 $E^*=1/[1-h+h(\Lambda+\Pi)]-2$,假设 $i_E>i_A>i_D$(i_E、i_A、i_D 分别为银行股权、银行资产和银行存款的报酬率),在竞争性均衡情况下,银行将选择这个最低股本,即正好达到可持续的底限。

假定每年发生外生事件导致坏状态的概率为 1/100,在这种状态下资产流动性恶化,基本可流动资产从可流动变为不可流动。考虑三种情况:目光短浅的银行、有远见的银行,和有远见但造成外部性的银行。

(1) 目光短浅的银行。如果银行目光短浅,未考虑到坏状态,它们在任何情况下都会选择 E^*。然后向"坏"状态的变化会导致储户策略博弈从单一无挤兑均衡转变为双均衡,其中的次优(劣)策略将导致银行违约。

流动性监管可以通过要求最低份额的股权 E' 来解决这个问题,这种情况下相当于长期融资的最低份额为 $E'=1/(1-h+h\Lambda)-2$。在我们简单的设定中,E' 等同于①施加长期融资对总资产的比例要求,该比例为 $E'/(E'+1+1)$;或②施加流动性资产(正常状态下)对短期融资的比例要求(类似于巴塞尔协议Ⅲ中的 LCR),该比例为 $\Lambda(2+E')/2$。这些监管规定保证在概率为 1/100 的危机之年中,可以维持单一无挤兑均衡。这样的监管规定是否有意义是另外一个问题,因为总是满足 E' 的社会成本超过了百年一遇的银行挤兑的成本。

（2）有远见的银行。银行可以自己得出结论，最佳的选择是持有 E' 并避免平均百年一遇的因股权低于 E^* 带来的损失。这取决于违约相关损失 C 与股权额外成本的比较。假设以下实例：$\Lambda=0.1$；$\Pi=0.1$，$h=0.8$，这样 $E^*=1/(1-0.8+0.16)-2=0.78$ 和 $E'=1/(1-0.8+0.08)-2=1.6$。假设股权的成本是 i_E，存款的成本是 2%，资产回报率是 7%。还假定违约成本 $C=(2+E)/2$（一半的资产价值被破坏）。我们现在可以比较银行持有 E 和 E' 这两种策略。

在策略 1 中，银行发行股权 $E^*=0.78$。在"好"年份（平均 100 年中的 99 年），银行将产生利润 $2.78\times 7\%-2\times 2\%-0.78\times i_E=0.17-0.78\times i_E$。1% 的概率下，银行将损失 0.5×2.78，即年化成本是 0.0139。所以总的年平均利润为 $0.151-0.78\times i_E$。

在策略 2 中，银行发行股权 $E'=1.6$。每年银行产生利润为 $3.6\times 7\%-2\times 2\%-1.6\times i_E=0.22-1.6\times i_E$，银行将如何选择这两个策略取决于股权成本。如果 $0.15-0.78\times i_E>0.22-1.6\times i_E \Leftrightarrow i_E>0.07/0.82=8.7\%$，策略 1 将优先被考虑。

（3）有远见但造成外部性的银行。只要不存在违约的外部性，就可以假定非短视银行的推算会形成社会最优。只有存在额外的、必须增加到成本 C 中的外部性 X 时，社会计划者才可能得出不同于银行的结论。加上 X，金融风暴下，策略 1 的年化成本为 $0.0139+X\times 0.01$，总的年平均社会利润为 $0.151-X\times 0.01-0.78\times i_E$。社会计划者在 E^* 和 E' 中会选择 E^*，如果：

$$0.15-X\times 0.01-0.78 i_E>0.22-1.6\times i_E \Leftrightarrow i_E>8.7\%+X\times 0.01$$

(16.2)

如果 $i_E<8.7\%+X\times 0.01$，那么流动性监管施加 E' 要求是有意义的。如果没有监管，在 $i_E<8.7\%+X\times 0.01$ 且 $i_E>8.7\%$ 时，虽然 E' 对社会而言是最优的，但银行会选择 E^*，因此监管是有作用的。

除了这个非常简单的例子之外，还应考虑众多复杂模型以对监管进行更加适当的分析。例如，Cifuentes 等（2005）开发和模拟了系统性传染中的资产甩卖通道模型。在他们的模型中,资产甩卖的负外部性凸显了流动性监管的价值。他们还注意到,在某些情况下,资本充足率监管不能取代流动性监管。Acharya 和 Viswanathan（2011）、Farhi 和 Tirole（2012）开发了复杂均衡模型,在这个模型中,监管通过解决道德风险问题而改善了福利。

（二）在流动性监管与中央银行操作之间的套利问题

在这一部分中,将列举新的流动性风险监管和中央银行信贷操作、抵押品框架之间相互作用的几个例子。更具体地说,将揭示两框架的相互作用如何提供流动性风险监管的"套利"机会,而这对货币政策和监管有效性都会造成不利影响。该分析包括一些基本的实证,表明银行行为对 LCR 和"流动性不足距离"（Distance To Illiquidity, DTI）指标的影响。我们定义 DTI 为在不甩卖低流动性资产情况下,银行能承受的短期市场融资减少总量。如果非审慎流动性风险管理的负外部性主要与甩卖相关,那么对监管而言,DTI 指标是有意义的。下面以表 16.2 所示的两银行资产负债表为例（随后的例子出自 Bindseil 和 Lamoot,2011）。

表 16.2　两家银行的资产负债表

银行 1			
政府债券	125	长期市场融资	100
A 级公司债券	0	短期无担保市场融资	100
资产支持证券（ABS）	125	长期中央银行融资	50
银行 2			
政府债券	0	长期市场融资	100
A 级公司债券	250	短期无担保市场融资	100
资产支持证券（ABS）	0	长期中央银行融资	50

资料来源：Bindseil 和 Lamoot,2011。

假设中央银行以 10% 的折扣率接受公司债券（最低至 BBB 级,如欧央行的规定）并以零折扣率接受政府债券,但不接受资产支持证券（ABS）。在这个例子所考虑的资产中,流动性监管只界定（非冻结）政府债券为流动性资产。另外，假设监管规定短期非担保融资的流出系数为75%。可以很容易地计算出银行1满足LCR（LCR=1）的同时DTI为75，而银行2未能满足LCR要求（LCR=0）但DTI更好（为175）。这主要由于，银行2有最多175可使用的中央银行贷款且并未使用，因此，在其短期市场资金全部流出时，它仍可以存活下来，而不必依靠资产甩卖。相比之下，当短期资金流出达到一定水平时，银行1可能不得不甩卖其资产支持证券。

通过"绝对的"中央银行中介服务进行监管套利。参见表16.3所示的例子，某家银行在中央银行有存款 π，该存款对应的资金来源是该银行通过抵押LCR非流动性资产向中央银行的借款。

表16.3　借入中央银行资金改善流动性比率的银行的资产负债表

银行			
政府债券	100	长期市场融资	20
A级公司债券	200	短期无担保市场融资	200
在中央银行的存款	π	长期中央银行融资	$80+\pi$

当 $\pi=0$ 时，该银行的LCR为0.7。有意思的是，它可以通过从中央银行获取额外现金来提高其LCR（在本例中通过3个月的中央银行回购交易）并将该笔现金存放在中央银行。该银行每获得20额外中央银行资金存放于中央银行，就可以线性提高0.1的LCR。当然，这种做法的吸引力取决于银行有多么急切地寻找满足LCR要求的途径，以及这种方法的成本，因为中央银行的贷款操作和存款业务之间通常存在一个利差（正如在第十三章第一点中介绍的 C_{COR} 的成本）。然而，对于迫切需要弥补LCR缺口的银行而言，这些利差并非不可承受。还应注意的是，该利差可能不一定会损害那些通过求助中央银行来提高LCR的银行，因为受LCR约束的银行也可以通过"相对的"中央银行中介服务来增加融资。

通过"相对的"中央银行中介服务进行监管套利。参见表16.4所示的两家银行资产负债表情况。

表16.4 两家银行的资产负债表

银行1			
政府债券	100	长期市场融资	20
A级公司债券	200	短期无担保市场融资	$200-\pi$
		长期中央银行融资	$80+\pi$
银行2			
政府债券	100	长期市场融资	170
A级公司债券	200	短期无担保市场融资	$50+\pi$
		3个月期中央银行融资	$80-\pi$

银行1与前面例子相同，因此LCR只有0.7。银行2是一家拥有高比例长期资金的典范银行，其最初的LCR已经达到2.7。银行1实际上可以通过挤出银行2的中央银行再贷款来实现LCR达标。如果银行2短期内在市场上再融资不存在问题，即银行2有极好的信用评级因而在市场上融资不受限制（银行2甚至能够增加长期融资），那么银行1这样操作的成本很低。银行1可在（假定的）可变利率招标操作中以更激进的报价获取3个月融资，银行2会认为在这样情况下竞争中央银行资金没有吸引力，从而转去市场融资。在所选择的例子中，银行1将银行2完全挤出，两家银行最终都将满足LCR。最开始，银行1的LCR为0.7，银行2的LCR为2.7。如果银行1减少了$\pi=80$的短期市场融资并增加相同数量的3个月期中央银行借款，而银行2则进行相反操作，那么银行1的LCR达到1.1而银行2的LCR降到1。中央银行将会看到其交易对手方加权平均信用质量降低，而风险集中度提高。而且，银行的实际流动性状况并没有真正改善。

在Bindseil和Lamoot（2011）提供的更多的类似的例子中，货币政策和流动性监管之间的不一致性会导致次优结果。通过中央银行操作得到的流动性风险监管套利机会可能削弱流动性风险监管的有效性，这意味着内化流动性风险管理和建立充足的自主流动性缓冲的监管目标无法实现。更糟糕的是，为遵守流动性监管要求，较弱的银行将被鼓励更多依赖使用流动性差的抵押品获得中央银行资金。这增加了中央银行承受的平均交易对手方风险、集中度风险和整体财务风险。

中央银行可以考虑三种方法使流动性监管和中央银行操作更兼容。第一，中央银行可以收紧合格抵押品的范围。接受广泛抵押品的中央银行，如欧央行体系，可以缩小接受非优质流动性资产（如 ABS 和信用贷款）以及"自用"抵押品（如以银行自己发起的 ABS 和自己发行的担保债券为抵押品）的范围。第二，中央银行操作中区分流动性和非流动性资产。第九章介绍了许多这样的方法。在一般情况下，创建分离的抵押品池允许中央银行以多种形式区别流动性较差的抵押品集合，并限制在中央银行操作和新的流动性监管中间套利。如果这是差别抵押品集合的一个目的，那么在理想情况下，中央银行抵押品集合当然可以与监管机构建立的集合（1 级流动性资产、2 级流动性资产、非流动性资产）更加一致。第三，针对过度依赖中央银行的问题，中央银行可以强化财务抑制措施。如上文所示，在某种意义上，中央银行抵押品可得性相当于巴塞尔协议Ⅲ流动性监管里优质流动性资产的可得性，即支持占优均衡，使存款人/贷款人没有动力去"挤兑"。但也有观点认为，依赖中央银行的合格认定也有相对优势，可以让银行的商业模式不受限制，因为从对社会贡献的角度来看，银行持有高质量的流动性资产可能被认为是无用的，银行对社会的贡献就是发起和管理信息密集型资产，也就是非流动性资产。因此，理想的解决方案是，中央银行接受其作为最后贷款人的角色，但要保证抑制过度使用。例如，很长一段时间以来，国际货币基金组织根据某国贷款相对于该国份额的比例对其各种援助工具收取附加费（IMF，2008）。对于银行过度依赖中央银行的情况也可借鉴类似做法。这一方法将在第十六章第三点概述。

（三）流动性监管与中央银行隔夜利率调控

Bech 和 Keister（2012）利用随机模型和常备便利走廊框架分析 LCR 如何影响对中央银行信贷和准备金的需求，从而对银行间货币市场均衡，即短期利率产生影响。他们得出结论：LCR（如果有约束力）可能意味着需要调整中央银行的操作框架，如形成不对称走廊或盯住长期利率目标。Bech 和 Keister 还注意到,中央银行公开市场操作本身也会影响银行体系的 LCR(也取决于抵押品的类型),可能会改变准备金的需求曲线。Bech 和 Keister(2012)总结:

> 这一分析得出三个基本结论。第一,LCR 不会削弱中央银行实施货币政策的能力,但实施过程很可能会改变。第二,正确预测公开市场操作对利率的影响将要求中央银行不仅要考虑操作的规模,而且要考虑操作的方式及对银行资产负债表的影响。第二,LCR 通过引入 30 天以上同业拆借的附加溢价可能提高收益曲线的短端陡峭程度。

三、防止过度依赖中央银行融资的激励框架

为了解决银行过度依赖中央银行资金可能产生的道德风险,中央银行可以要求银行对超比例中央银行借款支付利率附加费。"均衡比例"的中央银行借款可以定义为中央银行信贷总额除以银行体系总资产的比率。这并非一个新想法:Goldenweiser(1949)在报告中提到,1919 年,一些美国联邦储备银行"采用按各家银行借款总额累进的利率体系"。德意志联邦银行数十年对银行使用中央银行主要信贷工具适用基于比例的限额体系(Rediskontkontingente)。

基于表 16.5 的金融体系,下面对附加费框架进行详细说明。

$L = L_1 + L_2$ 是银行系统总资产负债表规模。"比例"在表 16.5 金融账户中定义为中央银行信贷相对于全部银行总资产的比率,定义为整体比例 P:

$$P = B/L \tag{16.3}$$

定义个别银行的比例因子 p_i:

$$p_i = B_i/L_i \tag{16.4}$$

如果 $p_i = P$,银行 i 按均衡比例借用。银行 i 的附加费,定义为银行 i 超比例借款所承担的名义额外成本,一般可以下式表示:

$$\kappa_i = f(P, p_i, B_i) \tag{16.5}$$

第十六章 最后贷款人、道德风险以及流动性监管

对于 $p_i \leq P$,则 $f(P, p_i, B_i) = 0$;对于 $p_i > P$,则 $f(P, p_i, B_i) \geq 0$。额外费用 κ_i 定义为绝对成本。通常,考虑到银行商业模式以及短期流动性冲击存在差异,中央银行在收取附加费之前应提供一些超出均衡比例的流动性缓冲。这也可以防止银行使用中央银行信贷中的正常波动可能引致的内生货币政策紧缩。如果银行一旦在边际上超比例就立刻收取附加费,那么理论上一半的银行体系通常都在边际上被课以附加费,因此只有剩下的一半银行体系适用正常的货币政策操作利率。

表16.5 用于说明超比例借款附加费框架的金融账户

银行1			
企业贷款	$L_1 = D_1 + B_1$	家庭存款	D_1
		中央银行贷款(CB$_1$)	B_1
银行2			
企业贷款	$L_2 = D_2 + B_2$	家庭存款	D_2
		中央银行贷款(CB$_2$)	B_2
中央银行			
信贷操作	$B = B_1 + B_2$	现金	B

对单一银行借款比例的评估可以采取平均期限法,如以1个月为平均期限。在评估期开始时,银行应知道均衡比例因子 P,这样银行可以在其基础上优化融资。因此 P 必须在 p_i 的评估期之前的 1~2 个月基于时点(或几个时点取平均值)来计算。

考虑下面的例子。如果 $B = 20$ 且 $L = 100$、$B_1 = 5$、$B_2 = 15$,假设 $D_1 = 45$ 且 $D_2 = 35$,那么 $P = 0.2$、$p_1 = 0.1$、$p_2 = 0.3$。现在假设附加费函数被定义为 $\kappa_1 = f(P, p_i, B_i)$,当 $p_i \leq aP$ 时有 $\kappa_i = f(P, p_i, B_i) = 0$;当 $p_i > aP$ 时有 $\kappa_i = f(P, p_i, B_i) = b(p_i - aP)B_1$,$a$、$b$ 为常数,且 $a \geq 1$、$b > 0$。参数 a 和 b 由中央银行设定,并将取决于附加费的目标(见下文)。例如,如果 $a = 2$ 且 $B = 1\%$,那么上面金融账户的例子中就没有附加费。如果 a 下降到 1.2,那么对银行2征收的附加费是:$\kappa_2 = b(p_2 - aP)B_2 = 1\% \times (0.3 - 0.24) \times 15 = 0.009$。

我们可以通过使用这样一个框架重新思考流动性监管的某些内容。它为

防止对中央银行的结构性过度依赖以及防止依赖中央银行免费提供为防御负融资冲击的缓冲，提供了激励措施。通过选择附加费函数的参数和函数形式，中央银行可以确定这些激励的强度和形式。如果中央银行特别希望防止银行事前过分依赖于中央银行在危机时期作为最后贷款人，那么可能 a 和 b 两者都应该比较高。相反，如果中央银行担心对超比例融资的结构性依赖，那么不仅 a 应当相对低，b 也可以更低。

图 16.1 提供了进一步说明附加费用函数的例子。$\kappa_i = f(P, p_i, B_i)$，当 $p_i \leqslant aP$ 时有 $\kappa_i = f(P, p_i, B_i) = 0$；当 $p_i > aP$ 时有 $\kappa_i = f(P, p_i, B_i) = b(p_i - aP)B_i$。假设（连续的）银行样本中中央银行信贷与银行资产的比值最初服从分布 $N(P, \sigma_p^2)$，各银行对中央银行借款的绝对值是 100（对所有 i 而言，$B_i = 100$）。举个例子，假设 $P = 10\%$，$\sigma_p = 2\%$，即平均而言，银行通过中央银行信贷为自己 10% 的业务融资，银行之间该指标的标准差为两个百分点。第一个附加费框架设定 a = 1.1 且 b = 2%。该框架将直接对一定比例的银行有约束力，即 $1 - \Phi [(11\% - 10\%)/2\%] = 1 - \Phi (0.5) = 31\%$ 的银行。整个银行体系必须支付的平均附加费是 0.79%，引入该框架可能被认为是紧缩货币政策的措施。当然，银行会对附加费作出反应，需支付附加费的银行会试图从无须支付附加费的银行获得同业资金。这会降低银行比例 P（中央银行信贷/银行资产）分布的方差。降低的准确程度将取决于银行间市场交易成本和银行获得存款和资本市场融资的边际成本。如果我们假设引入附加费框架后，σ_p 将从 2% 下降到 1%，那么银行体系支付的平均附加费也从 0.79% 下降到 0.16%。为中和由于引入附加费框架而导致的货币政策紧缩，中央银行可以调低其操作目标变量（除非它已达到了零下限）。

图 16.1 显示了附加费框架的第二种取值：a = 1.5，b = 5%。这个取值并非真正限定银行使用中央银行信贷的初始分布，因此似乎可以看作提供了激励机制防止在危机情况下过度依赖中央银行。例如，如果在危机中 σ_p 从 2% 增加到 6%，那么在此参数设定下，银行体系支付的平均附加费从 0.02% 提高到 1.61%，最依赖中央银行的 7% 的银行将为其中央银行借款至少支付 10 个百分点的附加费。

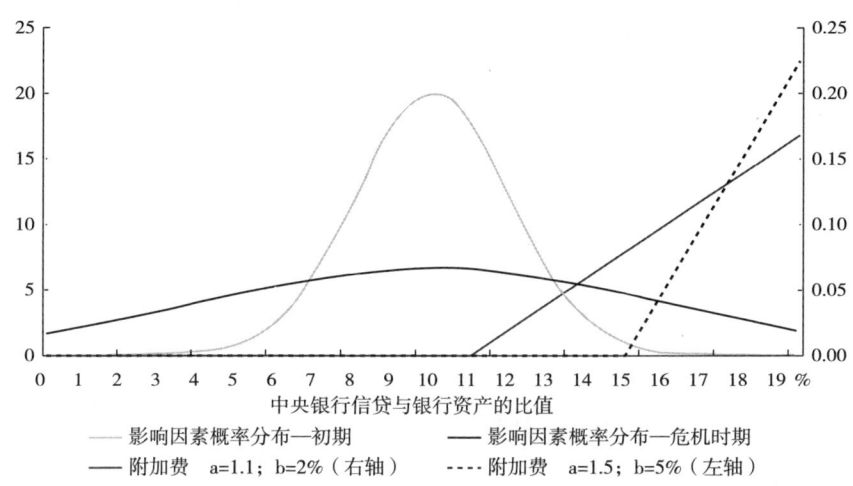

图 16.1　超比例依赖中央银行的附加费——有两个附加费参数的例子①

如果存在有效的附加费框架，那么监管者就可以采用诸如流动性不足距离（DTI）等流动性监管措施，它们考虑了依赖中央银行的可能性，但是在出现大规模超比例依赖中央银行融资时会对附加费相关的可能成本提出资本要求。这种方式可以帮助监管者解决担心银行过于依赖中央银行的问题，也符合白芝浩的建议，即在危机中"慷慨放贷，并课以高成本"。

通过中央银行操作框架解决过度依赖的一个补充措施是对提交给中央银行作为抵押物的低流动性资产的估值和风险管理征收费用，以覆盖成本。虽然中央银行可以接受比银行间回购所能接受的更低流动性资产作为抵押品（因为信用风险的不对称性允许中央银行可以设置相对较高的折扣率，且中央银行本身没有流动性风险），但如果中央银行没有对这些资产进行深入的风险和估值分析，或者即便进行分析却未向提交抵押物的银行收取相关费用，则会导致扭曲。

以适当的参数来实施两个附加费措施（超比例附加费、与评估和处理低流动性抵押品相关的基于成本的附加费），可以有效防止不合理的过度依赖行为，监管者应提出资本要求以反映未来紧急情况下依赖中央银行融资的风险。

---

① 英文原著图 16.1 的图注"附加费　a＝1.5；b＝5%（左轴）"疑应为"附加费　a＝1.5；b＝5%（右轴）"。——译者

第十七章 国际最后贷款人

一、固定汇率制度下情形

目前为止，我们假定金融体系中只包括一种货币和一家中央银行，最后贷款人（LOLR）职能也是以此角度进行分析的。在执行固定汇率制度的美元化经济体中，或者在国际银行经营多币种业务的情形下，中央银行可能无法为承受压力的国内经济实体所需币种提供最后贷款人服务。这就引出了设立国际最后贷款人（International Lender of Last Resort，ILOLR）的必要性及其形式的问题。正如 Fischer（1999）等提到的，在国家最后贷款人的最优设计中遇到的问题，在国际最后贷款人情况下也同样存在（Calvo，1988；Kaminsky 和 Reinhart，1999；Obstfeld，2009；Bindseil 和 Winkler，2013）。就像其他金融动荡期一样，如果有充足的系统性缓冲措施以抵御流动性冲击，那么监管机构就可以管理国际流动性危机。实行固定汇率的多个国家都卷入了 20 世纪 90 年代新兴市场发生的多次双重流动性危机中，如卷入亚洲金融危机的各国。固定汇率意味着外汇取代现金作为"避风港"资产，也意味着中央银行本身可能出现流动性不足，无法将汇率维持在之前承诺的水平上（正如 1931 年 7 月德国所经历的情况）。

理解固定汇率下的国际流动性危机可以将之前的金融账户扩展至两个国家进行分析：一个避风港国（国家 1）和一个金融困境国（国家 2）。每个国家都有一个银行业部门和一家中央银行，因为两个国家之间资本可自由流动，所以它们对单一的家庭/投资者部门发行存款和现金。此外，两家中央银行资产负债表的资产侧必须包含外汇储备（FR_1, FR_2）。简单起见，这里我们只考虑一个存款转移冲击 k。当存款从国家 2 的银行转移到国家 1 的银行，鉴于这两笔存款以不同货币计价，因此产生了外汇即期交易。我们假定两种货币之间的固定汇率为 1，但这并没有改变当前存在两种货币的事实，为保持均衡，外汇现货市场必须供需平衡。这将迫使中央银行动用其外汇储备"干预"市场，如为了抵消家庭部门存款转移导致的外汇流动。在国际背景下，存款转移 k 实际上也是一种资本账户流动（如果与违约担忧、资本管制或货币贬值相关，也可以被称为"资本外逃"）。

表 17.1 表示中央银行没有耗尽外汇储备，即存款转移冲击小于最初外汇储备的情形。假定国家 1 是美国，国家 2 是巴拿马，两个国家都拥有外汇储备，但只有巴拿马意图维持汇率稳定。k^1 和 k^2 为存款转移冲击，其中上标是用来强调这是以不同货币计价的货币流动（k^1 是以货币 1 计价的货币流动，也即以中央银行 1 发行的货币计价）。汇率等于 1 意味着 $k^1 = k^2$，原则上可略去上标。但是，这样可以更容易地验证当每种货币的买卖流动都相匹配时，货币市场确实处于均衡状态，从而汇率有可能保持稳定。这正是表 17.1 展示的情形。确实，家庭部门产生的货币 2（1）的超额供给（需求）通过其存款转移冲击恰好与中央银行 2 的需求（供给）相匹配。

表 17.1　两国固定汇率制

家庭/投资者			
实物资产	$E - D - B$	家庭股权	E
现金 1	$B/2$		
现金 2	$B/2$		
在银行 1 的存款	$D/2 + k^1$		
在银行 2 的存款	$D/2 - k^2$		
企业			
实物资产	$D + B$	银行贷款	$D + B$
银行 1（美国银行部门）			
企业贷款	$(D + B)/2$	家庭存款/债务	$D/2 + k^1$
对银行体系 2 的债权	$(FR_2 - FR_1)$	中央银行 2 的外汇储备	$FR_2 - k^1$
		对中央银行 1 的负债（OMO）	$B/2 - FR_1$

续表

银行2（巴拿马银行部门）			
企业贷款	(D + B)/2	家庭存款	$D/2 - k^2$
		中央银行1的外汇储备	FR_1
		对中央银行2的负债（OMO）	$B/2 - FR_2 + k^2$
		对银行体系2的债务	$(FR_2 - FR_1)$
中央银行1（美联储）			
中央银行1的债权（OMO）	$B/2 - FR_1$	现金	$B/2$
中央银行1的外汇储备	FR_1		
中央银行2（巴拿马央行）			
中央银行2的债权（OMO）	$B/2 FR_2 + k^2$	现金	$B/2$
中央银行2的外汇储备	$FR_2 - k^1$		

需要注意的是，美国银行部门对巴拿马银行部门有一笔初始债权（$FR_2 - FR_1$）。这涉及中央银行最初是如何积累外汇储备的。中央银行外汇储备的来源之一可能是固定汇率下经常项目顺差的积累（这可以在金融账户中建立模型，通过将家庭部门分割为每个国家一个，并让两个家庭部门用银行存款交换实际商品——参见本章附录A）。然而在这里，我们假设通过如下方式主动积累外汇储备：(1) 巴拿马央行（CBP）在美国银行开立一个美元存款账户；(2) 巴拿马央行与美国银行进行一次外汇现金交易：它支付1巴拿马元同时获得1美元；(3) 1美元被记入巴拿马央行在美国银行账户的贷方；(4) 美国银行获得的1巴拿马元记入其在巴拿马的代理行账户的贷方；(5) 最终美国银行体系对巴拿马银行体系有一笔1巴拿马元的债权（而巴拿马央行对美国银行有一笔1美元的债权）。

原则上，两家中央银行中任何一家均可利用外汇储备抵消资本流动；实际上，如果$k > 0$，中央银行1能够无限制地抵消资本流动，而中央银行2将耗尽外汇储备。通常大型货币区（如美国）并不锚定汇率，而小型货币区的货币可能盯住大型邻国的货币（如巴拿马货币盯住美元），但随后它们将不得不费力维持这种盯住。

如果中央银行2（巴拿马央行）因为$k > FR_2$而耗尽外汇储备将会怎样？

中央银行 2 可能（间接地）从中央银行 1（美联储）获得一笔贷款，使其得以继续干预以维持本币币值。表 17.2 中展示了这种情形。

表 17.2 存在中央银行间借贷的两国固定汇率制

银行 1			
企业贷款	$(D+B)/2$	家庭存款/债务	$D/2 + k^1$
对银行体系 2 的债权	$(FR_2 - FR_1)$	中央银行 2 的外汇储备	$\max(0, FR_2 - k^1)$
		对中央银行 1 的负债（OMO）	$B/2 - FR_1 - \max(0, FR_2 + k^1)$
银行 2			
企业贷款	$(D+B)/2$	家庭存款	$D/2 - k^2$
		中央银行 1 的外汇储备	FR_1
		对中央银行 2 的负债（OMO）	$B/2 - FR_2 + k^2$
		对银行体系 2 的负债	$(FR_2 - FR_1)$
中央银行 1（美联储）			
中央银行 1 的债权（OMO）	$B/2 - FR_1 - \max(0, -FR_2 + k^1)$	现金	$B/2$
中央银行 1 的外汇储备	FR_1		
对中央银行 2 的贷款	$\max(0, -FR_2 + k^1)$		
中央银行 2（巴拿马央行）			
中央银行 2 的债权（OMO）	$B_2 - FR_2 + k^2$	现金	$B/2$
中央银行 2 的外汇储备	$\max(0, FR_2 - k^1)$	从中央银行 1 的借款	$\max(0, -FR_2 + k^1)$

如果中央银行 1 未能以其本币提供央行间贷款，那么在 k 很大时中央银行 2 将难以维持其本币币值。理论上，中央银行 2 可以通过提高国家 2 的利率水平，吸引来自家庭部门的私人跨境资本流入，从而部分对冲存款转移或资本外逃冲击 k。然而，这一政策意味着利率不再用作一种维持物价和产出稳定的工具（Obstfeld 等，2005）。更重要的是，随着利率上升，实体经济活力很可能会降低，这将增大对国家 2 中借款人偿付能力的怀疑，从而加剧流动性危机。因此，在金融压力下，银行间市场和资本市场通常并不能提供抵消国

际资本流动的资金。相反，恶性可能自我实现，中央银行2可能最终耗尽外汇储备。

已有一些研究对外债危机问题及其多重均衡特征进行了识别和建模分析（如 Calvo，1988；Morris 和 Shin，1998；Calvo 和 Mendoza，1999；Botman 和 Diks，2005）。处理多重均衡最简单的方法与第十一章第三点介绍的简单银行挤兑模型类似，假定该国的国家部门（包括政府和中央银行）有外债（固定汇率制度的案例与之类似）。表 17.3 展示了有外债国家的资产负债表，它类似于银行的资产负债表。

表 17.3 受投资者冲击威胁的外债债务国

国家 A			
资产	2 + E	短期外债（投资者1）	1
		短期外债（投资者2）	1
		权益	E

与第十一章第三点所述的银行挤兑问题类似，问题是，在两个短期投资者的策略博弈中，无论另一个投资者如何操作，维持存款（或滚动短期债务）是否都优于撤出（或不滚动债务）。特别是，如果一个投资者先撤出比双方同时撤出获利更多，将产生多重均衡[①]。我们已经通过仅区分完全流动和完全非流动资产（以及介于完全流动和完全非流动之间的中间资产，其转换取决于金融市场环境）来最大限度地简化银行挤兑问题。在一国遭遇投机冲击的情形下，通过一个函数 $f(x)$ 将 $[0, 2+E]$ 中按照流动性排列的国家资产转为 $[0,1]$ 中的边际清算成本，这里 $f(0)=0$，$df(x)/dx \geq 0$。以下是一个国家可获得的短期外币潜在来源：

• 该国可能拥有一些外币现金储备，可以无成本使用；此外，该国可能有一些定期的外币流入（如与原材料出口相关的外币流入），同样可无成本地使用。

• 该国可以通过将国有企业、开采该国自然资源的许可证或者港口（作

---

① 关于主权债务违约细节方面更全面的回顾可参见 Buchheit 等（2013）。

为外国势力的军事基地）出售给外国投资者等方式获得额外的短期外币。但在压力条件下紧急出售这些资产意味着需要接受甩卖折扣，这将造成该国权益的减少（参见 Krugman，2000）。

- 该国可以对本国公民在国内银行持有的外币征收额外财产税。但这样做的代价高昂，因为这可能被认为是国家"征用"行为，会破坏社会对国家的信任，并可能导致政局不稳和民粹主义政党上台。
- 该国可以减少投资，如停止基础设施和教育项目（如果这些项目使用外币支付）。这样代价也很高，因为这会降低经济的未来增长潜力。

与第十一章第三点中简单的两储户银行挤兑模型类似，可以证明，如果产生足够现金用来支付一位投资者的累计成本小于 E，则可以维持两个投资者的单一非挤兑均衡。基于 $f(x)$，可以导出函数 $g(y)$，该函数描述了产生现金总额 y 的总成本 g（见 Bindseil，2013），其中 $g(0)=0$，$dg/dy>0$。则有非挤兑均衡的条件为

$$g(1) < E \tag{17.1}$$

这个条件确保，即使其他投资者撤出并对该国造成了相应的损失，继续投资也不会导致损失。一国可能觉得满足该条件时会处于舒适区，但随后可能遭受冲击，这种冲击会通过损害权益或使函数 $f(x)$ 和 $g(y)$ 陡峭化，进而演变为一个多重均衡状态，存在挤兑或国家违约的可能性。

如前所述，短期外币的来源之一是接受来自外国中央银行的贷款（类似于作为一家普通银行从作为最后贷款人的中央银行处获取贷款）。回到表 17.2 的示例，当一个国家遭受负面冲击后，从中央银行 1 获得中央银行间贷款可能是避免多重均衡和货币贬值（或外币违约）的唯一方法。为什么中央银行 1 可能不愿意提供中央银行间贷款？可能与以下三个原因有关：

- 贷款给中央银行 2 可能被视为具有宏观不稳定性，如在未来触发通货膨胀压力。
- 贷款给中央银行 2 可能被认为会产生道德风险，即国家 2 的政府可能会减少自己在信心恢复上的努力。
- 中央银行 1 可能怀疑中央银行 2 到期时的偿还能力或意愿，也就是说

可能担心信用风险。如果国家2总体上处境极糟且政局不稳,那么这种担忧可能就更合理了。

可以将国际货币基金组织(IMF)视为为解决上述三个问题而建立的机构(Fischer, 1999; Corsetti 等, 2006), IMF 作为中间机构和全球经济货币状况的监测机构,在提供贷款时推行各种方案和条件。

二、2009—2013 年中央银行提供给国内交易对手方的外币

值得注意的是,在国际金融危机中,除了国际货币基金组织和固定汇率制度,各国中央银行还寻求了新的合作方式来应对国际性银行集团的外汇资金压力。国际性银行的业务通常涉及多种不同的货币,因而容易受到不同货币的流动性冲击。同时国际性银行可能拥有不同币种的抵押品,并存放在世界不同地区。理想情况下,当借助中央银行融资来抵消各种货币的流动性冲击时,这些抵押品可以作为一个大池子使用。然而在常规操作中,特别是在只提供本币流动性时,各国中央银行倾向于将合格抵押品限定为自己所管辖区域内的本币资产。只要外汇掉期市场在运转,全球性银行集团就能够互换货币,从而有效管理一池子的抵押品和现金(尽管对跨国银行业务的监管以及法律问题仍然会导致一些市场分割问题)。外汇掉期是场外交易,在两个不同的交割日(通常一个日期是即期,一个日期是远期)同时买卖等值的两种货币。正如许多其他场外交易合同,外汇掉期合约在合约达成时价值为零,即在现行市场条件下交易双方现金流净值为零。但它们在有效期内是有价值的(它们拥有"重置价值"),因此当实际汇率偏离远期利率时会产生交易对手方风险敞口。这种重置价值通常通过抵押方式来降低交易对手方风险。虽然近几年通过持续联结清算(CLS)系统(一家全球性中央清算外汇交易对手方)进行结算在很大程度上降低了外汇结算风险,但结算风险仍然是外汇市场中长期存在的一个问题。不管怎样,外汇交易中依然有残留的对手方风险,这解释了为什么外汇市场,尤其是外汇掉期市场,在 2007—2013 年的几次事件中遭受损害。

如果在危机中，外汇掉期市场失效或崩溃（见 Baba 和 Packer，2009），中央银行可以通过架设自己通向市场的货币桥梁来救助市场、将中央银行的中介功能从本国货币扩大到外币和（或）从国内对手方扩大到国外对手方。中央银行主要有两种操作方法：（1）以外币抵押品为抵押提供国内流动性，可能是向外国管辖区内的银行提供[①]；（2）以国内抵押品为抵押向国内银行提供外币流动性。对于后者，中央银行必须有可用的外币，可能还得是大量的。这些必需的外汇资源可以来自中央银行现有的外汇储备，也可以与所需货币发行国中央银行进行互换获得，后者更为有效，并且因为有无限供给的可能而具有更高可信度。

正如中央银行的其他最后贷款人功能一样，提供这样的货币桥梁有助于改善货币环境，因为这将降低能感知到的银行信用风险，提高银行获取资金的能力和降低资金成本，从而增强银行的放贷意愿。更重要的是，越来越多的银行已经在开展跨境业务。在过去的几十年中，包括通过跨国并购在内的跨境和跨币种业务大幅增长。

鉴于 2007 年末在外汇掉期市场上非美国银行很难以通常的效率融入美元资金，各主要中央银行于 2007 年 12 月 12 日宣布美元供给操作，旨在"缓解短期融资市场上不断升高的压力"。例如，欧央行宣布：

> 欧央行理事会决定与美联储联合行动，向欧元区中央银行体系对手方提供美元融资。欧元区央行体系将进行两次美元流动性供给操作，与美元定期拍卖便利（TAF）相结合，以欧央行合格抵押品为抵押，期限为 28 天和 35 天。分别于 2007 年 12 月 17 日和 20 日提交投标并于 12 月 20 日和 27 日进行结算。

这一公告从总量上看限于两次操作。后来欧央行进行了更多的常规操作，

---

① 巴塞尔支付结算体系委员会（Basel Committee on Payment and Settlement Systems，CPSS）开展了大量关于中央银行间跨境抵押安排的工作（CPSS，2006），将普通的跨境安排和金融危机期间生效的那些安排区分开来。其 2006 年的报告还讨论了接受国外抵押物的可选模型并且确定了中央银行抵押品政策对于金融稳定和竞争的潜在影响。

直到 2010 年初，市场情况好转，这些操作不再进行。随着欧元区主权债务危机的加剧，它们再次被激活。美元供给操作（包括各国中央银行与纽联储之间的互换）得到扩展，并且变得更加高效和便捷。2011 年 11 月 30 日，欧央行发布了下面的"缓解全球货币市场压力的中央银行协调行动"公告（引自欧央行新闻稿）：

> 加拿大银行、英格兰银行、日本银行、欧央行、美联储和瑞士国家银行今天宣布采取协调行动以提高其向全球金融体系提供流动性的能力。这些行动的目的是缓解金融市场的压力，从而降低其对家庭和企业信贷投放的影响，帮助促进经济活动……这些中央银行已经同意将现有临时美元流动性互换协议的价格降低 50 个基点，新的利率是美元隔夜指数掉期（OIS）利率加 50 个基点……此外，英格兰银行、日本银行、欧央行和瑞士国家银行将继续提供 3 个月招标直至有进一步的通知。

考虑到该工具的污名效应已经比道德风险问题更大，因此将该工具的价格调整到更有吸引力的水平上。2011 年 11 月的政策调整取得圆满成功，因为没有导致欧元区银行大量依靠该工具，而是改善了市场准入，美元融资不再是主要问题，尽管主权债务危机仍在延续和暂时加剧。从这方面来看，各主要中央银行基于中央银行间互换提供外汇不仅是有效的中央银行国际合作的理想方式，还是提供救助的理想方式，这种工具会减少而非增加银行对中央银行的依赖（在第十一章第三点和第十二章第四点的银行挤兑模型里，中央银行资金支持构成唯一的非挤兑均衡）。

本·伯南克（Ben Bernanke）在 2008 年总结了中央银行外汇掉期交易和中央银行提供外币之间的逻辑性如下［2008 年 11 月 14 日在德国法兰克福欧央行第五届中央银行大会上的演讲，题目为"欧元十年：教训与挑战"（*The Euro at Ten: Lessons and Challenges*）］：

> 在美国以外尤其是在欧洲的许多金融机构，最近几年已经大幅度增加了美元投资，包括贷款给非银行机构以及购买美国居民发行的资产担

保证券……这种以合作的方式注入流动性反映的不仅仅是融资困境的全球性和多币种特性，还反映了中央银行和其所服务机构之间关系的重要性。根据互换协议，在管辖范围内分配外币流动性是本国中央银行的职责。这项协议利用了这样一个事实：本国中央银行最有可能了解本国金融和支付系统的机制与特性，而且基于其与国内金融机构现有的关系，本国中央银行能够最好地评估每个机构的实力及其对外币流动性的需求。本国中央银行通常也最了解潜在借款人提供的抵押品质量。

这些操作的详细说明可参见 Allen 和 Moessner（2010）、Goldberg 等（2010）、Flemming 和 Klagge（2010），以及 Papadia（2013）。图 17.1 显示了欧央行向其交易对手方提供的美元流动性（按照操作的期限划分），包括 2012 年在主权债务危机的背景下的第二次操作高峰。

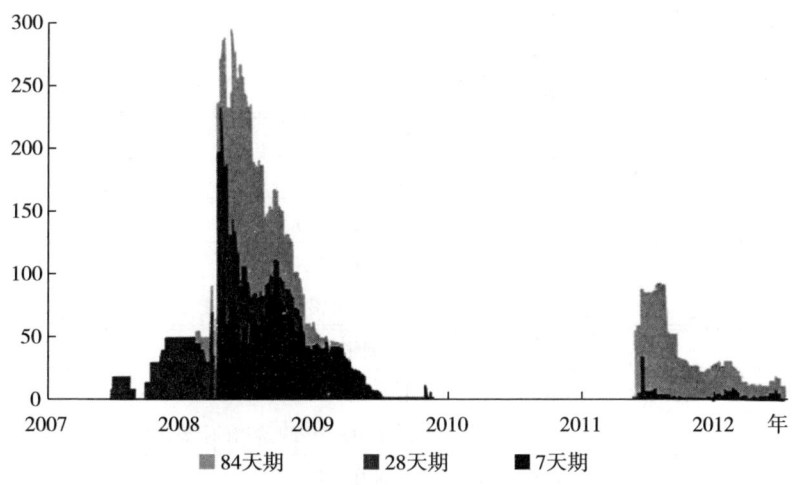

图 17.1　欧央行的美元操作①（按照期限划分）

（资料来源：欧央行）

表 17.4 是一个简单的金融账户，反映了中央银行间外汇掉期操作及潜在的流动性问题。由于操作不依赖外汇储备，我们假定两家中央银行均没有外

---

① 原图无单位。——译者

汇储备。银行2（欧洲银行）的资产负债表被分成美元部分和欧元部分，并假设流动资金的外流只涉及美元存款。资金流出前，银行已经精确地利用美元负债为其美元资产提供资金。由于银行2不是美联储（中央银行1）的交易对手方，无法参与美联储的信贷操作，因此一旦它遭遇到美元流出，且无法从外汇掉期市场获得资金（因为危机下该市场已被破坏），避免违约的唯一机会是从本国中央银行获得美元。在表17.4中，我们假定银行2的非中央银行融资及相关资产一半为美元、一半为欧元。

表 17.4　欧央行基于与美联储的外汇掉期向欧元区银行提供美元流动性

家庭/投资者			
实物资产	$E - D - B$	家庭股权	E
现金 1	$B/2$		
现金 2	$B/2$		
在银行 1 的美元存款	$D/2 + k$		
在银行 2 的美元存款	$D/4 - k$		
在银行 2 的欧元存款	$D/4$		
企业			
实物资产	$D + B$	银行贷款	$D + B$
银行 1（"美国银行"）			
企业贷款	$(D + B)/2$	家庭存款/债务	$D/2 + k$
		对中央银行 1 的负债（OMO）	$B/2 - k$
银行 2（"欧洲银行"）			
企业美元贷款	$D/4$	家庭的美元存款	$D/4 - k$
		从中央银行 2 获得的特殊美元贷款	k
企业欧元贷款	$D/4 + B/2$	家庭存款	$D/4$
		对中央银行 2 的负债（OMO）	$B/2$
中央银行 1（"美联储"）			
中央银行 1 的债权（OMO）	$B/2 - k$	现金	$B/2$
对中央银行 2 的美元债权	k		
中央银行 2（"欧央行"）			
中央银行 2 的债权（OMO）	$B/2$	现金	$B/2$
对银行 2 的特殊美元贷款	k	对中央银行 1 的美元负债	k

附录 A：经常项目交易为外汇储备的初始来源

在表 17.1 中，我们假设两家中央银行通过主动购买积累外汇储备，并且银行体系也已经具有相应的平衡头寸。表 17A.1 展示了在经常项目交易是外汇储备来源的背景下的金融系统运作。其中，假设巴拿马相对于美国有着经常项目交易（CUR）顺差，巴拿马央行也相应地积累了外汇储备（这些外汇储备可为应对资本外逃提供缓冲）。

表 17A.1　外汇储备源自经常账户顺差情形下的两国固定汇率制

国家 1（美国）的家庭/投资者			
实物资产	(E − D − B)/2 + CUR	家庭股权	E/2
现金 1	B/2		
在银行 1 的存款	D/2 − CUR		
国家 2（巴拿马）的家庭/投资者			
实物资产	(E − D − B)/2 − CUR	家庭股权	E/2
现金 2	B/2		
在银行 1 的存款	D/2 + CUR		
企业			
实际资产	D + B	银行贷款	D + B
银行 1（美国）			
企业贷款	(D + B)/2	家庭存款/债务	D/2 − CUR
		中央银行 2 的外汇储备	CUR
		对中央银行 1 的负债（OMO）	B/2
银行 2（巴拿马）			
企业贷款	(D + B)/2	家庭存款	D/2 + CUR
		对中央银行 2 的负债（OMO）	B/2 − CUR
中央银行 1（美国）			
中央银行 1 的债权（OMO）	B/2	现金	B/2
中央银行 2（巴拿马）			
中央银行 2 的债权（OMO）	B/2 − CUR	现金	B/2
中央银行 2 的外汇储备	CUR		

附录 B：欧元区 TARGET2 余额

目前已有很多文献讨论欧元区 TARGET2 余额的问题（如 Sinn 和 Wollmershauser，2011；Bindseil 和 Konig，2011，2012；Buiter 和 Rabhari，2012b；Merler 和 Pisani – Ferry，2012；Cour – Thimann，2013）。本附录简要展示了 TARGET2 余额的机制以便再次阐明其特性。它们不应被看作"国际"最后贷款人，但关于它们的讨论总是涉及单个欧元区国家的国际收支平衡表，因此它们也与本章所讨论的问题相关。

表 17B.1 表示一个货币区的 TARGET2 余额的两种可能来源——经常项目交易（CUR）和资本项目交易（CAP）。家庭部门分为 A 国家庭和 B 国家庭。两国家庭均有资本外逃（A 国家庭和 B 国家庭将存款从 B 国银行体系转入 A 国银行体系）。此外，A 国家庭向 B 国家庭销售一个物品（如二手车）代表一笔经常项目交易。两种交易对家庭存款、两个银行体系的中央银行信贷，以及欧元体系 TARGET2 余额的影响本质都是一样的，这意味着不可能根据金融体系（银行体系或中央银行）头寸来识别 TARGET2 余额所属国际收支交易的类型。TARGET2 余额的变化到底是由经常项目还是资本项目交易所驱动，只有从国际收支的统计数据中才能得知。国际收支统计数据确实需要区分不同的情形进行分析。爱尔兰曾是 TARGET2 余额与 GDP 之比最大的国家，但其经常项目失衡对 TARGET2 余额变化毫无影响。事后来看，对于大多数其他的 TARGET2 债务国，或许可以认为货币联盟建立以来的巨额经常项目赤字是失衡和扭曲的重要因素，导致了 2010/2011 年的脆弱局面，随后引发大规模的资本外逃。但在任何情况下，即使发现过去经常项目失衡是导致问题的部分原因，也不应该断定该国"入不敷出"。要得到结论，还应考虑储蓄率，且诸如意大利和西班牙的储蓄率并不是特别低（远高于美国或英国）。大部分资本流入及其相关的经常项目失衡都与投资有关。现在回想起来，这些投资往往并不具有事前假定的生产力。

表 17B.1 反映 TARGET2 余额的金融账户系统

A 国家庭

资产		负债与权益	
在 A 国银行的存款	D/4 + CAP/2 + CUR	权益	E/2
在 B 国银行的存款	D/4 − CAP/2		
现金	B/2		
实物资产	(E − D − B)/2 − CUR		

B 国家庭

资产		负债与权益	
在 A 国银行的存款	D/4 + CAP/2	权益	E/2
在 B 国银行的存款	D/4 − CAP/2 − CUR		
现金	B/2		
实物资产	(E − D − B)/2 + CUR		

欧元区企业部门

资产		负债	
实物资产	D + B	银行贷款	D + B

A 国银行

资产		负债	
企业贷款	(D + B)/2	存款	D/2 + CAP + CUR
现金	B/2	中央银行贷款	B/2 − CAP − CUR

B 国银行

资产		负债	
企业贷款	(D + B)/2	存款	D/2 − CAP − CUR
现金	B/2	中央银行贷款	B/2 + CAP + CUR

A 国央行

资产		负债	
对银行的贷款	B/2 − CAP − CUR	现金	B/2
Target 2 债权	CAP + CUR		

B 国央行

资产		负债	
对银行的贷款	B/2 + CAP + CUR	现金	B/2
		Target 2 债务	CAP + CUR

欧央行

资产		负债	
Target 2 债务	CAP + CUR		

欧元央行体系 = 欧央行 + A 国央行 + B 国央行

资产		负债	
欧元央行体系贷款	B	现金	B

在表 17B.1 显示的账户中，假定银行体系 A 仍然依赖于中央银行融资。如果 CUR + CAP 大于银行体系 A 从中央银行的初始融资，那么银行体系 A 将以流动性过剩告终并在中央银行 A 持有一笔存款。值得注意的是，在任何情况下，A 国的基础货币增加则 B 国的基础货币减少。A 国的中央银行信贷增加，B 国的则减少。这种现象是否可以很好地用如"外围国家的印钞机过热，中心国家不得不用碎纸机来取代印钞机"（Sinn 和 Wollmershauser，2011）来表述。

第十八章　金融危机期间的最优货币政策操作

正常时期，在运转良好的货币市场中，货币政策实施主要是以最简单和最有效的方式引导银行间隔夜利率。因此，与以往说法不同，在这种情况下货币政策实施称不上是一种"艺术"，而只是一种相对简单的无须任何宏观经济和货币经济学知识的技术工作（反映了第一章介绍的"分离原理"）。但是在过去数十年，即使市场运行良好，货币政策实施也一直十分复杂，这主要是缘于（错误的）货币政策传导教条，该教条影响着实施货币政策的适当方式。回首过去，可以发现20世纪正常时期的货币政策工具的设计和使用总体上缺少纪律性和简约性。

相反，在金融危机期间，货币政策实施不仅成为一种"艺术"，而且对中央银行而言是一种高风险的"艺术"。由于市场利率间通常的套利关系破裂，目标变量集合从关注单一变量（银行间隔夜利率）扩展到多个利率品种。一方面，在这样的情况下，中央银行认识到需要在不同的利率水平（和数量）上直接行动。另一方面，中央银行也明白在这种情况下确定适当的利差水平是很难的。因此，中央银行的任何行动都受制于很大的不确定性。然而，由于潜在的不确定性而完全不作为，也并非解决之道，因为这有可能导致通货紧缩和经济收缩。此外，支持银行筹措流动性，是危机期间中央银行货币政策操作和框架决策的一项主题。流动性便利的存在以及银行基于充足抵押品可以获得流动性便利的支持：（1）有助于维护市场功能；（2）有助于防止折价抛售损失、过度去杠杆，以及有偿债能力的金融机构因流动性不足违约而带来的社会成本；（3）在银行对实体经济信贷趋紧的环境下，有助于减缓货币条件的紧缩；（4）引发各种道德风险，例如，使得资不抵债或亏损企业继续生存，或者随着人们相信中央银行总会在需要的时候伸出援手，导致金融和非金融机构在未来采用更加不够审慎的流动性风险管理政策；（5）产生资金配置决策集中化和低效率的风险，因为中央银行在信贷微观配置方面并无专长。

如何在上述众多考虑中达成正确的平衡，在实践中是一件复杂的事情，过去几年各国中央银行对于金融危机的管理已经提供了诸多初步的经验教训。尽管每次危机都会有新的特征，人们还是试图从这些经验教训中总结出一般性原则便于以后应对危机。此外，各国中央银行和政府对于此次危机的态度和举措也各不相同。例如，在欧元区债务危机中，（以德国为代表的）阵营一直认为欧央行采取的措施大多是没有必要的，只是引发了某些政府的道德风险，这些政府在市场压力消退时就会放松努力；此外，从长远来看，会带来潜在的通货膨胀。另一阵营则认为欧央行过于谨慎，且欧元区各国政府实施了过度的紧缩政策，两者都导致了欧元区长期的经济衰退。以下几点经验教训多少是有点折中和不成熟的，反映了情况的复杂性、主题的多样性，以及我们知识的有限性。

第一，在流动性危机中，中央银行不能只关注单一操作目标，因为各种利率的正常关系已经被扰乱，实体经济融资得不到保障。在金融危机中，很难明确货币政策立场和实施货币政策，另外，由于每次金融危机均具有特殊性，关于政策传导机制的经济计量模型也几乎失效。因此，在任何情况下，危机时期的货币政策制定都应考虑流动性危机对实体经济信贷可得性的影响，以避免经济衰退和可能引致的银企偿付能力恶化进一步加剧金融危机，从而避免经济和金融坠入下跌螺旋的风险。在决策过程中，要将名义利率达到零下限这一不合意结果纳入考虑。

第二，至少从白芝浩（Bagehot，1873）开始，人们已熟知，在金融危机期间，中央银行为保护银行应对融资流动性冲击而提供灵活支持，是避免可能出现的恶性循环所必不可少的。维持和扩大抵押品的可得性，是维护金融稳定的重要途径，包括事前维护非挤兑均衡和事后防止挤兑所导致的大面积违约。在严重压力环境下，关于道德风险的考量不再那么重要，因为流动性冲击往往对偿付能力没有太大影响，因此融资困难与银行过去的错误管理决策关系不大。中央银行的流动性支持措施本身有助于减轻储户和投资者的恐慌情绪，因此理想情况下可以维护市场功能，从而降低对支持措施的依赖。

第三，必要时，中央银行应当先发制人、果断行动，从而向市场明确表示，一旦出现自我实现特征的严重压力情形，中央银行具有提供任何数量流动性的能力和意愿。金融危机引发多重均衡问题，中央银行凭借其调动资源的巨大优势，是推动市场达到更为有利的均衡的最重要力量。

第四，中央银行的流动性支持不应削弱银行、监管部门和政府开展必要的银行体系清理和财政改革的激励机制。为了将金融危机对社会福利造成的损害最小化，流动性支持和其他各方的努力都是必要的，而且互相之间不能替代。流动性支持政策必须以各方充分的努力和贡献为前提条件，中央银行必须向各方坚持这一观点。这么做并不意味着中央银行独立性的丧失，而是为了确保满足中央银行政策成功的必要条件。

第五，中央银行应当采用价格型抑制措施来防止对中央银行信贷的不当和过度依赖。对超比例依赖中央银行资金的行为征收附加费，就非流动和难以估价抵押品的尽职调查要求成本补偿，这两种做法对此均有积极作用。当然，这些成本事先应让银行知晓，也就是说，不能是在金融危机已经显现或这些成本已经实际上适用的时候才公布。同时，应考虑附加费可能带来的污名效应，且可以将其反映在递增的附加费中。监管机构应该在资本附加费中反映出这种过度依赖中央银行而被征收的附加费（针对那些可能最终严重依赖中央银行并招致相关成本的流动性管理模式）。

第六，即使在金融危机期间，中央银行也不能一一救助因流动性不足导致经营困难甚至违约的金融机构，以及相关的损失。事前监管和价格型抑制措施只能防止部分道德风险。因此，允许违约发生是必要的，这也是市场机制的一部分。特别是，对于那些因采取糟糕战略而出现问题且并非"外生"金融危机唯一受害者的机构，应当限制官方对其救助的意愿。在这一点上，中央银行和监管部门识别两类金融机构的能力很关键（一类是由于自身原因出现问题的金融机构，另一类则是因其他机构的负外部性影响而出现问题的金融机构)。在情况复杂而难以区分两者时,任由股东(直到耗尽股本)和高级管理层(失去职位)遭受损失似乎是合适的。棘手的问题是,如何处理不在保险范围内的储户和高级债券持有人。一方面,总是救助这些人的政策不是最优的,因为这会导致道德风险问题(储户和投资者不再被激励去关心银行债券和存款的信用风险);另一方面,在危机中救助不在保险范围内的储户或者高级债券持有人的行为,反而会破坏其他所有银行的融资稳定性,从而弄巧成拙。

第七,在金融危机中,中央银行应投入足够的资源用于评估相关重点交易对手方和集中的抵押风险暴露,以对持续支持政策和非常规措施的总体利弊作出恰当的判断。在正常时期,中央银行只需要对金融市场和金融机构的情况进行必要的了解。但是在金融危机期间,由于需要中央银行在实体经济信贷分配中发挥前所未有的作用,因此中央银行用于评估交易对手方和抵押品的实际资源投入自然将急剧增加。虽然如此,中央银行也应当谨慎而为,因为这种情况与分散化的市场经济观念相悖,只有在将高水平专业知识和足够的资源结合起来应对艰巨的危机管理任务时,中央银行才能这样做。

第八,在危机管理中,中央银行必须认识到金融系统和流动性危机是全球性的,同时涉及多种货币。因此,中央银行之间在承担最后贷款人角色上的合作变得非常必要,这样承受资金压力的负债实体才可能获得所有相关币种的紧急流动性(前提是这些负债实体值得支持)。

第九,中央银行和银行监管部门必须避免顺周期性。严重的流动性危机时期不是施加额外约束和监管的理想时机。政府机构必须在正常时期或繁荣时期就建立针对过度依赖中央银行救助行为的监管要求和抑制措施。为了给社会提供最大化的服务,(中央银行和银行监管部门)必须努力在事前识别风险,并通过监管尽早或适时地解决这些问题,而不是滞后、后顾和顺周期的。银行监管部门应从开始设计时就考虑到新监管措施的所有系统性后果,充分确保新的监管措施确实能够使金融系统变得更加安全。在金融危机或银行特定压力情境下,允许使用诸如流动性覆盖比率这样有缓冲作用的监管措施显然是很重要的。

第十八章　金融危机期间的最优货币政策操作

第十，中央银行的直接购买计划可以有很多合意理由。虽然在压力情境下直接购买计划非常有效，表明中央银行原则上能够无限制地影响流动性和资产价格，但相比中央银行的抵押信贷操作，直接购买计划也更容易导致经济扭曲和道德风险。

第十一，是否"退出"非常规措施，取决于中央银行的意愿而不是技术能力。的确，无论中央银行的资产端看起来如何，也无论超额准备金数量如何，中央银行总能吸收基础货币并将货币政策利率恢复到合意水平。当然，如果突然实施政策的正常化，可能会对长期收益率、资产价格、政府融资成本、商业银行和中央银行的损益均造成巨大的影响。一般来说，在选择退出节奏和相关沟通策略的时候，中央银行肯定会考虑退出对收益率和传导机制的影响。虽然退出将对不同利益相关者造成诸多影响，甚至可能导致政治压力，货币政策继续作为中央银行"罗盘"中的唯一"指针"是非常重要的。这个问题并不是退出非常规措施所特有的，因为中央银行始终需要通过遵守它们所承诺的货币政策来维护自己的信誉。如果这就是中央银行的态度，那么即使将来会因政治考量而发生延迟退出的情况，中央银行在采取非常规措施时也没必要犹豫不决。

第十二，有关常规货币政策操作在预防金融不稳定性累积的作用方面，我们有哪些经验教训？尤其是，在 2006 年达成的关于常规货币政策实施的共识，包括分离原则的严格运用，从这个角度看来依然适宜吗？看来确实如此，常规货币政策可以预防金融不稳定性的累积。[①] 然而，如前所述，设计正常时期中央银行信贷操作和担保框架时，应特别注意不要助长顺周期性。相应地，在正常时期，银行获得中央银行信贷不应过于便利或有无限弹性。如果遵循这一原则，也就没有必要在危机期间收紧融资条件（相反，如有需要，危机期间更应该放宽融资条件）。宏观审慎措施的使用可以进一步加强政策的逆周期性。

---

① 中央银行利率政策是否能够和应该预防资产价格泡沫的累积是另一个问题（参见 Schularik 和 Taylor，2012）。

参考文献

Acharya, V. V., D. Gale, and T. Yorulmazer (2011), 'Rollover risk and market freezes', *Journal of Finance*, 66, 1177–209.

Acharya V. V., D. Gromb and T. Yorulmazer (2012), 'Imperfect competition in the interbank market for liquidity as a rationale for central banking', *American Economic Journal: Macroeconomics*, 4, 184–217.

Acharya, V. V. and S. Viswanathan (2011), 'Leverage, moral hazard, and liquidity', *Journal of Finance*, 66, 99–138.

Acharya, V. V. and T. Yorulmazer (2008), 'Information contagion and bank herding', *Journal of Money, Credit and Banking*, 40, 215–32.

Adrian, T. and H. S. Shin (2009), 'Liquidity and leverage', *Federal Reserve Bank of New York Staff Report*, No. 328.

Akerlof, G. (1970), 'The market for lemons: Quality uncertainty and the market mechanism', *Quarterly Journal of Economics*, 84, 488–500.

Allen, W. A. (2002): 'Bank of England open market operations: the introduction of a deposit facility for counterparties', *Bank for International Settlements Paper*, No. 12.

Allen, W. A. and R. Moessner (2010), 'Central bank co-operation and international liquidity in the financial crisis of 2008-9', *BIS Working Papers*, No. 310.

Allen, W. A. and R. Moessner (2013), 'The liquidity consequences of the euro area sovereign debt crisis', *BIS Working Papers*, No. 390.

Allen, L. and A. Saunders (1992), 'Bank window dressing: Theory and evidence', *Journal of Banking and Finance*, 16, 585–623.

Allenspach, N. (2009), 'Banking and transparency: Is more information always better?', *Swiss National Bank Working Papers*, 2009-11.

Anderson, L. C. (1969), 'Money market conditions as a guide for monetary management', in K. Brunner (ed.), *Targets and Indicators of Monetary Policy*, 66–83, San Francisco: Chandler Publishing Company.

Angeletos, G.-M., C. Hellwig, and A. Pavan (2006), 'Signalling in a global game: Coordination and policy traps', *Journal of Political Economy*, 114, 452–84.

Angelini, P. (2000), 'Are banks risk averse? Intraday timing of operations in the interbank market', *Journal of Money, Credit and Banking*, 32, 54–73.

Angelini, P. (2002), 'Liquidity and announcement effects in the euro area', *Banca d'Italia Temi di Discussione*, No. 451.

Armantier, O., E. Ghysels, A. Sarkar, and J. Shrader (2011), 'Stigma in financial markets: Evidence from liquidity auctions and discount window borrowing during the crisis', *Federal Reserve Bank of New York Staff Reports*, No. 483.

Armantier, O., S. Krieger, and J. McAndrews (2008), 'The Federal Reserve's Term Auction Facility', *Current Issues in Economics and Finance*, Federal Reserve Bank of New York, 14 (5), 2–11.

Arrow, K. A. (1963), 'Uncertainty and the welfare economics of medical care', *American Economic Review*, 53 (5), 941–73.

Ashcraft, A., N. Gârleanu, and L. H. Pedersen (2011), 'Two monetary tools: Interest rates and haircuts', in D. Acemoglu and M. Woodford (eds.), *NBER Macroeconomics Annual 2010*, Volume 25, 143–80, University of Chicago Press.

Association of British Insurers et al. (2010), *Securities lending: An introductory guide*, September 2010.

Axilrod, S. H. and D. E. Lindsey (1981), 'Federal Reserve System Implementation of monetary policy: Analytical foundations of the new approach', *American Economic Review*, 71, 246–52.

Ayuso, J. and Repullo, R. (2003), 'A model of the open market operations of the European Central Bank', *Economic Journal*, 113, 889–902.

Baba, N. and F. Packer (2009), 'From turmoil to crisis: Dislocations in the FX swap market before and after the failure of Lehman Brothers', *BIS Working Paper*, No. 285.

Bagehot, W. (1873), *Lombard Street: A Description of the Money Market*, H.S. King.

Baltensperger, E. (1982), 'Reserve requirements and economic stability', *Journal of Money, Credit and Banking*, 14, 205–15.

Bank of Canada (1995), 'A proposed framework for the implementation of monetary policy in the large value transfer system environment', Discussion paper I (November).

Bank of Canada (2010), 'A primer on the implementation of monetary policy in the LVTS Environment', Bank of Canada.

Bank of England (2008), 'The development of the Bank of England's market operations—A consultative paper by the Bank of England', October 2008.

Bank of England (2010), 'Bank of England market notice: sterling monetary framework—changes to the collateral concentration limit', 30 April 2010.

Bank of England (2012a), 'The framework for the Bank of England's operations in the sterling money markets', June 2012.

Bank of England (2012b), 'The funding for lending scheme', *Quarterly Bulletin*, 2012, Q4, 306–20.

Bank of England (2013), 'The Bank of England's Sterling monetary framework', Update of October 2013.

Bank for International Settlements (2012), *82nd Annual Report*, Basle, BIS.

Bank for International Settlements (2013), *83rd Annual Report*, Basle, BIS.

Bank of Japan (2010), 'Fund provisioning measure to support strengthening the foundations for economic growth', *Bank of Japan Review* (September 2010), 2010-E-5, 1–12.

Bartolini, L., G. Bertola, and A. Prati (2001), 'Banks' reserve management, transaction costs, and the timing of Federal Reserve interventions', *Journal of Banking and Finance*, 25, 1287–317.

Bartolini, L., G. Bertola, and A. Prati (2002), 'Day-to-day implementation of monetary policy and the volatility of the federal funds rate', *Journal of Money, Credit and Banking*, 34, 137–59.

Basel Committee on Banking Supervision (2008), 'Principles for sound liquidity risk management and supervision', Bank for International Settlements.

Basel Committee on Banking Supervision (2010), 'Basel III—international framework for liquidity risk measurement, standards and monitoring', Bank for International Settlements.

Basle Committee on Banking Supervision (2013), 'Basel III: The liquidity coverage ratio and liquidity risk monitoring tools', Bank for International Settlements.

Bech, M. and T. Keister (2012), 'Basel III—On the liquidity coverage ratio and monetary policy Implementation', *BIS Quarterly Review*, December 2012, 49–61.

Berentsen, A., A. Marchesiani, and C. J. Waller (2010), 'Channel systems: why is there a positive spread?', *IEW—Working Papers 517*, Institute for Empirical Research in Economics—IEW.

Berentsen, A. and C. Monnet (2008), 'Monetary policy in a channel system', *Journal of Monetary Economics*, 55, 1067–80.

Bernanke, B. S. (2010), 'Federal Reserve's exit strategy', Testimony before the Committee on Financial Services, U.S. House of Representatives, Washington, DC, 10 February 2010.

Bernanke, B. and M. Gertler (1989), 'Agency cost, net worth, and business fluctuations', *American Economic Review*, 79, 14–31.

Bernanke, B., M. Gertler, and S. Gilchrist (1996), 'The financial accelerator and the flight to quality', *The Review of Economics and Statistics*, 78, 1–15.

Bindseil, U. (2005a), *Monetary Policy Implementation*, Oxford University Press.

Bindseil, U. (2005b), 'Over- and underbidding in central bank open market operations conducted as fixed rate tender', *German Economic Review*, 6, 95–130.

Bindseil, U. (2013), 'Central bank collateral, asset fire sales, regulation and liquidity', *ECB Working Paper Series*, No. 1612.

Bindseil, U., G. Camba-Mendez, A. Hirsch, and B. Weller (2006), 'Excess reserves and the implementation of monetary policy of the ECB', *Journal of Policy Modelling*, 28, 491–510.

Bindseil, U. and J. Jablecki (2011a), 'A structural model of central bank operations and bank intermediation', *ECB Working Paper*, No. 1312.

Bindseil, U. and J. Jablecki (2011b), 'The optimal width of the central bank standing facilities corridor and banks' day-to-day liquidity management', *ECB Working Paper*, No. 1350.

Bindseil, U. and J. Jablecki (2013), 'Central bank liquidity provision, risk taking and economic efficiency', *ECB Working Paper*, No. 1542.

Bindseil, U. and P. König (2011), 'The Economics of Target2 balances', *SFB 649 Discussion Paper*, No. 2011-35, Humboldt-Universität Berlin.

Bindseil, U. and P. König (2012), 'Target2 and the European debt crisis', *Kredit und Kapital*, 45, 135–72.

Bindseil, U. and J. Lamoot (2011), 'The Basel III framework for liquidity standards and monetary policy implementation', *SFB 649 Discussion Paper*, No. 2011-41, Humboldt-Universität Berlin.

Bindseil, U. and K. Nyborg (2008), 'Monetary policy implementation', in X. Freixas, P. Hartmann, and C. Mayer (eds.), *Handbook of European Financial Markets and Institutions*, 742–78, Oxford University Press.

Bindseil, U., K. Nyborg, and I. A. Strebulaev (2009), 'Repo auctions and the market for liquidity', *Journal of Money, Credit and Banking*, 41, 1391–421.

Bindseil, U. and F. Papadia (2006), 'Credit risk mitigation in central bank credit operations and effects on financial markets: the case of the Eurosystem', *ECB Occasional Paper*, No. 49.

Bindseil, U., B. Weller, and F. Würtz (2003), 'Central bank and commercial banks' liquidity management—what is the relationship?', *Economic Notes*, 32, 37–66.

Bindseil, U. and A. Winkler (2013), 'Dual liquidity crises—A financial accounts framework', *Review of International Economics*, 21, 151–63.

Blanchard, O., G. Dell'Ariccia, and P. Mauro (2010), 'Rethinking Macro Policy', *VoxEU.org*, 6 February 2010.

Bloomfield, A. I. (1959), 'Monetary policy under the gold standard: 1880–1914', Federal Reserve Bank of New York.

Board of Governors (1954/1974/1994), *The Federal Reserve System: Purposes and Functions*, Washington, DC: Board of Governors of the Federal Reserve System.

Bolton, P. and X. Freixas (2006), 'Corporate finance and the monetary transmission mechanism', *Review of Financial Studies*, 19, 829–70.

Borio, C. E. V. (1997), 'Monetary policy operating procedures in industrial countries', *BIS conference papers*, Vol. 3, 286–368, Bank of International Settlements.

Borio, C. E. V. (2001), 'A Hundred ways to skin a cat: Comparing monetary policy operating procedures in the United States, Japan and the Euro area', *BIS Paper*, No. 9.

Botman, D. P. J. and C. G. H. Diks (2005), 'The role of domestic and foreign investors in a simple model of speculative attacks', *IMF Working Paper*, WP/05/205.

Brousseau, V. and A. Manzanares (2005), 'A look at intraday frictions in the euro area overnight deposit market', *ECB Working Paper Series*, No. 439.

Brunnermeier, M., A. Crockett, C. Goodhart, A. D. Persaud, and H. Shin (2009), 'The fundamental principles of financial regulation', Geneva Reports on the World Economy 11, International Center for Monetary and Banking Studies.

Brunnermeier, M., T. M. Eisenbach, and Y. Samikov (2012), 'Macroeconomics with financial frictions', *NBER Working Paper*, No. 18102.

Brunnermeier, M. and Y. Sannikov (2013), 'The I theory of money', manuscript, Princeton University.

Buchheit, Lee C., A. Gelpern, M. Gulati, U. Panizza, B. Weder di Mauro, and J. Zettelmeyer (2013), *Revisiting Sovereign Bankruptcy*, Washington, DC: Committee on International Economic Policy and Reform, Brookings.

Buiter, W. and E. Rahbari (2012a), 'The ECB as lender of last resort for sovereigns in the euro area', *CEPR Discussion Paper*, No. 8974, Centre for Economic Policy Research.

Buiter, W. and E. Rahbari (2012b), 'TARGET2 redux: the simple accountancy and slightly more complex economics of Bundesbank loss exposure through the Eurosystem', *CEPR Discussion Paper*, No 9211, Centre for Economic Policy Research.

Buiter, W. and A. Sibert (2005), 'How the Eurosystem's treatment of collateral in its open market operations weakens fiscal discipline in the euro zone (and what to do about it)', *CEPR discussion paper*, No. 5387.

Buiter, W. and A. Sibert (2007), 'The central bank as market maker of last resort-I', <http://blogs.ft.com/maverecon/2007/08/the-central-banhtml/#axzz2wFuzNII6>.

Burgess, W. R. (1927), *The Reserve Banks and the Money Market*, Harper and Brothers.

Caballero, R. J., T. Hoshi, and A. K. Kashyap, (2008), 'Zombie lending and depressed restructuring in Japan', *American Economic Review*, 98, 1943–77.

Caballero, R. J. and A. Krishnamurthy (2008), 'Collective Risk Management in a Flight to Quality Episode', *Journal of Finance*, 63, 2195–230.

Cabrero, A., G. Camba-Mendez, A. Hirsch, and F. Nieto (2002), 'Modeling the daily banknotes in circulation in the context of the liquidity management of the European Central Bank', *ECB Working Paper Series*, No. 142.

Calvo, G. A. (1988), 'Servicing the public debt: the role of expectations', *American Economic Review*, 78, 647–61.

Calvo, G. A. and E. Mendoza (1999), 'Rational Herd Behavior and the Globalization of Securities Markets', *Journal of International Economics*, 51, 79–113.

Campbell, J. Y. (1987), 'Money announcements, the demand for bank reserves, and the behavior of the federal funds rate within the statement week', *Journal of Money, Credit and Banking*, 19, 56–67.

Chailloux, A., S. Gray, and R. McCaughrin (2008), 'Central bank collateral frameworks, principles and policies', *IMF Working Papers*, WP/08/222.

Chapman, J., J. Chiu, and M. Molico (2010), 'Central bank haircut policy', *Bank of Canada Working Paper*, 2010–23.

Chen, Y. (1999), 'Banking panics: the role of the first-come, first-served rule and information externalities', *Journal of Political Economy*, 107, 946–68.

Chen, Y, and I. Hasan (2006), 'The transparency of the banking industry and the efficiency of information-based bank runs', *Journal of Financial Intermediation*, 15, 307–31.

Cheun, S., I. von Köppen-Mertes, and B. Weller (2009), 'The Eurosystem collateral frameworks of the Eurosystem, the Federal Reserve and the Bank of England, and the financial market turmoil', *ECB Occasional Paper*, No. 107.

Cifuentes, R., G. Ferrucci, and H. Shin (2005), 'Liquidity Risk and Contagion', *Journal of the European Economic Association*, 3, 556–66.

Citi (2013), 'Financial conditions neutral, at best, on growth', *Euro Economics Weekly*, 7 June.

Clapham, J. (1944), *The Bank of England*, Cambridge: Cambridge University Press (2 vols.).

Clews, R. (2005), 'Implementing monetary policy: reforms to the Bank of England's operations in the money market', *Bank of England Quarterly Bulletin*, Q2, 211–20.

Clews, R., C. Salmon, and O. Weeken (2010), 'The Bank's money market framework', *Bank of England Quarterly Bulletin*, Q4, 291–301.

Clinton, K. (1997), 'Implementation of monetary policy in a regime with zero reserve requirements', *Bank of Canada Working Paper*, No. 97/8.

Clouse, J. A. and J. P. Dow (1999), 'Fixed costs and the behavior of the federal funds rate', *Journal of Banking and Finance*, 23, 1015–29.

Clouse, J. A. and D. W. Elmendorf (1997), 'Declining required reserves and the volatility of the federal funds rate', Working paper, Board of Governors of the Federal Reserve System.

Clouse, J., D. Henderson, A. Orphanides, D. Small, and P. Tinsley (1999), 'Monetary policy when the nominal short-term interest rate is zero', Working Paper, Board of Governors of the Federal Reserve System.

Coeuré, B. (2012), 'Challenges to the single monetary policy and the ECB's response', Speech held at the Institut d'études politiques, Paris, 20 September 2012.

Cole, H. L. and T. J Kehoe (2000), 'Self-fulfilling debt crisis', *Review of Economic Studies*, 67, 91–116.

Committee on Payment and Settlement Systems (2006), *Cross Border collateral arrangements*, CPSS Publications, No. 71.

Cook, T. C. and T. Hahn (1989), 'The effect of changes in the federal funds rate target on market interest rate in the 1970s', *Journal of Monetary Economics*, 24, 331–51.

Cooper, R. and T. W. Ross (1998), 'Bank runs: liquidity costs and investment distortions', *Journal of Monetary Economics*, 41, 27–38.

Corsetti, G., B. Guimarães, and N. Roubini (2006), 'International lending of last resort and moral hazard: A model of IMF's catalytic finance', *Journal of Monetary Economics*, 53, 441–71.

Cour-Thimann, P. (2013), 'Target balances and the crisis in the euro area', CESIFO Forum, Volume 14, Special Issue.

Cour-Thimann, P. and B. Winkler (2013), 'The ECB's non-standard monetary policy measures: the role of institutional factors and financial structure', *ECB Working Paper Series*, No. 1528.

Craig, B. and F. Fecht (2007), 'The Eurosystem money market auctions: A banking perspective', *Journal of Banking and Finance*, 31, 2925–44.

Crosbie, P. and J. Bohn (2003), 'Modelling Default Risk', Moody's KMV.

Cross, M., P. Fisher, and O. Weeken (2010), 'The Bank's balance sheet during the crisis', *Bank of England Quarterly Bulletin*, Q1, 34–42.

Curdia, V. and M. Woodford (2010), 'Credit spreads and monetary policy', *Journal of Money, Credit and Banking*, 42, 3–35.

Curdia, V. and M. Woodford (2011), 'The central bank balance sheet as an instrument of monetary policy', *Journal of Monetary Economics*, 58, 54–79.

D'Amico, S. and T. B. King (2010), 'Flow and stock effects of large-scale treasury purchases', *Finance and Economics Discussion Series*, No. 2010-52, Board of Governors of the Federal Reserve System.

Daniel, F, W. Engert, and D. MacLean (2004), 'The Bank of Canada as lender of last resort', *Bank of Canada Review*, Winter 2004-05, 3–16.

Davies, H. (1998), 'Averaging in a framework of zero reserve requirements: Implications for the operation of monetary policy', *Bank of England Working Paper Series*, No. 84.

Davydenko, S. A., I. A. Strebulaev, and X. Zhao (2012), 'A market-based study of the cost of default', *Review of Financial Studies*, 25, 2959–99.

De Grauwe, P. (2011), 'The European Central Bank: Lender of last resort in the Government bond markets?', *CESIFO Working Paper*, No. 3569.

Deutsche Bundesbank (1976), *Geld- und Bankwesen in Zahlen, 1876–1975*, Frankfurt am Main: Deutsche Bundesbank.

Deutsche Bundesbank (1982), 'Central bank money requirements of banks and liquidity policy measures of the Bundesbank', *Monthly Report of the Deutsche Bundesbank*, 34/4, 20–5.

Deutsche Bundesbank (1995), *The Monetary Policy of the Deutsche Bundesbank*, Frankfurt am Main.

Diamond, D. W. and P. H. Dybvig (1983), 'Bank Runs, Deposit Insurance and Liquidity', *Journal of Political Economy*, 91, 401–19.

Diamond, D. W. and R. G. Rajan (2012), 'Illiquid banks, financial stability, and interest rate policy', *Journal of Political Economy*, 120, 552–91.

Dow, J. P. (2001), 'The demand for excess reserves', *Southern Economic Journal*, 67, 685–700.

Dowd, K. (2009), 'Moral hazard and the financial crisis', *Cato Journal*, 29, 141–66.

Drehmann, M. and K. Nikolaou (2013), 'Funding liquidity risk: definition and measurement', *Journal of Banking and Finance*, 37, 2173–82.

Duarte, F. and T. M. Eisenbach (2013), 'Fire-sale spillovers and systemic risk', *Federal Reserve Bank of New York Staff Reports*, No. 645.

Ennis, H. and T. Keister (2006), 'Bank runs and investment decisions revisited', *Journal of Monetary Economics*, 53, 217–32.

European Central Bank (2004), 'Risk mitigation methods in Eurosystem credit operations', *Monthly Bulletin of the European Central Bank*, May 2004, 71–9.

European Central Bank (2005a), 'Initial experience with the changes to the Eurosystem's operational framework for monetary policy implementation', *ECB Monthly Bulletin*, February 2005, 65–71.

European Central Bank (2005b), 'A measure of the real cost of the external financing of euro area non-financial corporations', Box, *ECB Monthly Bulletin*, March 2005, 37–9.

European Central Bank (2007), 'The EU arrangements for financial crisis management', *ECB Monthly Bulletin*, February 2007, 73–85.

European Central Bank (2009), 'The external financing of households and non-financial corporations: A Comparison of the euro area and the United States', *ECB Monthly Bulletin*, April 2009, 69–84.

European Central Bank (2010), 'The ECB's response to the financial crisis', *ECB Monthly Bulletin*, October 2010, 59–74.

European Central Bank (2011a), 'The monetary policy of the ECB', Frankfurt am Main.

European Central Bank (2011b), 'The implementation of monetary policy in the euro area: General documentation on eurosystem monetary policy instruments and procedures', Frankfurt am Main.

European Central Bank (2012), 'Euro Money Market Survey', September 2012.

European Central Bank (2013a), 'The ECB collateral framework throughout the crisis', *ECB Monthly Bulletin*, July 2013, 71–86.

European Central Bank (2013b), 'Collateral eligibility requirements—a comparative study across specific frameworks', Special Report, European Central Bank.

European Central Bank (2013c), 'Survey on the access to finance of small and medium-sized enterprises in the euro area—October 2012 to March 2013', Frankfurt am Main.

European Central Bank (2013d), 'The euro area bank lending survey—1st quarter of 2013', Frankfurt am Main.

Ewerhart, C., Cassola, N., and Valla, N. (2010), 'Declining valuations and equilibrium bidding in central bank refinancing operations', *International Journal of Industrial Organisation*, 28, 30–43.

Ewerhart, C. and Tapking, J. (2008), 'Repo markets, counterparty risk and the 2007/2008 liquidity crisis', *ECB Working Paper*, No. 909.

Farhi, E. and J. Tirole (2012), 'Collective moral hazard, maturity mismatch, and systemic bailouts', *American Economic Review*, 102, 60–93.

Fawley, B. W. and C. J. Neely (2013), 'Four stories of quantitative easing', *Federal Reserve Bank of St. Louis Review*, 95(1), 51–88.

Fecht, F., K. G. Nyborg, and J. Rocholl (2011), 'The price of liquidity: The effects of market conditions and bank characteristics', *Journal of Financial Economics*, 102, 355–62.

Federal Reserve Bank of New York (2000), 'Understanding open market operations', Federal Reserve Bank of New York.

Federal Reserve Bank of New York (2002), 'Domestic open market operations during 2001', Federal Reserve Bank of New York.

Federal Reserve System (2002), 'Alternative instruments for open market and discount window operations', *Federal Reserve System Study Group on Alternative Instruments for System Operations*, December 2002.

Feinman, J. (1993), 'Reserve requirements: History, current practice, and potential reform', *Federal Reserve Bulletin*, 79, 569–89.

Filardo, A. (2011), 'The impact of the international financial crisis on Asia and the Pacific: Highlighting monetary policy challenges from a negative asset price bubble perspective', *BIS Working Paper*, No. 356.

Filardo, A., M. Mohatny, and R. Moreno (2012), 'Central bank and government debt management: issues for monetary policy', *BIS Papers*, No. 67, 51–71.

Filardo, A. and J. Yetman (2012), 'The expansion of central bank balance sheets in emerging Asia: what are the risks?', *BIS Quarterly Review*, June 2012, 47–63.

Financial Stability Board (2012), 'Securities lending and repos: market overview and financial stability issues', *Interim Report*, 27 April 2012.

Fischer, S. (1999), 'On the need for an international lender of last resort', *Journal of Economic Perspectives*, 13, 85–104.

Flannery, M. J. (1996), 'Financial crises, payment system problems, and discount window lending', *Journal of Money, Credit and Banking*, 28, 804–24.

Flemming, M. J. and N. J. Klagge (2010), 'The Federal Reserve's foreign exchange swap lines', *Current Issues in Economics and Finance*, Federal Reserve Bank of New York, 16 (4).

Freeman, S. (1987), 'Reserve requirements and optimal seigniorage', *Journal of Monetary Economics*, 19, 307–14.

Freixas, X. and J.-C. Rochet (2008), *The Microeconomics of Banking*, 2nd edition, MIT Press.

Friedman, B. M. (2013), 'The simple analytics of monetary policy: a post-crisis approach', *NBER Working Paper Series*, No. 18960.

Friedman, M. (1960), *A Program for Monetary Stability*, Fordham University Press.

Friedman, M. (1982), 'Monetary policy: theory and practice', *Journal of Money, Credit and Banking*, 14, 98–118.

Friedman, M. and A. Schwartz (1963), *A Monetary History of the United States, 1867–1960*, Princeton University Press (for the National Bureau of Economic Research).

Fudenberg, D. and J. Tirole (1991), *Game Theory*, MIT Press.

Furfine, C. H. (2000), 'Interbank payments and the daily federal funds rate', *Journal of Monetary Economics*, 46, 535–53.

Furfine, C. (2002), 'The interbank market during a financial crisis', *European Economic Review*, 46, 809–20.

Gagnon, J., Raskin, M., Remache, J. and Sack, B. (2010), 'Large-scale asset purchases by the Federal Reserve: Did they work?', *Federal Reserve Bank of New York Staff Reports*, No 441.

Geanakoplos, J. (2009), 'Solving the present crisis and managing the leverage cycle', Cowles Foundation Discussion Paper, No. 1751.

Gertler, M. and P. Karadi (2011), 'A model of unconventional monetary policy', *Journal of Monetary Economics*, 58, 17–34.

Gertler, M. and P. Karadi (2013), 'QE 1 vs. 2 vs 3. ... A framework for analysing Large Scale Asset Purchases as a monetary policy tool', *International Journal of Central Banking*, 9, 5–53.

Gertler, M. and N. Kiyotaki (2010), 'Financial intermediation and credit policy in business cycle analysis', in: B. Friedman and M. Woodford (eds.), *Handbook of Monetary Economics*, Volume 3, 547–99, Elsevier.

Glosten, L. R. and Milgrom, P.R. (1985), 'Bid, ask and transaction prices in a specialist market with heterogeneously informed traders', *Journal of Financial Economics*, 14, 71–100.

Glover, B. (2011), 'The expected costs of default', working paper, Carnegie Mellon

University.

Godley, W. and M. Lavoie (2012), *Monetary Economics—An integrated approach to credit, money, income, production, and wealth*, Palgrave-Macmillan.

Goldberg, L. S., C. Kennedy, and J. Miu (2010), 'Central bank dollar swap lines and overseas dollar funding costs', *Staff report*, No. 429, Federal Reserve Bank of New York.

Goldenweiser, E. A. (1925), *The Federal Reserve System in Operation*, McGraw-Hill.

Goldenweiser, E. A. (1949), *Monetary Management*, Committee for Economic Development Research Study, McGraw-Hill.

Gonzalez, F. and Molitor, P. (2009), 'Risk mitigation measures and credit risk assessment in central bank policy operations', in U. Bindseil, F. Gonzalez, and E. Tabakis (eds.), *Risk Management for Central Banks and other Public investors*, Cambridge University Press.

González-Páramo, José Manuel (2011), 'The ECB's monetary policy during the crisis', Closing speech at the Tenth Economic Policy Conference, Málaga, 21 October 2011 (available on the ECB website).

Goodfriend, M., and M. Hargraves (1983), 'A historical assessment of the rationales and functions of reserve requirements', *Federal Reserve Bank of Richmond Economic Review*, March/April 1983, 3–21.

Goodhart, C. A. E. (1999), 'Myths about the lender of last resort', *International Finance*, 2, 339–60.

Goodhart, C. A. E. (2001), 'The endogeneity of money', in P. Arestis, M. Desai, and S. Dow (eds.), *Money, Macroeconomics and Keynes*, Routledge.

Goodhart, C. and G. Illing (eds.) (2002), *Financial Crises, Contagion, and the Lender of Last Resort—A Reader*, Oxford University Press.

Gray, S., P. Karam, V. Meeyam, and M. Stubbe (2013), 'Monetary issues in the Middle East and North Africa, A policy implementation handbook for central bankers', IMF, Washington, DC.

Green, R. (1987), 'Real bills doctrine', in *The New Palgrave: A Dictionary of Economics*, volume 4, Macmillan.

Guthrie, G., and J. Wright (2000), 'Open mouth operations', *Journal of Monetary Economics*, 46, 489–516.

Hakkio, C. S. and G. H. Sellon (2000), 'The discount window: time for reform?', *Federal Reserve Bank of Kansas City Economic Review*, 87/1, 57–63.

Hamilton, J. D. (1996), 'The daily market for federal funds', *Journal of Political Economy*, 104, 26–56.

Hamilton, J. D. and J. C. Wu (2012), 'The effectiveness of alternative monetary policy tools in a zero lower bound environment', *Journal of Money, Credit and Banking*, 44, Supplement, 3-46.

Hardy, D. (1996), 'Reserve requirements and monetary management: An introduction', *IMF Working Paper*, WP/93/35.

Harrison, R. (2012), 'Asset purchase policy at the effective lower bound for interest rates', *Bank of England Working Paper*, No. 444.

Hartmann, P., M. Manna, and A. Manzanares (2001), 'The microstructure of the euro money market', *Journal of International Money and Finance*, 20, 895–948.

Hatzius, J., P. Hooper, F. Mishkin, K. L. Schoenholtz, and M. Watson (2010), 'Financial conditions indicators: A fresh look at the financial crisis', working paper.

Heider, F., M. Hoerova, and C. Holthausen (2009), 'Liquidity hoarding and interbank market spreads—the role of counterparty risk', *ECB Working Paper Series*, No. 1126.

Heinemann, F. and G. Illing (2002), 'Speculative attacks: unique equilibrium and transparency', *Journal of International Economics*, 58, 429–50.

Heinemann, F., R. Nagel, and P. Ockenfels (2004), 'The theory of global games on test: experimental analysis of coordination games with public and private information', *Econometrica*, 72, 1583–99.

Ho, T. S. Y. and A. Saunders (1985), 'A micro model of the federal funds market', *Journal of Finance*, 15, 977–88.

Hoerova, M., and C. Monnet (2010), 'Central bank lending and money market discipline', Unpublished manuscript.

Hollo, D., M. Kremer, and M. Lo Duca (2012), 'CISS—A composite indicator of systemic stress in the financial system', *ECB Working Paper Series*, No. 1426.

Holmström, B. (1979), 'Moral hazard and observability', *Bell Journal of Economics*, 10, 74–91.

Holmström, B. and J. Tirole (1997), 'Financial intermediation, loanable funds, and the real sector', *Quarterly Journal of Economics*, 112, 663–91.

Holthausen, C., C. Monet, and F. Würtz (2008), 'Monetary policy without reserve requirements', mimeo.

Hong Kong Monetary Authority (2011), 'Policy statement on the role of the HKMA as lender of last resort', version of 1 August 2011; initially published in *Quarterly Bulletin*, 8/1999, 77–81.

Horrigan, B. R. (1988), 'Are reserve requirements relevant for economic stabilization?', *Journal of Monetary Economics*, 21, 97–105.

House of Commons (2008), *The Run on the Rock*, Report by the Treasury Committee of the House of Commons, London.

Huang, R. and L. Ratnovski (2011), 'The dark side of bank wholesale funding', *Journal of Financial Intermediation*, 20, 248–63.

Hull, J. (2012), *Risk Management and Financial Institutions*, Wiley Finance.

Illing, G. (2007), 'Financial stability and monetary policy—a framework', April 2007, CESIfo Working Paper, No. 1971.

International Monetary Fund (2008), *Global Financial Stability Report*, November 2008.

International Monetary Fund (2013), 'Unconventional monetary policies—recent experience and prospects', IMF background paper.

International Swaps and Derivatives Association (2013), *ISDA Margin Survey 2013*.

Jensen, M. C. and W. H. Meckling (1976), 'Theory of the firm: managerial behavior, agency costs and ownership', *Journal of Financial Economics*, 3, 305–60.

Jimenez, G., S. Ongena, J. Peydró-Alcalde, and J. Saurina (2012), 'Credit supply and monetary policy: Identifying the bank balance-sheet channel with loan applications', *American Economic Review*, 102, 2301–26.

Jobst, C. (2009), 'Market leader: the Austro-Hungarian Bank and the making of foreign exchange intervention, 1896–1913', *European Review of Economic History*, 13, 287–318.

Jørgensen, A. and L. Risbjerg (2012), 'Negative interest rates', *Monetary Review*, 3rd Quarter 2012, Part 1.

Joyce, M., A. Lasaosa, I. Stevens, and M. Tong (2010), 'The financial market impact of quantitative easing', *Bank of England Working Paper Series*, No 393.

Joyce, M., M. Tong, and R. Woods (2011), 'The United Kingdom's quantitative easing policy: design, operation and impact', *Bank of England Quarterly Bulletin*, 51 (3), 200–212.

Kaminsky, G. L., and C. M. Reinhart (1999), 'The two crises: the causes of banking and balance of payment problems', *American Economic Review*, 89, 473–500.

Kashyap, A. K., and J. C. Stein (2012), 'The optimal conduct of monetary policy with interest on reserves', *American Economic Journal: Macroeconomics*, 4, 266–82.

Keister, T., and J. McAndrews (2009), 'Why are banks holding so many excess reserves?' *Current Issues in Economics and Finance*, Federal Reserve Bank of New York, 15 (8), 1–10.

Keynes, J. M. (1930/1971), *A Treatise on Money*, volume 2: *The Applied Theory of Money*. Reprinted in *The Collected Works of John Maynard Keynes*, volume 6, Macmillan/Cambridge University Press.

Kindleberger, C. P. and R. Aliber (2005), *Manias, Panics and Crashes*, 5th edition, Wiley.

King, W. T. C. (1936), *History of the London Discount Market*, Frank Cass.

Kiyotaki, N. and J. Moore (1997), 'Credit cycles', *Journal of Political Economy*, 105, 2, 211–48.

Kohn, D. L. (2009), 'American International Group', Testimony before the Committee on Banking, Housing, and Urban Affairs, U.S. Senate, Washington, DC, 5 March 2009.

Kopecky, K. J. and A. L. Tucker (1993), 'Interest rate smoothness and the non-settling-day behavior of banks', *Journal of Economics and Business*, 45, 297–314.

Koulischer, F. and D. Struyven (2013), 'Central bank liquidity provision and collateral quality', unpublished paper, September 2013.

Kozicki, S., E. Santor, and L. Suchanek (2011), 'Unconventional monetary policy: The international experience with central bank asset purchases', *Bank of Canada Review*, Spring 2011, 13–25.

Krugman, P. (2000), 'Fire-sale FDI', in S. Edwards (ed.), *Capital Flows and the Emerging Economies: Theory, Evidence and Controversies*, 43–60, Chicago University Press.

Kuttner, K. N. and P. C. Mosser (2002), 'The monetary transmission mechanism: Some answers and further questions', *FRBNY Economic Policy Review*, Volume 8 (1), Proceedings of a Conference Sponsored by the Federal Reserve Bank of New York, 5 and 6 April, 15–26.

Kyle, Albert S. (1985), 'Continuous auctions and insider trading', *Econometrica*, 53, 1315–36.

Laeven, L. and F. Valencia (2008), 'Systemic banking crises: A new database', *IMF Working Paper*, WP/08/224.

Laubach, T. and J. C. Williams (2001), 'Measuring the natural rate of interest', working paper, Board of Governors of the Federal Reserve System.

Laufenberg, D. E. (1976), 'Contemporaneous vs. lagged reserve accounting', *Journal of Money, Credit and Banking*, 8, 239–45.

Linzert, T., D. Nautz, and U. Bindseil (2007), 'The Longer term refinancing operations of the ECB', *Journal of Banking and Finance*, 31, 1521–43.

Linzert, T., D. Nautz, and J. Breitung (2006), 'Bidder behavior in central bank repo auctions: Evidence from the Bundesbank', *Journal of International Financial Markets, Institutions, and Money*, 16, 215–50.

Majnoni d'Intignano, G. (2013), 'Secured bank funding, credit supply, and unconventional monetary policies', Bank of Italy, unpublished working paper.

Manna, M. (2009), 'Emergency liquidity assistance at work: both words and deeds matter', *Studi e Note di Economia*, 16, 155–86.

Markets Committee (2009), *MC Compendium—Monetary policy frameworks and central bank market operations*, BIS Markets Committee, May 2009.

Markets Committee (2013), *Central bank collateral frameworks and practices*, Report by a Study Group chaired by Guy Debelle and established by the BIS Markets Committee.

McCallum, B. T. (1986), 'Some issues concerning interest rate pegging, price level determinacy, and the real bills doctrine', *Journal of Monetary Economics*, 17, 135–60.

Meigs, J. A. (1962), *Free Reserves and the Money Supply*, University of Chicago Press.

Meltzer, A. H. (2003), *A History of the Federal Reserve*, volume 1: *1913–1951*, University of Chicago Press.

Merler, S. and J. Pisani-Ferry (2012), 'Sudden stops in the euro area', Issue 2012/06, March, Bruegel Policy Contribution.

Merton, R. C. (1974), 'The pricing of corporate debt: the risk structure of interest rates', *Journal of Finance*, 29, 449–70.

Meulendyke, A.-M. (1998), *US Monetary Policy and Financial Markets*, Federal Reserve Bank of New York.

Mishkin, F. S. (1991), 'Asymmetric information and financial crises: a historical perspective', in R. G. Hubbard (ed.), *Financial Markets and Financial Crises*, 69–108, National Bureau of Economic Research.

Mishkin, F. (2004), *The Economics of Money, Banking and Financial Markets*, 7th edition, Addison-Wesley.

Mitlid, K., and M. Vesterlund (2001), 'Steering interest rates in monetary policy—How does it work?', *Sveriges Riksbank Quarterly Review*, 1, 19–41.

Moody's (2008), 'Corporate default and recovery rates, 1920–2007', Special comment, Moody's Investors Service.

Moore, Basil (1988), *Horizontalists and Verticalists: The Macroeconomics of Credit Money*, Oxford University Press.

Morris, S. and H. S. Shin (1998), 'Unique Equilibrium in a model of self-fulfilling currency attacks', *American Economic Review*, 88, 587–97.

Morris, S. and H. S. Shin (2001), 'The theory of global games', *Cowles Foundation Discussion Papers*, 1275R.

Morris, S. and H. S. Shin (2004), 'Liquidity black holes', *Review of Finance*, 8(1), 1–18.

Mourmouras, A. and S. Russel (1992), 'Optimal reserve requirements, deposit taxation, and the demand for Money', *Journal of Monetary Economics*, 30, 129–42.

Nautz, D. and J. Oechsler (2003), 'The repo auctions of the European Central Bank and the vanishing quota puzzle', *Scandinavian Journal of Economics*, 105, 207–20.

Nautz, D. and J. Scheithauer (2011), 'Monetary policy implementation and overnight rate persistence', *Journal of International Money and Finance*, 30, 1375–86.

Nyawata, O. (2012), 'Treasury bills and/or central bank bills for absorbing surplus liquidity: The main considerations', *IMF Working Paper*, WP/12/40.

Obstfeld, M. (2009), 'Lenders of last resort in a globalized economy', *CEPR Discussion Paper Series*, No. 7355.

Obstfeld, M., J. C. Shambaugh, and A. M. Taylor (2005), 'The trilemma in history: trade-offs among exchange rates, monetary policies, and capital mobility.' *Review of Economics and Statistics*, 87, 423–38.

Papadia, F. (2013), 'Central bank cooperation during the great recession', Bruegel Policy Contribution, Issue 2013/08, June.

Papadia, F. and T. Välimäki (2011), 'The functioning of the Eurosystem framework since 1999', in P. Mercier and F. Papadia (eds.), *The Concrete Euro—Implementing Monetary Policy in the Euro Area*, 215–342, Oxford University Press.

Perez Quiros, G. and H. Rodriguez (2006), 'The daily market for funds in Europe—has something changed with the EMU?', *Journal of Money Credit and Banking*, 38, 91–118.

Plenderleith, I. (2012), 'Review of the Bank of England's provision of emergency liquidity assistance in 2008-2009', *Report presented to the Court of the Bank of England*, October 2012.

Poole, W. (1970), 'Optimal choice of monetary policy instruments in a simple stochastic macro model', *Quarterly Journal of Economics*, 84, 197–216.

Priester, H. E. (1932), *Das Geheimnis des 13 Juli*, Berlin: Verlag von Georg Stilke.

Reichsbank (1910), *The Reichsbank 1876–1900*, trans. National Monetary Commission, Washington, DC: Government Printing Office.

Reinhart, C. M. and K. S. Rogoff (2009), *This Time is Different: Eight Centuries of Financial Folly*, Princeton University Press.

Richter, R. (1968), 'The banking system within macroeconomic theory', *German Economic Review*, 6, 273–93.

Richter, R. (1990), *Money: Lectures on the Basis of General Equilibrium Theory and the Economics of Institutions*, Berlin: Springer Verlag.

Ritz, Robert A. (2012), 'How do banks respond to increased funding uncertainty?', Working Paper, Faculty of Economics, Cambridge University.

Rochet, J.-C. and X. Vives (2004), 'Coordination failures and the lender of last resort: was Bagehot right after all?', *Journal of the European Economic Association*, 2, 1116–47.

Romer, D. (1985), 'Financial intermediation, reserve requirements, and inside money: a general equilibrium approach', *Journal of Monetary Economics*, 16, 175–94.

Rudebusch, G. (1995), 'Federal Reserve interest rate targeting, rational expectations, and the term structure', *Journal of Monetary Economics*, 35, 245–74.

Sayers, R. S. (1953), 'Open market operations in English central banking', *Schweizerische Zeitschrift für Volkswirtschaftslehre und Statistik*, 89, 389–98.

Schacht, H. (1927), *The Stabilization of the Mark*, Allen & Unwin.

Schachtschneider, K. A. (2012), 'Schriftsatz gegen die Staatsfinanzierung des ESZB und der EZB vom 13. November 2012', Text of constitutional complaint, as considered by German constitutional court in hearings on 10 and 11 June 2013.

Schmid, P. and H. Asche (1997), 'Monetary policy instruments and procedures in Germany: Evolution, deployment and effects', in BIS, *Monetary Policy Operating Procedures in Industrial Countries* (BIS Conference Papers iii), Basle: BIS.

Schmidt, S. and D. Nautz (2009), 'Monetary Policy Implementation and the federal funds rate', *Journal of Banking and Finance*, 33, 1274–84.

Schotter, A. and T. Yorulmazer (2009), 'On the severity of bank runs', *Journal of Financial Intermediation*, 18, 217–41.

Schularik, M., and A. M. Taylor (2012), 'Credit booms gone bust: monetary policy, leverage cycles and financial crises, 1870–2008', *American Economic Review*, 102, 1029–61.

Sellin, P. and P. Å. Sommar (2013), 'Operational frameworks for implementing monetary policy', forthcoming in *Quarterly Review of the Sveriges Riksbank*.

Shambaugh, J. (2012), 'The euro's three crises', *Brooking Papers on Economic Activity*, Spring 2012, 257–311.

Shin, H. S. (2009), 'Reflections on Northern Rock: The bank run that heralded the global financial crisis', *Journal of Economic Perspectives*, 23, 101–19.

Siegel, J. J. (1981). 'Bank reserves and financial stability', *Journal of Finance*, 34, 1073–84.

Singh, M. (2013), 'Collateral and monetary policy', *IMF Working Paper*, WP/13/186.

Sinn, H.-W. and T. Wollmershäuser (2011), 'Target loans, current account balances and capital flows: the ECB's rescue facility', *NBER Working Paper*, No. 17626.

Spindt, P. A. and J. R. Hoffmeister (1988), 'The micromechanics of the federal funds market: Implications for day-of-the-week effects in funds rate volatility', *Journal of Financial and Quantitative Analysis*, 23, 401–16.

Standard & Poors (2009), 'Annual global corporate default study and rating transitions', Ratings direct.

Stein, J. C. (1998), 'An adverse selection model of bank asset and liability management with implications for the transmission of monetary policy', *RAND Journal of Economics*, 29, 466–86.

Stevens, E. J. (1991), 'Is there a rationale for reserve requirements?', *Federal Reserve Bank of Cleveland Economic Review*, 27/4, 2–17.

Stiglitz, J. E. and Weiss, A. (1981), 'Credit rationing in markets with imperfect information', *American Economic Review*, 71, 393–410.

Stolper, G. (1940/1969), 'The German Economy', in Fritz K. Ringer (ed.), *The German Inflation of 1923*, Oxford University Press.

Strongin, S. (1995), 'The identification of monetary policy disturbances—explaining the liquidity puzzle', *Journal of Monetary Economics*, 35, 463–97.

Tabakis, E. and B. Weller (2009), 'Collateral and risk mitigation frameworks of central bank policy operations—a comparison across central banks', in U. Bindseil, F. Gonzalez, and E. Tabakis (eds.), *Risk Management for Central Banks and Other Public Institutions*, 340–58, Cambridge University Press.

Tamagna, F. M. (1963), 'Processes and instruments of monetary policy: a comparative analysis', in F. M. Tamagna et al. (eds.), *Monetary Management*, 1–174, Prentice-Hall.

Taylor, J. B. (1993), 'Discretion versus policy rules in practice', *Carnegie-Rochester Conference Series on Public Policy*, 39, 195–214.

Thornton, H. (1802), *An Inquiry into the Nature and Effects of Paper Credit of Great Britain*, Reprint 1962, New York: Kelley.

Tobin, J. (1963), 'Commercial banks as creators of "money"', in Dean Carson (ed.), *Banking and Monetary Studies*, 408–19, for the Comptroller of the Currency, U.S. Treasury, Richard D. Irwin.

Tucker, P. (2004), 'Managing the central bank's balance sheet: where monetary policy meets financial stability', *Bank of England Quarterly Bulletin*, Autumn 2004, 359–82.

Välimäki, T. (1999), 'The overnight rate of interest under averaged reserve requirements', *Bank of Finland Discussion Papers*, 8/1999.

Välimäki, T. (2003), *Central Bank Tenders: Three Essays on Money Market Liquidity Auctions*, Bank of Finland Studies E:26.

Warburg, P. M. (1930), *The Federal Reserve System, its Origins and Growth* (2 vols.). Macmillan.

Whitesell, W. (2006), 'Interest-rate corridors and reserves', *Journal of Monetary Economics*, 53, 1177–95.

Wicker, E. (1996), *The Banking Panics of the Great Depression*, Cambridge University Press.

Wicksell, K. (1898/1936), *Interest and Prices: A Study of the Causes Regulating the Value of Money*, Macmillan, 1936. Translation of: *Geldzins und Güterpreise, Eine Studie ueber die den Tauschwert des Geldes bestimmende Ursachen*, Gustav Fischer, 1898.

Wirth, M. (1883), *Geschichte der Handelskrisen*, 3rd edition, J. D. Sauerländers Verlag.

Wood, E. (1939), *English Theories of Central Banking Control (1819–1858)*, Harvard University Press.

Woodford, M. (2003), *Interest and Prices: Foundations of a Theory of Monetary Policy*,

Princeton University Press.

Woodford, M. (2010), 'Financial intermediation and macroeconomic analysis', *Journal of Economic Perspectives*, 24, 21–44.

Würtz, F. R. (2003), 'A comprehensive model of the euro overnight rate', *ECB Working Paper Series*, No. 207.

译后记

乌尔里希·宾德赛尔（Ulrich Bindseil）教授是有着重要影响力的中央银行经济学家。他于1994年在德国萨尔大学（University of Saarbrücken）获得经济学博士学位，后担任德意志联邦银行和欧洲中央银行经济学家，从2000年开始长期任职于欧洲中央银行市场操作部，2009年和2012年先后担任该部门副主任和主任，2019年转任欧央行市场基础设施和支付部主任，自2009年起一直担任柏林工业大学（Technische Universität Berlin）荣誉教授。宾德赛尔长期从事货币政策操作实务和理论研究工作，是这方面研究的权威学者。早在2004年，他在牛津大学出版社出版的有关货币政策实施理论、历史和现状的书①，可以称为学术界系统阐释货币政策实施"黑箱"的发轫之作。如今，我们将宾德赛尔教授于2014年同样在牛津大学出版社出版的著作《货币政策操作与金融体系》再次呈现给中国读者。这部新作不仅是他二十年前著作的续篇，更是新的超越。

全书分为两大部分，分别对正常时期和危机时期的货币政策操作理论进行了深入分析。第一部分有关正常时期的货币政策操作，在具体内容上主要对应于2004年的那本著作，但与上一本书更多总结美欧央行货币政策操作的历史沿革不同，这本书更多侧重于对正常时期货币政策操作理论的系统阐述。除了对常备融资便利、公开市场业务和准备金等货币政策操作工具（也

---

① Bindseil U. Monetary Policy Implementation: Theory, Past and Present [M]. Oxford: Oxford University Press, 2004；乌尔里希·宾德赛尔. 货币政策实施：理论、沿革与现状 [M]. 大连：东北财经大学出版社，2013.

即所谓的货币政策"三大法宝")的讨论外,特别针对货币政策操作目标、抵押品、流动性冲击等日常操作中需要审慎考量但传统货币经济分析并不非常关注的技术性问题进行了深入讨论,为货币经济学研究提供了很好的实践参考。第二部分危机时期的货币政策操作,是对国际金融危机爆发后中央银行非常规货币政策在操作层面的系统性理论总结,这在很大程度上得益于宾德赛尔作为一线政策实践操盘者的切身经验,不仅涵盖了流动性冲击、中央银行危机救助及工具应对等主题,还深入讨论了货币政策实施对银行资金流动性、金融稳定和中央银行风险管理的作用。在两部分的最后一章,宾德赛尔分别就正常时期和危机时期的最优货币政策操作框架标准进行了深入讨论。在正式出版之后,宾德赛尔基于这部著作的成果以"货币政策操作框架评估"为主题,参加了 2016 年 8 月的 Jackson Hole 全球央行年会,引起了广泛反响。

正如宾德赛尔在这部著作一开始就指出的,作为中央银行"蓝领"的货币政策操作及其相关研究,很少得到学术界和从事货币政策决策研究的中央银行"白领"的关注。继 2004 年的发轫之作后,本书不仅再次弥合了古德哈特(Charles Goodhart)所说的货币经济学理论与实践"两分法"导致的分割[1],更系统阐释了危机时期的货币政策操作框架及不同时期最优货币政策操作框架问题。正是出于工作需要及对理论研究的兴趣,中国人民银行的研究人员较早就关注到了宾德赛尔的这本书,李斌、张蓓牵头组织陆续翻译了这本书的部分章节,在翻译过程中,中南财经政法大学庄子罐教授的研究团队也参与到译稿的完善工作中,李宏瑾通读审校了全部译稿;中国人民银行的陈悦、崔莹、傅韵洁、李晓闻、李文喆、刘金硕、刘圣、刘翔宇、隆青青、陆晨曦、毛晓庆、舒蕾、苏乃芳、王然、肖婕、邹春浩和中南财经政法大学的曹稚敏、林博源、俞译彪、曾诗岩、张弘雨、周泽(按姓氏拼音排序)参与了各章节的翻译和审校工作。本书的翻译最初源于内部研讨,不少人都加入到这个过程当中,这份名单也可能会有遗漏,章节之间对一些问题的理解

---

[1] Goodhart C. The Conduct of Monetary Policy [J]. Economic Journal, 1989, 369 (99): 293 – 346.

和专业译法也难免不一,我们在译稿出版校对过程中尽力处理好了这些问题。当然,由于水平有限,本书翻译仍会存在问题,可能给读者带来困扰,作为译者深表歉意。相信本书的出版能够促进各界对货币政策操作及政策框架转型的理解,更感谢各方对我们的大力支持,真诚欢迎读者的批评和交流。